W0061282

Revolution des Poncho

Revolution des Poncho
Leonidas Proaño –
Befreier der Indios

Herausgegeben und
aus dem Spanischen übersetzt
von Enrique Rosner

VERLAG JOSEF KNECHT
FRANKFURT AM MAIN

Die Deutsche Bibliothek – CIP-Einheitsaufnahme
Revolution des Poncho : Leonidas Proaño – Befreier der Indios
/ hrsg. von Enrique Rosner. – 1. Aufl. – Frankfurt am Main :
Knecht, 1991
    ISBN 3-7820-0629-1
NE: Rosner, Enrique [Hrsg.]; Proaño, Leonidas

1. Auflage 1991. Alle Rechte vorbehalten. Printed in Germany.
© 1991 by Verlag Josef Knecht-Carolusdruckerei GmbH,
Frankfurt am Main.
Umschlaggestaltung: Atelier Warminski, Büdingen.
Papier: Alterungsbeständiges Werkdruck durch Ernst A. Geese, Hamburg
Satz und Druck: Wagner GmbH, Nördlingen
Bindung: Ludwig Auer GmbH, Donauwörth
ISBN 3-7820-0629-1

Inhalt

Prolog

PROPHET PROAÑO

Als lichter Hoffnungsstrahl der Kirche
ist Lateinamerika
das Land der Märtyrer und Propheten,
welche die Gute Nachricht
vom gemeinsamen Weg der Christen
Seite an Seite mit den Armen
auf ihrem Marsch in die Befreiung verkünden.

Bischof Leonidas Proaño
ist durch sein Engagement und Zeugnis
für die Indios, die Ärmsten unserer Brüder,
eine dieser prophetischen Stimmen,
die Hoffnung und Befreiung ausruft.

Sein Werk und Leben
für die Armen
zeigen eine innere Übereinstimmung
von Wort und Tat.
Nie hat er seine Überzeugung verraten,
auch nicht in Verfolgung und bei Anfeindungen.

Der Friedensstifter und Freund der Armen
reicht uns seine brüderliche Hand,
auf das wir gemeinsam den Weg gehen
in der Verkündigung des Evangeliums.

(Adolfo Pérez Esquivel, Friedensnobelpreisträger 1980)

Vorwort

Die kommende 500-Jahrfeier der Entdeckung Amerikas (1492–1992) rückt die Welt der Indios ins Rampenlicht der Geschichte, reißt nie geheilte Wunden wieder auf, macht alte und neue Konflikte wieder bewußt; denn was als »gute Entdeckung« für die Europäer galt, brachte eine »böse Entdeckung« für die Indios.

Die Probleme der »Dritten Welt« hat die »Erste Welt« mitverursacht, und nur die Schaffung der »Einen Welt« bringt Hoffnung und Aussicht auf Leben für die nächste Generation.

Die Erst-Betroffenen, die Indios, melden sich zu Wort. Nach der Verdammung zu einem fünfhundertjährigen Schweigen in der Geschichte, beginnen sie ihre Stimme wieder zurückzuerobern. Sie machen gegenwärtig eine Selbst-Entdeckung ihrer Kultur und Religion mit; sie erleben sich erneut als Volk.

Das ist die »Revolution des Poncho«, die Auferstehung der Indios. Der einst Verachtete gewinnt seine Würde wieder zurück. Das Evangelium wird Wirklichkeit am Volk der Indios: Stumme reden, Lahme gehen, Blinde sehen, den Armen wird die Frohbotschaft gepredigt, ja die Armen selbst evangelisieren, sind die Hoffnungsbotschaft.

Einer, der diese »Revolution des Poncho« entfacht hat, war der »Bischof der Indios«, Monseñor Leonidas Proaño (1910–1988), Hirte der Kirche von Riobamba in Ecuador, Südamerika. Er wurde für die Armen zu einer »Guten Nachricht«, für die Reichen dagegen zu einer Alarmbotschaft.

Er war der Wegbereiter für den »Indioaufstand«; er war Begleiter auf ihrem Marsch in die Befreiung, Entdecker ihrer Kultur und Religion, der geniale Volkserzieher, der bekannte, selbst von den Armen gelernt zu haben und bei den Indios in die Schule gegangen zu sein. Er absolvierte die Lebensschule der »Campesinouniversität« und hat »Nichtse« und »Habenichtse« wieder zu Menschen »promoviert«.

Proaño wurde zum Kirchenvater Lateinamerikas, zum Inspirator einer Indiokirche, zum Vordenker eines Gesellschaftswandels, zum entschiedenen Vorkämpfer für die Menschen- und Völkerrechte der Indios, zum Propheten Indioamerikas, der die Zeichen der Zeit zu deuten wußte; er war, ist und bleibt der bekannte, zuerst verachtete, dann respektierte und zuletzt geehrte und geliebte »Bischof der Indios«.

Er war Konzilsvater, einer der Väter, die Medellin und Puebla geprägt haben. Zuletzt erstrahlte seine Persönlichkeit als Kandidat für den Friedensnobelpreis. Sein Wirken galt der konziliaren Erneuerung der Kirche in Lateinamerika und dem Wachsen und Erwachsenwerden einer Indiokirche. Proaños Wirken reichte weit über die Grenzen seines Vaterlandes hinaus, es fand Echo in Lateinamerika, den Vereinigten Staaten von Nordamerika und in Europa, in Spanien, Italien, Belgien, Holland, Deutschland, Österreich und Norwegen. Die angefügte Bibliographie zeigt den Radius seiner Bekanntheit.

Sein Engagement für die Armen und Indios brachte ihm viele Konflikte, Verleumdungen, Verfolgung und sogar Gefängnis. Er war und bleibt ein vieldiskutierter Bischof. Die Debatte über ihn und die von ihm entfachte »Revolution des Poncho« gehen weiter. Sein Wirken und seine Wirkung hat sein engster und treuester Mitarbeiter und Generalvikar, P. Agustin Bravo Muñoz, in der Titelgeschichte »Revolution des Poncho« am besten ausgedrückt. Sie zeigt Proaño im Volk und mit dem Volk, als Mann im Poncho, als Mann des Volkes, als einen, der mit dem Volk geht, der ihm einen Weg geöffnet hat. Das »Charisma Proaño« hat keinen Nachfolger gefunden, sein eigentlicher Nachfolger ist das Indiovolk. »Proaño presente, Proaño con la gente« (Proaño ist da, dabei; Proaño mit dem Volk) war der Ruf des letzten großen Indioaufstandes vom Juni 1990 in Ecuador, Proaño ist lebendig im Volk. Das ist mehr als Andenkenpflege.

Die großen Themen seines Lebens bewegen auch uns heute noch: die konziliare Erneuerung der Kirche, der Streit um die

Theologie der Befreiung, die Evangelisation der Kulturen, das gesellschaftliche Schisma von Arm und Reich, die Herausforderung der Menschen- und Völkerrechte.

Proaño lebte die »Option für den Armen« und entdeckte die »Option für den Anderen«, für den kulturell Anderen, den Indio.

Seine Reden, Vorträge und Schriften werden nach seinem Tod erneut publiziert, gelesen, studiert und befolgt und entfalten ihre Wirkung.

Proaños Texte sprechen heute noch, verschaffen uns Zugang zu seinem Werk und seiner Person, sind ein Zeugnis für das, was man mit dem Wort »Revolution des Poncho« bezeichnet hat.

Da bisher viele seiner Reden, Vorträge, Aufsätze und Schriften noch sehr verstreut und schwer zugänglich sind, sowie nur weniges bislang in deutscher Sprache veröffentlicht worden ist, hat es der Herausgeber und Übersetzer auf Anregung des Verlages Josef Knecht, Frankfurt, unternommen, eine Auswahl charakteristischer Proaño-Texte in deutscher Übersetzung vorzulegen. Dabei kommt ihm der Zugang zum Proaño-Archiv in Riobamba zugute, das z. Z. angelegt wird. So konnte er aus fast 2000 gesammelten Schriftstücken schöpfen. Bei der systematischen Anordnung der Textauswahl wurde auch in etwa die chronologische Entstehungszeit berücksichtigt, um die Entwicklung und Wandlung von Proaños Denken und Erfahrungen vom Entwicklungsschema zur Befreiungspastoral und schließlich zur Entdeckung der Indiokultur zu dokumentieren.

Die ausgewählten Texte bilden eine Fundgrube, aus der Altes und Neues hervorgeholt wird (vgl. Mt 13,52), wobei Proaño immer den Rat des Evangeliums befolgte, demnach neuer Wein nicht in alte Schläuche gehöre (vgl. Mk 2,22).

Der Zugang zu Proaños Person und Werk ist für den Herausgeber und den Leser verschieden. Der Herausgeber kannte Proaño persönlich, durfte ihn besonders die letzten zehn Jahre seines Lebens begleiten und aus der Nähe erleben. Er kennt die Entstehungsgeschichte vieler Texte, ihren Sitz im Leben. Proaños Wort war zunächst das gesprochene, die Rede. Das später niedergeschriebene Wort ist nur ein Abglanz des lebendigen. Dem Leser bleibt nur der eine Weg zu Proaño über das geschriebene Wort. Wer also Proaño nicht gekannt hat, dem möchten seine übersetzten Texte einen Weg eröffnen für das Verständnis der Welt der Armen und Indios in Lateinamerika. Sie wollen ihm zurFeier der 500jährigen Entdeckung Amerikas eine Neu-Entdeckung des Südamerikaners von heute verschaffen. Vielleicht werden aus Fremden Freunde. Der Herausgeber möchte Proaño zu den Europäern sprechen lassen. Dabei ist zu bedenken, daß seine Textbotschaften ursprünglich nur für Ecuadorianer und Indios verfaßt wurden, die den angesprochenen Kontext bestens kannten; nur die Gesellschaftskritik richtet sich an den großen »Bruder« des Nordens und seine Komplizen im Land. Das nötige Wissen zum Kontext muß dem deutschen Leser erst durch einen knappen Kommentar nahegebracht werden. Proaños Gesellschaftskritik wirkte wie Dynamit auf seine Zeitgenossen, wie die scharfen Reaktionen der Pressekampagnen, einer kanoischen Visitation, der Verfolgung und die Gefangennahme von 1976 zeigen. Dokumente, die sich in Übersetzung ganz ruhig lesen, elektrisierten seinerzeit seine Gegner und wurden als »subversiv« eingestuft. Vom Europäer ist etwas Toleranz gefordert, um die scharfe Gesellschaftskritik am Kapitalismus nordamerikanischer Prägung durch einen Vertreter der Dritten Welt zu respektieren. Vom Kirchentreuen wird Verständnis für den Kirchenreformer Proaño verlangt. Der Leser soll den Weg Proaños nachgehen, und immer erst eine Analyse der Situation versuchen, um zu einem Urteil zu kommen. Manche diskutierten und diskutablen Texte sind ein Zeugnis der Art von Proaños Evangelisierung von Kirche und Gesellschaft.

Proaños Vermächtnis begegnet uns in seinem Abschiedsgedicht vom Sämann Gottes »Du wirst gehn«. Wir haben es zur Grundlage dieses Buches gemacht. So ist ein »Proaño-Lesebuch« entstanden, das Einblick gibt in Person und Werk des unvergeßlichen Bischofs der Indios.

Die Samen seines Wortes sind aufgegangen, wachsen und tragen Früchte ...

Enrique Rosner

Würdigungen

OFFIZIELLER NACHRUF

Gestorben ist: Bischof Leonidas Eduardo Proaño Villalba, der Altbischof von Riobamba, Ecuador, in seinem 78. Lebensjahr. Er wurde am 29. Januar 1910 in San Antonio de Ibarra, in der Provinz Imbabura, in der Diözese Ibarra geboren. Am 29. Juni 1936 empfing er die Priesterweihe.

Pius XII. ernannte ihn am 18. Mai 1954 zum Bischof von Riobamba; die Bischofsweihe empfing er am 26. Mai 1954. Seit seiner Ankunft in der Diözese widmete er all seine Kräfte der Verteidigung, der Erziehung und Förderung der Indios, der Armen und Marginalisierten (Randexistenzen). Er nahm am II. Vatikanischen Konzil teil, und er gehörte zu den Begründern des CELAM, des lateinamerikanischen Bischofsrates. Johannes Paul II. nahm seinen Rücktritt aus Altersgründen am 20. März 1985 an. Die ecuadorianische Bischofskonferenz beauftragte ihn in den letzten Jahren mit der Leitung der Abteilung Indiopastoral.

Er starb am 31. August 1988 an Krebs, der ihm viel Leid und große Schmerzen brachte. Er ertrug alles mit einzigartiger evangelischer Tapferkeit und wies Operationsversuche und auch schmerzstillende Mittel zurück. Sein Tod hat tiefe Bewegung und großen Schmerz im ganzen ecuadorianischen Volk hervorgerufen.

(Osservatore Romano, 11. September 1988)

»PROAÑO PRESENTE«

»Proaño ist tot« – sagen seine Feinde und meinen, nun endlich die »ewige Ruhe« vor diesem unbequemen Mahner und Propheten zu haben. Doch sie haben sich getäuscht. »Proaño ist auferstanden«, sagen seine Freunde. Wir warten, daß seine Saat aufgehe und

13

wachse. »Proaño lebt, er ist auferstanden im Volk«, das ist unser Glaube, das ist der feste Glaube der Indios.

Wir feiern das zweite Jahresgedächtnis seiner Auferstehung. Unser Programmruf heißt: »Für die Befreiung der Indios und des unterdrückten Volkes ist Bischof Leonidas Proaño von den Toten auferstanden.«

Beim letzten Indioaufstand konnte man immer wieder den Ruf hören: »Proaño presente, Proaño con la gente.« Proaño ist da, er ist mit dem Volk. Seitdem ist es aus mit der pastoralen Siesta der Kirche in Ecuador. Man wollte sein Grab mit Zement verschließen und ihn vergessen machen. Aber er ist heute lebendiger denn je. Er lebt im Herzen Gottes und im Herzen des Volkes. Er ist auferstanden und als solcher der große Auferwecker seines Volkes.

(Zeugnis von Anamaría Guacho, Indiosprecherin, beim 2. Jahrgedächtnis Proaños, am 30. August 1990 im »Haus der Kultur« in Quito)

KIRCHENVATER PROAÑO

Die Generation der Konzilbischöfe und derer, die Medellín veranstaltet haben, ist bereits ins Pensionsalter getreten. Sie waren – so dürfen wir sagen – die Baumeister von Medellín, die Gründungsväter einer neuen lateinamerikanischen Kirche. Später wird man sie »die Heiligen Väter der lateinamerikanischen Kirche« nennen, so wie die West- und Ostkirche Europas im 4. und 5. Jahrhundert ihre Generationen der Heiligen Väter hatten, deren Schriften dann viele Jahrhunderte lang gelesen und kommentiert wurden. In diesem Sinn hat Lateinamerika auch seine Generation der Kirchenväter. Einige von ihnen werden sicherlich später heiliggesprochen werden, nachdem alle Spannungen und Kritiken verschwunden sind. Sie werden Heilige sein, und in 100 Jahren werden die ganzen Kontroversen vergangen sein, und was bleibt, ist ihr leuchtendes Werk.

Die jetzige Generation hat keine so starken Persönlichkeiten vorzuweisen, wie die Gründergeneration der Bischöfe von Medellín.

14

Diese treten in die Geschichte ein und formen die Reihe der lateinamerikanischen Kirchenväter.

Wir sprachen über die Werke und Schriften von Bischof Proaño.
Später einmal, wenn eine lateinamerikanische Patrologie mit 150
Bänden publiziert worden sein wird, werden auch seine Werke
gelesen und studiert werden von den Seminaristen, in den Fakultäten, in den religiösen Instituten.

Diese Zeit wird später als eine Kirchengeschichte der Heiligen
erscheinen; die Zeit vergeht, doch sie werden bleiben und als Heilige in Erscheinung treten. Wenn die Kontroversen und Kämpfe
vergangen sind, kommt die Zeit des Anerkennens und der Heilig-
sprechung. Die Männer, die CELAM gegründet und Medellín gemacht haben, sind von bleibender Bedeutung. Die Werke von Don
Manuel Larraín, von Dom Helder Camara, von Leonidas Proaño
werden Orientierung und Licht sein für die lateinamerikanische
Kirche durch viele Generationen hindurch. In dem Maß, in dem sie
Abstand nehmen und uns verlassen, werden sie in die Heiligung
der Geschichte und in die Kirchenvätertheologie eintreten. Zur
Zeit werden noch Einzelpublikationen gemacht, aber in 50 Jahren
wird man die große Lateinamerikanische Patrologie publizieren,
und wie die Werke eines hl. Ambrosius, eines hl. Augustinus, eines
hl. Basilius gelesen werden, wird man die Werke eines heiligen
Leonidas und eines heiligen Helders studieren. Dieses Studium
wird die tiefen Intuitionen entdecken lassen, welche der ganzen
Kirche Orientierung geben.

*(Rede von José Comblin, Riobamba, 30. Mai 1984, zum 30jährigen Bischofsjubi-
läum Proaños)*

REVOLUTION DES PONCHO

*Der Aufsatz »Revolution des Poncho« aus der Feder von P. Agustin
Bravo Muñoz, 30 Jahre lang treuer Generalvikar Proaños, dient als
Titelgeschichte, weil er die große Veränderung, die der Bischof der In-
dios in Riobamba bewirkt hat, am sinnfälligsten ausdrückt.*

Der Poncho ist Zeichen der Indioidentität, der Inbegriff seiner Kultur. Proaño zog den Indioponcho an und identifizierte sich so ganz mit dem Volk. So wie er aus dem verachteten und schmutzigen Poncho ein Ehrengewand machte, so eroberte er dem Indiovolk seine Würde wieder zurück. Er gab dem Indio sein Menschsein zurück. Dieses Befreiungswerk nennt das Volk »Revolution des Poncho«, wobei beide, Bischof und Volk, sich als Protagonisten dieser Befreiungsgeschichte verstehen.

Symbol der Indiobefreiung

Der Poncho, der Indioumhang ist das Gewand der Armen. Der Poncho bekleidet das Indioschicksal. Ohne Poncho fühlt sich der Indio nackt, ein Nichts, entwürdigt. Der Poncho begleitet den Indio durch sein ganzes Leben.Er ist ihm Umhang, Schlafdecke, Sitzkissen, Tischdecke und Leichentuch im Tod. Der Poncho zeigt auch die rechtlose Situation des Indio; denn das Sprichwort sagt: Das Gesetz gilt nur für den Schwachen, den Mann im Poncho. Für den Mann ohne Poncho, den Reichen, gilt ein anderes Gesetz. Der Indio ist so eins mit seinem Poncho, daß ein Indio ohne Poncho keiner mehr ist.

Seitdem die Indios durch die Alphabetisierungskampagne der Radioschule ERPE aus jahrhundertelangem Schlaf aufgewacht sind, führt diese als Fahne den Indioponcho von Cacha. So kann man sagen, die Kirche von Riobamba hat in den dreißig Jahren des pastoralen Wirkens von Bischof Proaño so etwas wie die *Revolution des Poncho* entfacht.

Dieses unser volkstümliches Kleidungsstück ist ausdrucksstarkes Symbol unserer Widersprüche . . .

Poncho der Ungleichheiten

Der Poncho ist das Maß unserer Ungleichheiten: einer ist der Umhang des Reichen, ein anderer der Umhang des Armen. Der Poncho des Indio ist ein unverwechselbarer . . . Deshalb bedeutet vom Indio sprechen, vom Menschen im Poncho sprechen. Er ist ein Mensch, verhindert, Mensch zu sein; ein Mensch, der elementarsten Menschenrechte beraubt. Ihn nennt Bartolomé de las Casas den »gegeißelten Christus Amerikas«. Welche Schande für uns, unter diesen Christusgestalten ist der am meisten geschundene der Indio von Chimborazo gewesen.

Kirche im Poncho
Bischof Proaño als Vater der Armen begrüßt, legte die Bischofsklei-der eines Kirchenfürsten ab und vertauschte sie mit dem Poncho der Armen. Und so begann die Revolution des Poncho, die arme Kirche Christi des Armen.

Christus im Poncho
So geben sich die Menschen im Poncho Rechenschaft darüber, daß eine geringe Abstammung keine Erbsünde ist. Sie erobern ihre verlorene Würde zurück. Sie beanspruchen ihren Platz in der Kir-che und in der Gesellschaft. Es wächst das Bewußtsein, daß auch sie, ja vorzugsweise gerade sie, lebendige Kirche des lebendigen Gottes sind. Sie schämen sich nicht mehr ihres Ponchos: Er ist nicht weniger und nicht mehr als zum Kleid der armen Kirche des armen Christus auserkoren worden. Sie entdecken einen Christus im Poncho, Befreier der Menschen im Poncho.

Investitur des Menschen im Poncho
Die Revolution des Poncho spürt man in unseren Straßen und auf unseren Plätzen.Der saubere und bunte Poncho wird zur Flagge der neuen Befreiung, und viele Campesinos beginnen zu rufen: »Uns tritt keiner mehr auf den Poncho!«

Die Revolution des Poncho drang – wenigstens symbolisch – bis in den Vatikan vor. Bei einem Besuch schenkte Bischof Proaño Papst Johannes Paul II. einen Poncho aus Cacha und erreichte, daß er ihn anlegte und sich sogar dem Fotografen stellte.

Der Poncho ist in Mode gekommen.

Es scheint, daß nichts und niemand die Revolution des Poncho aufhalten kann. Das ist die Revolution des Volkes, des vergessenen Protagonisten der Geschichte.

Poncho zur Amtsübergabe

Bischof Proaño übergab uns das Erbe seines Geschichte machenden Ponchos. In Santa Cruz, am 14. März 1984, am Ende einer unvergeßlichen Messe, die Abschiedscharakter hatte, wurde die Bibelstelle gelesen, die erzählt, wie Elia, der Feuerprophet, seinen Umhang dem Propheten Eliseus übergab (1 Kön 19,19). Bischof Proaño wurde gebeten, seinen Poncho in einer sprechenden symbolischen Geste seiner innig geliebten Kirche von Riobamba, dieser prophetischen Gemeinschaft, zu übergeben. Mit leiser Stimme sagte er: »Mir nimmt niemand den Poncho ab!« Dann zog er ihn selbst aus und legte ihn Weihbischof Victor Corral, seinem designierten Nachfolger über, dann verschiedenen Priestern, einigen Laien, Männern und Frauen. Es näherte sich eine Campesinofrau mit ihrem Baby im Rückentuch und bald schauten aus dem Kragenschlitz des Poncho zwei Häupter empor, als bestes Symbol dieser biblisch orginellen »Amtsübergabe«.

Revolution des Poncho

Das ist in großen Zügen die Revolution des Poncho, die noch unvollendet ist. Wir verfolgen die Revolution des Poncho weiter, überzeugt, daß »Gott selbst mit uns auf dem Weg ist«.

Das ist die Revolution der Jungfrau von Guadalupe: Um Jesus im Umhang eines Juan Diego zu sehen, braucht man die Augen Marias, man braucht den Glauben, der in Liebe handelt.

Das ist die Revolution des Poncho in Vollendung: Kein Mensch ohne Poncho, keine Ponchos ohne Menschen!

(Die Revolution des Poncho; Aufsatz von Augustín Bravo M., Riobamba 15. März 1984)

Der Sämann Gottes

DU WIRST GEHN

Du wirst gehn . . .
aber es bleiben
die Bäume,
die du gepflanzt,
wie die Bäume bleiben,
die andere vor dir gepflanzt.

Die Bäume
tragen Früchte
und spenden Samen.
Und die Samen,
einmal kultiviert,
verwandeln sich in Bäume.

Du wirst gehn . . .
aber es bleiben
die Bäume,
die du gepflanzt.
Es wird ein Wald von Bäumen,
die Früchte geben
und fruchtbare Samen spenden.

(Abschiedsgedicht Leonidas Proaños, 4. März 1984, Gedichtband »Quedan los arbo-
les«. Riobamba, Mai 1984)

DAS FELD

Zeitgeschichte und Biographie

Du wirst gehn,
aber es bleiben
die Bäume,
die du gepflanzt ...

Ein Sämann ging aufs Feld, um zu säen ...
(Mt 13,3)

Die Kirche in Ecuador

In welchem Land lebte Proaño? In welcher Kirche wirkte Proaño? Welche Strömungen charakterisieren die ecuadorianische Kirche? Wir können Proaño nicht isoliert von der Entwicklung der ecuadorianischen Kirche sehen. Er war ihr Pionier und nahm entschiedenen Anteil an ihrer konziliaren Erneuerung.

ECUADOR – SCHAUSEITE UND KEHRSEITE

Ecuador liegt im Medienschatten des Weltinteresses, nur so ist es zu verstehen, daß es immer noch für eine »Insel des Friedens« gehalten wird. Der Schein trügt. Die Wirklichkeit entspricht keineswegs dem Wunschbild. Ecuador, das seit 1830 seinen Namen von der Äquatorlinie, die durch das Land geht, bezieht, ist 270 000 qkm groß und zählt heute (1990) 10 Millionen Einwohner, wovon 3 Millionen Indios sind. Es gehört zu den Andenländern. Eigentlich müßte man heute sagen, es ist ein Amazonasland; denn der wirtschaftliche Schwerpunkt und die Siedlungspolitik verlagerten sich seit etwa 25 Jahren auf den Ostteil des Landes, den »Oriente«, der flächenmäßig auch größer ist als der Andenanteil. Ecuador mit seinen drei Klimazonen von Küste, Andenhochland und Amazonasurwald ist ein schönes Land. Das darwinsche Vogelparadies der Galapagosinseln, die Straße der Vulkane und das Orchideenidyll des Urwaldes bilden seine touristische Schauseite. Die Kehrseite des »Fortschritts« aber zeigen die Zerstörung und Ausbeutung des Regenwaldes, die Slumviertel der Küstenstädte, das Analphabetentum und die unbezahlbare Auslandsverschuldung. Ecuador ist ein »Entwicklungsland« und gemessen am europäischen Fortschritt bräuchte es noch 400 Jahre, um den (wirtschaftlichen) Rückstand aufzuholen.

23

Ecuador ist stolz auf seine große Vergangenheit. Archäologische Funde besagen, daß an seinen Küsten die Wiege der Menschheit in Südamerika lag (20 000 Jahre vor Christus). Geschichtlich greifbar wird aber erst die Zeit der Inkas, als das heutige Ecuador unter dem letzten Inkaherrscher Atahualpa zur Nordprovinz des Tahuantinsuyo gehörte und Cajamarca (heute Nordperú) und Tomebamba (heute Cuenca) dem »Nabel der Welt«, Cuzco, Konkurrenz machten. 1532 kamen mit Pizarro die Spanier, und 1533 wurde Atahualpa von ihnen ermordet,und damit beginnt die 300jährige Kolonialgeschichte. 1542 entdeckte Francisco de Orellana von Quito aus den Amazonasstrom und segelte gleich weiter bis Spanien. In der spanischen Kolonialzeit wurde das heutige Ecuador ein eigener Gerichtsbezirk, die »Audiencia von Quito«, aus dessen Stammland sich die spätere Republik »Ecuador« entwickelte (1830), nachdem General Simón Bolivar 1822 die Unabhängigkeit vom Mutterland Spanien siegreich erfochten hatte. Ecuador verlor große Gebiete an seine landhungrigen Nachbarn Brasilien, Kolumbien und Perú (Krieg 1941).

Aus der einstigen »Bananenrepublik« wurde ein erdölexportierendes Land (1972). Die Militärdiktatur unter General Rodríguez Lara (1972–76) sonnte sich im Ölboom. Als aber die Staatsfinanzen ins Wanken gerieten, gestattete das Militärtriumvirat die Rückkehr zur Demokratie (1979). Die drei demokratischen Regierungen konnten Auslandsverschuldung und Inflation nicht stoppen, da in Wirklichkeit ausländische Interessen über den Internationalen Währungsfonds das kleine Land regieren. Immerhin konnten zwei Alphabetisierungskampagnen der Regierungen Hurtado und Borja den Prozentsatz der Analphabeten auf (offiziell) 12% senken.

Die junge Demokratie steht aber auf schwachen Füßen und erlitt im ersten Jahrzehnt einige politische Unfälle. Der erste demokratische Präsident Jaime Roldos kam 1981 bei einem Flugzeugabsturz ums Leben, der dritte Präsident León Febres Cordero wurde 1987 als Geisel gegen die Freilassung eines Putschgenerals genommen, unter der gegenwärtigen sozialdemokratischen Regierung Rodrigo Borja leistete sich Ecuador zeitweise eine demokratische Neuerung: es gab vorübergehend zwei Parlamente (1990).

Ecuador ist angesteckt von den gesellschaftlichen Krankheiten seiner Nachbarn: Korruption, Landspekulation, Drogenhandel, gelegentliche Terrorgruppen, Repression, dazu steigende Auslandsverschuldung und galoppierende Binneninflation und chronischer Arbeitsmangel sind die offenen Wunden der ecuadorianischen Gesellschaft, nicht nur ihrer Wirtschaft. Gegenwärtig befindet sich Ecuador in der wirtschaftlichen Talsohle der Rezession. Besonders die Repression gegen die Indios hat nach dem großen Indioaufstand von 1990 zugenommen. Militärs, Großgrundbesitzer und nordamerikanische Sekten veranstalten eine Hetzjagd gegen die Indios. Opfer der Schuldenpolitik sind die Armen.

Die neue Öffnung auf Osteuropa hin hat Ecuador mit den anderen Andenländern ins Vergessen des Weltinteresses gebracht. Europa ist »in«, Südamerika ist »out«; damit muß Ecuador leben. In dieser Welt lebt die ecuadorianische Kirche, die ein gesellschaftspolitischer Faktor war und noch ist, auch wenn ihr Einfluß abnimmt.

ECUADORS KIRCHE UND IHR PLATZ IN DER GESELLSCHAFT

Die Kirche trägt z. T. noch an ihrem kolonialen Erbe. Die Konquistadoren pflanzten eine iberische Kirche ein, die in den wunderschönen Kolonialkirchen Quitos den – mittlerweile aber blind gewordenen – Spiegel der spanischen Christenheit zeigt. Die unheilige Allianz von Kreuz und Schwert, der sich viele historisch bezeugte Indioaufstände widersetzten, brachte eine Zwangsevangelisierung und ließ keine autochtone, einheimische Kirche entstehen. In der Zeit der Unabhängigkeit (1810–1822) war die Kirche in Royalisten und Republikaner gespalten, der niedere Klerus griff zu den Waffen; damals schon gab es »Camillo Torres – Priester«, sie wurden Helden der Nation, aber keine Heiligen der Kirche. Der letzte spanische Bischof zog sich 1822 zurück, und es entstand eine Sedisvakanz von fünf Jahren. Was die Kirche, ihre Institutionen und ihren Besitz betrifft, ist die Wirkung der Unabhängigkeit Südamerikas mit der Säkularisation von 1806 in Zentraleuropa zu vergleichen. Die fehlenden spanischen Priester – einheimischen Klerus gab es ja nicht – ersetzten im 19. Jahrhundert die neuen europäischen Missionskongregationen, die auch ihre europäische Frömmigkeit, z.B. die Herz-Jesu-Verehrung, und ihr Schulsystem, sprich das französische, mitbrachten.

Der diktatorisch regierende Präsident Garcia Moreno (1875 ermordet) weihte das Land 1873 dem Heiligsten Herzen Jesu, schaffte Ordnung in der Kirche, errichtete neue Bistümer und schloß ein Konkordat mit dem Vatikan.

Über ein halbes Jahrhundert hin verzettelte die Kirche ihre Kraft im Streit um die Macht zwischen den antiklerikalen Liberalen und den katholischen Konservativen. 1906 wurde die Trennung von Kirche und Staat durchgeführt, die bis heute gilt, sowie eine Enteignung des kirchlichen Landbesitzes und eine Verstaatlichung der kirchlichen Schulden beordert.

Trotz aller laizistischer politischer Konkurrenz hatte die Kirche ihr Reservoir im Volkskatholizismus; sie vertraute auf die sprichwörtliche Volksreligiosität der Anden- und Indiovölker. Auch in Ecuador trifft zu, was über ganz Lateinamerika zu sagen ist: »Wir haben einen Kontinent von Getauften, aber nicht von Evangelisierten.«

Bis in die Zeit des Zweiten Vatikanischen Konzils und noch darüber hinaus war die ecuadorianische Kirche beschäftigt, ihre Präsenz in der Gesellschaft zu demonstrieren, der Katholizismus galt als eine Gesellschaftsform. Gesellschaftsreformen wurden nicht für nötig befunden. Die Caritas versorgte die Armen, kirchliche Schulen erzogen die Kinder der Reichen, und die Spendenfreudigkeit der Begüterten baute in den 50er Jahren, als Entwicklungshilfe, Adveniat und Misereor noch nicht geboren waren, dank einer verhältnismäßig stabilen Binnenwirtschaft, aus eigenen Kräften Kirchen, Schulen, Klöster und Hospitäler. Sie sind der Stolz des katholischen Bürgertums. Militär und Kirche waren Säulen der Gesellschaft; ein Sohn der Familie wurde Oberst oder General, ein anderer Priester oder gar Bischof.

Heute zählt Ecuador 23 kirchliche Sprengel, 92 Prozent der Bevölkerung sind Katholiken. Die Küsten- und Urwalddiözesen sind meist nur apostolische Vikariate und werden von ausländischen Ordenspatres als Missionsland betreut, während auf dem Hochland eine Kirche mit geschichtlich gewachsenen Strukturen besteht.

Alles schien in Ordnung zu sein, bis Leonidas Proaño kam und diese scheinbare Ordnung die Un-Ordnung des herrschenden Establishments nannte (1971) und als unchristlich entlarvte. Die konziliare Erneuerung hatte auch in Ecuador das Verhältnis Kirche und Gesellschaft erfaßt.

In Ecuador gibt es heute ein geflügeltes Wort, das die Kirchengeschichte des Landes wie folgt einteilt: »vor Proaño, mit Proaño und nach Proaño«.

KONZILIARE ERNEUERUNG

Das Konzil traf die pianische Kirche in Ecuador ziemlich unvorbereitet. Es stärkte aber zunächst das Bewußtsein der Ortskirche, die ihr Profil gewann. Proaño war ihr bekanntester Konzilsvater und CELAM-Bischof. Er begann konsequent in seiner Diözese Riobamba die Kirche von einer Institution zu einer Gemeinschaft umzuformen.

Die konziliare Erneuerung machte sich im Lande durch ein neues soziales Gesellschaftsbewußtsein der Kirche bemerkbar.

1964 wurde das erste ecuadorianische Agrargesetz erlassen, das dem Huasipungo-Dasein, der praktischen Haziendasklaverei der Indios ein Ende setzte und die Lohnarbeit auf dem Agrarsektor einführte. Die Großgrundbesitzerin Kirche war herausgefordert, im eigenen Haus mit einer Gesellschaftsreform und Besitzumverteilung anzufangen. 1968/69 schritt Proaño zur kirchlichen Landreform in Riobamba, und Diözesen wie Quito, Ibarra, Cuenca und Loja folgten. Damit setzte er den Anfang mit der »armen Kirche der Armen«. Die Kirche bezog einen Stellungswechsel, löste ihre jahrhundertelange Allianz mit den Reichen und Einflußreichen und stellte sich von nun an auf die Seite der Armen. Seit 1976 entstanden die kirchlichen Basisgemeinden, und die Armen fanden in ihnen ihre Form des Kircheseins. Diese Basisgemeinden wurden

Kirche vor Ort. Das Exerzitienhaus Santa Cruz bei Riobamba (ab 1968) wurde zu einem Mekka der Befreiungstheologen und zu einem Treffpunkt reformeifriger kirchlicher Kräfte des ganzen Landes und des Kontinents. Proaño verstand sich weniger als großen Befreiungstheologen, denn mehr als Volkserzieher und »Bischof der Indios«, aber die Theologen reflektierten seine Befreiungspastoral und im Dialog mit dem Volk entfalteten sie ihre Theologie als Antwort auf die Herausforderungen der Zeit.

1967 entstand auch das Pastoralinstitut des CELAM, IPLA genannt, und fand seinen Sitz in Quito. Segundo Galilea wurde sein Direktor, Monseñor Proaño sein Leiter; bis 1974 wirkte es dort als Katalysator der konziliaren Erneuerung in ganz Lateinamerika, von konservativen Kräften mit Argwohn beobachtet. Es befaßte sich anfangs besonders mit der Evangelisation der Volksreligiosität. 1974 wurde es nach Medellín verlegt und P. Kloppenburg unterstellt.

Die 60er Jahre waren ganz im Geist der Enzyklika *Populorum Progressio* (1967) vom Entwicklungs- und Fortschrittsglauben beseelt; er zeigte in Ecuador konkrete Taten, die Kirche trat aus ihrem Schneckenhaus der Introvertiertheit heraus und stellte sich den Herausforderungen der Reform der Gesellschaft, ganz im Sinne der Pastoralkonstitution *Gaudium et Spes* des Konzils, einer Kirche im Dienst an der Welt. Diese Linie wurde von der Konferenz von Medellín (1968) bestätigt, die das bestehende Unrecht als institutionalisierte Gewalt und soziale Sünde brandmarkte. Proaño war in Medellín Berichterstatter und Inspirator der Gemeinschaftspastoral.

1967 war er als bekanntgewordener CELAM-Bischof sogar für die Nachfolge von Kardinal de la Torre als Erzbischof in der Hauptstadt Quito im Gespräch; aber er lehnte ab, er wollte bei seinen Indios von Chimborazo bleiben.

Ganz auf der Linie von Medellín kritisierte er auf dem 1. Nationalkongreß der Priester 1971 das herrschende Establishment als unevangelisch und forderte eine Reform in Kirche und Gesellschaft.

Die Kirche bekam aber bald Angst vor ihrem eigenen Mut, und

seit 1971 (CELAM-Tagung in Sucre) machte sich immer mehr ein Rückzug bemerkbar. Zweimal noch zeigte der ecuadorianische Episkopat Mut und Engagement: in seinem Sozialhirtenschreiben über die Soziale Gerechtigkeit 1977, das das Verhältnis von Kirche und Gesellschaft betraf, und in seinem Pastoraldokument *Opciones Pastorales* von 1979 [Pastorale Optionen], das Ecuador auf die Linie von Puebla einschwor und mit der Evangelisation der ecuadorianischen Kirche Ernst machte. In Puebla selbst war der ecuadorianische Episkopat sehr aktiv beteiligt, er stellte drei Mitverfasser des Dokuments: Kardinal Pablo Muñoz Vega von Quito redigierte den dogmatischen Teil, Monseñor Proaño die Realitätsanalyse, und Monseñor Ruiz von Latacunga war Sekretär der schwierigen Kommission über die Basisgemeinden.

Waren die 60er Jahre im Aufwind der Entwicklungsdekade stark der sozialen Frage gewidmet und die 70er Jahre mehr der Evangelisation (Puebla 1979), so wurde zum beherrschenden kirchlichen Thema der 80er Jahre die Inkulturation und im Zusammenhang damit die Frage der Indiokirche. Im Vorfeld der 500jährigen Wiederkehr der Entdeckung Amerikas spielt besonders auch die Frage der eigenen lateinamerikanischen Identität eine große Rolle.

Die Entwicklung verzeichnete auch Rückschritte, es kam zu Konflikten, eine gewisse kirchliche Ermüdung macht sich bemerkbar, die nach dem Rücktritt Proaños und dem Papstbesuch (1985) ganz offenbar auf allen Ebenen erscheint.

KONFLIKTE

Der konziliare Aufbruch blieb nicht ohne Konflikte, im innerkirchlichen und gesellschaftspolitischen Bereich.

Höhepunkt des innerkirchlichen Konfliktes war die Entsendung eines päpstlichen Visitators für die Diözese Riobamba im Jahre 1973. Proaño ging rehabilitiert aus der Untersuchung hervor, denunzierende Bischofskollegen und Rom hüllten sich nachher in Schweigen; aber der Vorgang deutet auf einen Riß im ecuadorianischen Episkopat und auf eine Kampagne des Mißtrauens. Der Erzbischof von Cuenca, Ernesto Alvarez, deutet die Rolle Proaños im ecuadorianischen Episkopat, wenn er sagt (1974): »Leonidas Proaño ist einer der Pioniere des ecuadorianischen Episkopats. Er hat eine heilsame Unruhe unter dem Rest seiner Bischofsmitbrüder gestiftet ..., er hat eine große Mission für die ecuadorianische Kirche« (Zeitung El Comercio, Quito, 3. 10. 1974).

Einen Dauerkonflikt bedeutet die Aktivität der Sekten. Der katholischen Kirche ist in den nordamerikanischen fundamentalistischen Sekten in den letzten 25 Jahren eine ernste Konkurrenz entstanden. Im Urwald, unter den Indios und in den Slumvierteln sind sie weit eingedrungen. In der Diözese Proaños haben sie 17% der Indios auf ihre Seite gezogen. Mit ihren Geldgeschenken und ihren Projekten spalten sie oft die Gemeinden. Ein ökumenischer Dialog ist mit ihnen unmöglich.

Ihre Verkündigung ist individualistisch, moralisierend, systemkonform und kulturverachtend. Sie entfremden den Indio und Ecuadorianer seiner Kultur und führen ihn zu einem schlimmen Identitätsverlust. Sie verkünden den nordamerikanischen Weg zum Heil, ein »Evangelium der Zivilisation«.

In der Medienpastoral sind sie der katholischen Kirche überlegen, wie die Aktivitäten des weltbekannten Senders bei Quito HC-JB, La Voz de los Andes (Die Stimme der Anden) zeigen.

Am bekanntesten ist die Tätigkeit der Wicliff-Linguisten mit ihrem Sommerinstitut in Limoncocha im ecuadorianischen Regenwald unter dem Indiostamm der Aucas. Unter dem Deckmantel der Sprachenforschung wurden sie als Befriedungstrupp den nordamerikanischen Ölgesellschaften vorausgeschickt, damit die Indios den Firmen »freiwillig« Platz machten und sich dafür in Reservate sperren ließen. Als die politische Absicht der Sekte klar wurde und der Widerstand der Indios und in der Öffentlichkeit wuchs, wurde sie 1981 des Landes verwiesen, kam aber durch »Vision Mundial« wieder herein. Das Linguisteninstitut ist ein weltweites finanzkräftiges Unternehmen, das überall dort eingesetzt wird, wo amerikanische Interessen im Vormarsch sind. In Ecuador waren sie mit großen wirtschaftlichen Privilegien ausgestattet und bildeten fast einen Staat in Staate, sie dirigierten bis in die Schulpläne hinein. Von daher ist die Erkenntnis zu verstehen: Nicht der Kommunismus sei die erste Gefahr für die Kirche, sondern die Sektentätigkeit. Sie führt mitten hinein in den religiösen und politischen Konflikt.

Der eigentliche politische Konflikt eskalierte durch die Gefangennahme von 17 Bischöfen in Riobamba durch die damalige Militärdiktatur am 12. August 1976. Der Nuntius spielte dabei eine zwiespältige Rolle eines möglichen Denunzianten, der Kardinalerzbischof zeigte sich sehr reserviert. Die inhaftierten Bischöfe schrieben einen Loyalitätsbrief an Papst Paul VI., den ein Seminarist herausschmuggelte. Es hagelte Proteste gegen die Regierung; Der CELAM-Generalsekretär López Trujillo sprach von der Nationalen Sicherheit als dem »Gesetz der Christenverfolgung.« Tatsächlich wurde damals erstmals das Gesetz der Nationalen Sicherheit in Ecuador offiziell angewandt und diente als Vorwand für die Verhaftung.

Auch wenn die Bischöfe des öfteren uneins sind, kann man für Ecuador doch sagen, im Fall der Repression reagieren sie geschlossen. Dies zeigt sich besonders bei Menschenrechtsverletzungen. Die ökumenische Menschenrechtskommission hat viel zu tun. Beim letzten Indioaufstand vom Juni 1990 profilierte sich Proaños Nachfolger, Bischof Victor Corral, als engagierter Vermittler; seinem Eintreten war die friedliche Entsetzung der besetzten Kirche Santo Domingo in Quito zu verdanken sowie die Freilassung von 30 Soldaten, die die Indios als Geiseln gefangengenommen hatten. Beide Aktionen galten als Vorleistung der Indios für den Dialog mit der Regierung von Präsident Rodrigo Borja, der aber nicht stattfand. Gegenwärtig (1990) betreiben Regierung, Medien, Großgrundbesitzer und Militär eine Hetzjagd gegen die Indios, ihren Führern wird der Prozeß gemacht. Die Indios finden Gehör und Zuflucht bei der Kirche; Bischöfe verteidigen sie gegen Übergriffe. Die Verteidigung der Menschen- und Völkerrechte des Indiovolkes ist Sache der ganzen ecuadorianischen Kirche und nicht nur Einzelinitiative eines Bischofs oder engagierter Campesinopfarrer. Die Kirche bietet im Fall der Indiofrage der von Freimaurern beherrschten Regierung die Stirn. Sie gibt dem Indio nicht nur Asyl, sondern Heimat in der Kirche. Die ecuadorianische Kirche will für

6 Millionen Dollar aus dem Rückkauf der Auslandsschuld Land für landlose Indios kaufen.

Damit könnten ungefähr 60 Landkonflikte gelöst werden. Es handelt sich um einen Akt der Wiedergutmachung nach 500 Jahren Landraub.

Zeigt sich die ecuadorianische Kirche nach außen in gesellschaftlichen Konflikten geschlossen, so hat sie ihre ehemalige Einheit schon lange verloren; die Kräfte triften auseinander, gegenwärtig hat sie den Rückwärtsgang eingeschaltet.

RESTAURATION

Kräfte der Restauration sind am Werk. Es ist, als ob die Kirche Angst bekommen hätte vor ihrem konziliaren Mut und jetzt wieder auf alte Muster der Pastoral zurückgreift und meint, damit ihre alten gesellschaftlichen Privilegien behalten zu können. Die Konservativen zeigen pastorale Blindheit, für sie hat sich nur das Wirtschaftssystem geändert, sie ignorieren den Gesellschaftswandel.

Die ecuadorianische Kirche ist stolz auf ihr Erziehungssystem; drei Universitäten und fast ein Drittel der Gymnasien befinden sich in kirchlichen Händen. Sie gibt sich zuwenig Rechenschaft über den Verschleiß von ordenseigenem Lehrpersonal, das der eigentlichen Seelsorge abgeht und nur die bestehende Klassenstruktur mit dem Graben zwischen Reich und Arm weiterhin bestärkt. Der Episkopat geht immer noch von der Vorstellung einer Volkskirche aus, auch wenn Sekten, großstädtische Indifferenz, ideologisierte Universitätsjugend und Freimaurerpolitiker große Einbrüche im Volkskatholizismus bewirkt haben.

Das Hauptaugenmerk legen sie auf Präsenz der Kirche in der Gesellschaft, die allerdings des öfteren mit Repräsentanz verwechselt wird. Dazu gehören Kongresse, Monumente und Wallfahrten. Zum Marianischen Kongreß 1978 in Guayaquil kam Kardinal Josef Ratzinger als päpstlicher Legat, um dann im Dreipäpstejahr sofort wieder zum zweiten Konklave nach Rom abzureisen. 1975 wurde auf dem Panoramaberg von Quito, dem Panecillo, eine 40 m hohe

Aluminiumstatue der »Virgen von Quito«, der apokalyptischen Frau, eingeweiht. Beim Festakt fehlte bezeichnenderweise nur Bischof Proaño ... Das Monument erhielt große Pressekritik. 1986 wurde nach 100 Jahren Bauzeit endlich die Basilica del Voto der Oblaten fertig; sie bekam mit Regierungsgeld finanzierte, betongegossene, neugotische Turmhauben. Präsident Febres Cordero erhielt dafür einen hohen päpstlichen Orden, der andererseits wieder Protest hervorrief, wobei der Erzbischof von Cuenca mit seinem Kirchenvolk gegen die Verleihung im Demonstrantenzug protestierte.

Die Wallfahrten zu den Marienheiligtümern von Quinche, Azoguez und Loja, zur »Madonna auf den Wolken«, zur »Madonna des Schwans« usw., gelten als Manifestation des Volkskatholizismus und werden zur Zielscheibe der Kritik der Sekten an der Kirche.

Sie entsprechen einer natürlichen Religiosität und sind nicht frei von Wundersucht und magischen Vorstellungen. Sie entarten zu einem Geschäftsrummel, wobei der Handel mit der Madonna »ex voto« aus der persönlichen Notsituation und der Jahrmarktstrubel vor der Basilika sich entsprechen. Dabei wird die Religion als Mittel zur Erduldung der Not eingesetzt und ihre befreiende Kraft wird übersehen. Ein solches Religionsverständnis stützt nur die Individualethik und verkennt ihre Mission zur Gemeinschaftserziehung und zur Evangelisierung der Gesellschaft.

Zu einer Demonstration kosmischer Religiosität, die sich zu einer pastoralen Krise ausweitete, wurde 1989 eine angebliche Marienerscheinung in Cajas bei Cuenca im Süden des Landes. Sie war eine Modeerscheinung und den Erscheinungen in Jugoslawien nachgemacht. Ein geschäftstüchtiges Management schürte die religiöse Hysterie durch vorfabrizierte Tonbandbotschaften der Madonna, fotographische Manipulationen, Fernsehwerbung, kostenlose Busfahrten usw. Das Medium war ein 17jähriges Mädchen, für das sogar noch der Nuntius in einem Fernsehinterview Reklame machte, wobei er aber sich selbst und seine Mission disqualifizierte. Bis zu 30 000 Personen versammelten sich an dem einsamen Ort auf 4000 m Höhe. Die Hotels in Cuenca waren überbelegt von Wallfahrtstouristen. Die Erscheinungen waren im Stil einer politischen Kampagne der Konservativen aufgezogen. Selbsternannte »Wächter des Glaubens« spielten eine neue Kirchenpolizei. In Wirklichkeit erschien eine »andere Kirche«, die Kirche der Ultrakonservativen, die gegen den Ortsbischof und den Klerus polemisierte und sich zu allein rechtmäßigen Katholiken hochstilisierte. Der Bischof verordnete eine kanonische Untersuchung, und inzwischen haben sich die Erscheinungen und der Rummel wieder gelegt.

Der Vorfall zeigt einmal mehr, wie die verschiedenen kirchlichen Kräfte auseinandertriften. Von Ultrakonservativen wie der Bewegung »Tradition, Familie und Boden« bis zu »Christen für den Sozialismus« reicht die ganze Spannweite. Die Rechte wurde durch das Ausbleiben der Marienerscheinungen frustriert, die Linke durch das Ende des realen Sozialismus in Osteuropa und die Perestroika desorientiert.

Die Christen der Befreiungsbewegung und die Basisgemeinden kämpfen für eine neue »lebendige Kirche« und eine »gerechtere und brüderliche Gesellschaft«; ihre Inspiration beziehen sie aus der wiederentdeckten Reich-Gottes-Theologie. Aus ihrem Kreis erwachsen viele kirchliche Laienämter.

Ihnen stehen die eher klerikalisierten neuen Laienbewegungen gegenüber, die Nachfolger der alten katholischen Aktion, wie Charismatiker, Neukatechumenen, Fokolarini usw. Sie werden hier die neuen »kirchlichen Transnationalen« genannt, da sie durch ihre internationalen Verbindungen über Geld und Macht verfügen und außerdem unter europäischem Einfluß stehen. Sie sind der einheimischen Kultur entfremdet und tragen wenig bei zur Formung eines Charakters der einheimischen Volkskirche.

Ein drittes kirchliches Sammelbecken bilden die Engagierten für eine Indiokirche. Sie verfolgen in etwa die kulturelle Strömung der Theologie der Befreiung, arbeiten in Richtung einer Inkulturation des Evangeliums und streiten für die Völkerrechte der Indios. Sie liefern ihren Beitrag zum Identitätsbewußtsein des Lateinamerikaners und weisen eine triumphalistische Feier der 500jährigen Entdeckung Amerikas zurück.

Eine vierte, kleine, aber einflußreiche Gruppe bildet das *Opus*

Dei. Aus Spanien kommend, hat es sich in die hohe Gesellschaft eingenistet und konnte in den letzten zwei Jahren drei Bischofsernennungen durchdrücken, es besorgt das Programm von Radio Católica, dessen technische Einrichtung Kardinal Ratzinger von der Münchner Patenkirche stiftete.

So hat sich die Polarisierung innerhalb der ecuadorianischen Kirche verschärft.

Dies zeigt sich auch an der Vergabepolitik kirchlicher Gelder durch die Hilfswerke. Die Institution wird hier bevorteilt, und die nichtklerikalisierte Basiskirche hat das Nachsehen, obwohl sie die eigentliche Arbeit vor Ort leistet, mangels geeigneter Mittel lebt sie in Armut. Die Erzdiözese München und Freising unterhält seit 28 Jahren zur ecuadorianischen Kirche patenschaftliche Beziehungen und gibt besonders Caritashilfe und Ordinariatshilfe. So findet man überall im Lande gut ausstaffierte bischöfliche Kurien und einen gut bestellten Wagenpark für den Klerus. Einheimische Kritik am ausländischen Geldsegen beklagt, daß durch ihn die Eigeninitiative und Selbstbeteiligung gelähmt werden. Die ecuadorianische Kirche konnte z. B. auch nicht allein aus eigenen Kräften die Kosten des Papstbesuches bezahlen.

Eine gewisse Uneinigkeit der ecuadorianischen Kirche konnte beim Besuch Johannes Pauls II. 1985 (30. Januar bis 2. Februar) noch einmal überkittet werden. Damals wurde Einheit demonstriert, und es war ein harmonischer Familienbesuch. Das Tauziehen hinter den Kulissen jedoch war ein Kräftemesser für den Einfluß verschiedener Gruppen in der Kirche. Es bedurfte langer Verhandlungen, bis der Papst endlich die Zeit fand, 40 000 Indios am Rand des Militärflughafens von Latacunga für eine Stunde zu besuchen, oder per Hubschrauber vom Himmel hoch im Elendsviertel Guasmo in der Hafenstadt Guayaquil die Masse der Slumbewohner zu trösten. Fast wären die Armen beim Papstbesuch vergessen worden. Statt einer Begegnung mit Industriearbeitern hatte der Papst vor der historischen Kulisse von San Francisco nur ein Treffen mit Handwerkern, die zunftartig organisiert sind. Wie üblich war der Papstbesuch eine Huldigung an das Vielerlei dessen, was katholische Kirche im Lande darstellt, wozu natürlich auch die Seligsprechung einer Nonne und eine Marienveranstaltung in Guayaquil gehörten. Nachhaltige Wirkung etwa auf eine Erneuerung der Pastoral hatte der Papstbesuch nicht.

Im Nachhinein geriet er aber doch zu einer Zäsur durch ein personelles Ereignis: Der Papst kam und ging, und anschließend wurde der Abschied von der Einheit der ecuadorianischen Kirche besiegelt. Monseñor Proaño beging am Tag des Papstbesuches seinen 75. Geburtstag, bekam in der Kathedrale von Quito vor dem Papst nochmals großen Applaus und reichte seinen Rücktritt wegen Erreichens der Altersgrenze ein. Auch Kardinal Pablo Muñoz Vega, früher Rektor der päpstlichen Universität Gregoriana in Rom, ging in Pension. Seitdem ist die ecuadorianische Kirche führerlos, es fehlen ihr die Pioniere und Persönlichkeiten, Bischöfe werden reihum wie Kapläne versetzt, und die Generation von Bischöfen, die an Medellín und Puebla teilgenommen haben, tritt ab. Getreu dem gegenwärtigen Pontifikat präsentiert sich im Augenblick die ecuadorianische Kirche ziemlich farblos. Die Gruppe um Proaño wirkte wie ein Sauerteig in der Kirche. Seit seinem Tod sprechen die Konservativen und Ängstlichen von einer »Des-Proañisierung« der ecuadorianischen Kirche, von einer Säuberung reformfreudiger Kräfte. Diese und andere Vorgänge zeigen, wie die Kirche in Ecuador beginnt, ihr Selbstvertrauen zu verlieren und an Identität einzubüßen. Problemlösung wird nun von Rom erwartet, und die erworbene Selbständigkeit wurde wieder zurückgegeben. Mit dieser Re-Klerikalisierung in der Kirche ist dem Kirchenvolk kaum gedient.

Auch das Vorbereitungsdokument für die Bischofkonferenz in Santo Domingo 1992 aus Anlaß der 500jährigen Wiederkehr der Entdeckung Amerikas ist ein Spiegel der verschiedenen Tendenzen und bedeutet einen Harmonisierungsversuch der Gegensätze. Mit Mutlosigkeit und Konzeptlosigkeit aber wird die Kirche den großen Herausforderungen der Neu-Evangelisierung nicht gerecht.

Obwohl Johannes Paul II. die Neu-Evangelisierung 1983 in Haití ankündigte, gehen die Vorstellungen darüber weit auseinander. Sie bewegen sich von einer Re-Katholisierung bis zu einer befreienden Evangelisierung im Sinne der Inkulturation ... Die Neu-Evangelisierung hat aber in Ecuador schon gleich nach dem Konzil angesetzt, als Proaño 1968 im Namen der nationalen »Kommission für Evangelisierung« den Plan zu einer »offensiven Evangelisierung« vorlegte, die, von der Analyse der Wirklichkeit ausgehend, eine Antwort auf die Realität bringt und die bisherige, stark introvertierte »inoffensive Evangelisierung« ablösen wollte. Die volkskirchliche Pastoral eines Sakramentalismus, der katholischen Schulerziehung, der apostolischen Bewegungen wurde einer Kritik unterzogen und ihr eine Entklerikalisierung der Kirche, missionarischer Dynamismus, gesellschaftskritischer Bezug und die Basisgemeinden als Alternative einer gemeinschaftlichen Kirche gegenübergestellt.

Nichts markiert deutlicher den Wandel in der Evangelisierung als die zwei neuen Devisen: »Die Armen evangelisieren« und »Andere evangelisieren«. Seit Puebla (1979) setzte sich die Erkenntnis vom »evanglischen Potential der Armen« durch, d. h. den Armen wird nicht nur die Botschaft gebracht, sie selbst leben das Evangelium, evangelisieren, bekehren die eigene Kirche. Proaño bekannte sich zu diesem Weg der Evangelisierung und sagte: »Ich habe von den Armen gelernt.« Aus den kirchlichen Basisgemeinden der Armen gehen neue Laienämter und Verkündiger hervor, die Quichua-Missionare verkünden ihren Volksgenossen das Evangelium in der Indiosprache.

Im Vorfeld der Konferenz von Santo Domingo (1992) und in der Theologie der Inkulturation hört man allenthalben »Andere evangelisieren«, d. h. die Anderen, die Indios, die kulturell Verschiedenen werden nicht nur evangelisiert, sie evangelisieren selbst; sie evangelisieren die Kirche, stellen die bisherige in Frage und fragen nach der Kirche Christi bei den Indios, suchen das Wachsen einer Indiokirche.

Kirche und Gesellschaft entsprechen nicht dem Evangelium und demnach müssen beide evangelisiert werden. Eine Theologie der Befreiung versucht eher die Gesellschaft zu evangelisieren, die Theologie der Inkulturation dagegen mehr die eigene Kirche.

Es gibt also in Ecuador drei Gruppen von Evangelisatoren, die traditionelle des Klerus und der Ordensschwestern, die Armen der Basisgemeinden und die Indios. Damit ist die Evangelisierung in die Dynamik und Offensive getreten und bedeutet für die eigene Kirche eine heilsame Herausforderung.

INDIOKIRCHE

Die große Fehlanzeige von 500 Jahren Evangelisation in Lateinamerika ist das Nichtvorhandensein einer autochtonen Kirche, einer Indiokirche. Die positiven Ansätze im 16. Jahrhundert wurden von den Konquistadoren zunichte gemacht; ein Christsein als Indio galt damals schlechterdings als undenkbar, es war nur in den Strukturen eines spanischen Vasallen möglich. Die Unabhängigkeit (1820) brachte für die Indios keine Besserung, eher eine Verschlechterung; die einheimischen Kreolen der jungen Republik verfolgten sie noch unbarmherziger als die europäischen Spanier der Kolonialzeit. Erst seit dem Erwachen der Ortskriche auf dem letzten Konzil ist das »illegitime« Kind der Mutter Kirche, die »Indiokirche«, legimitiert worden. Die Indios in ihrer konkreten Sprache charakterisieren diese Situation folgendermaßen sehr treffend: »Das Kind Indiokirche kommt verspätet auf die Welt, es braucht einen Kaiserschnitt und ... dabei wird die Mutter sterben.« Damit ist der notwendige Strukturwandel angesprochen, und die Mission der Indios für die »Mutter Kirche« angezeigt.

Die Forderung der Indios nach kultureller Autonomie in der Gesellschaft bringt auch für die Kirche ernste Konsequenzen. Sie wollen eine »plurinationale und multikulturelle Kirche«, das will heißen eine Kirche, in der die Indios Platz haben, ihr Volksein und ihr Anderssein anerkannt, ihre Religion und ihre Kultur respektiert werden. Sie fordern eine eigene Liturgie, eine eigene Sprache, eine eigene Theologie und eigene Ämterstrukuren. Sie wollen mit ihrer eigenen Kultur Wurzeln schlagen in der Kirche. Strenggenommen gehörten sie nicht zum lateinischen Ritus in »Latein«- -Amerika und unterstehen damit auch nicht dem römischen Kirchenrecht. Als Volk haben die Indios ein Anrecht auf eine eigene Kirche. Sie wollen zwar selbstverständlich in Gemeinschaft mit der ecuadorianischen Kirche und dem Papst in Rom bleiben; aber sie bestehen auf ihrer kulturellen Autonomie, auf der Selbständigkeit ihrer Ortskirche. Mit den asiatischen und afrikanischen Völkern treiben sie die »Kulturrevolution« in der Kirche voran. Echte Katholizität erkennt den Reichtum in der Vielfalt und schätzt das Geschenk der Einheit im Glauben, das nicht mit der Einheit in der Disziplin zu verwechseln ist; sie schafft eine versöhnte Gemeinschaft von verschiedenen Kirchen aus verschiedenen Kulturkreisen.

Ecuador kannte zwei Bischöfe, die die Indiokirche wachsen ließen: Leonidas Proaño im Andenhochland bei den Quichuas und Alejandro Labaka im Amazonastiefland bei den Huaorani. Der baskische Misssionsbischof Labaka versuchte eine alternative Pastoral zum nordamerikanischen Linguisteninstitut. Bei einer seiner anthropologischen Entdeckungsfahrten im Urwald wurde er am 21. Juli 1987 von den Lanzen der Tagaeris bei einer Erstbegegnung ermordet. Die ecuadorianische Presse kommentierte den Vorgang recht, wenn sie schrieb: »Die Lanzen galten in Wirklichkeit den Erdölgesellschaften.« Monseñor Labaka wollte die Huaorani auf den Zusammenstoß mit der technischen Zivilisation vorbereiten und wurde ihr Opfer. Er unterstützte die Eingeborenen im Kampf um Land und (Über-)Leben.

Proaño leistete Hebammendienste für die Geburt einer Indiokirche durch seinen langsamen Erziehungsprozeß mit der Alphabetisierung, der Landreform, der Bewußtseinskampagne, der Förderung von Indiobasisgemeinschaften, dem Wecken von kirchlichen Berufen der Indiomissionare, schließlich und endlich durch die Verteidigung ihrer Völkerrechte. Trotz 30jähriger Indiopastoral muß man eingestehen, daß es bis heute in Ecuador noch keinen einzigen Indiopriester gibt, wohl aber ein Dutzend Priester, die ihre Sprache Quichua sprechen.

Die Indios forderten beim Papstbesuch 1985, der Papst möge Proaño zum Bischofsvikar der Indiokirche auf Landesebene ernennen; es blieb jedoch nur beim Ehrentitel »Bischof der Indios« und bei der Einrichtung einer Abteilung Indiopastoral bei der Bischofskonferenz. Jahre vorher war bereits eine Indiodelegation aus eigenem Antrieb beim Nuntius vorstellig geworden, um die Einrichtung einer Personalprälatur der Indiokirche zu beantragen. Sie dachten, sie hätten als Volk noch mehr Recht darauf wie z. B. die privilegierte Klasse der Militärs mit ihrem Militärbischofsamt.

Beim letzten großen Indioaufstand in Ecuador vom Juni 1990 stellte sich die Kirche, nicht nur einzelne Bischöfe, auf die Seite der Indios und unterstützte ihre gerechten Forderungen auf Land, kulturelle Autonomie und Anerkennung als Volk in einem Vielvölkerstaat Ecuador. In der derzeitigen Hetzjagd und Repressionskampagne gegen die Indios sind die Bischöfe ihre einzigen Verteidiger. Die Indios finden in der ecuadorianischen Kirche heute mehr als nur Asyl, sie bekommen Heimatrecht.

Das Bekenntnis der ecuadorianischen Kirche zur Indiokirche ist trotz ihrer vielen Schwächen ein Hoffnungszeichen für die Zukunft.

Wegbereiter Leonidas Proaño

FÜR WEN HALTET IHR MICH?

Wer ist dieser Mann, der auch nach seinem Tod noch soviel Ausstrahlungskraft besitzt, weiterhin die Geister scheidet, die Gewissen beunruhigt, die Indios bewegt, zur Symbolfigur der Armen geworden ist?

Proaño steht immer noch im Kreuzfeuer der Meinungen. Vom »Kommunistenbischof« bis zum »Friedensnobelpreisträger« reicht die ganze Spannweite der Auseinandersetzungen um seine Person. Proaño fragt auch uns: Für wen haltet Ihr mich?

»Roter Bischof«, »Volksaufwiegler«, »Revolutionär« beschimpften und fürchteten ihn zugleich die einen; andere nannten ihn einen »Moses unserer Tage«, wie die Indios, einen »Propheten der Taten«, wie Dom Pedro Casaldáliga, einen »Kirchenvater unserer Tage«, wie José Comblin, hielten ihn für einen geeigneten Kandidaten für den Friedensnobelpreis, wie Adolfo Perez Esquivel. Er wurde zwar nicht zum »Mann des Jahres« gekürt, aber zwei Filme, ein deutscher und ein italienischer, nennen ihn bezeichnenderweise den »Mann im Poncho« und den »Mann der Gemeinschaft«. Proaño hatte zeitlebens keine Titel erworben und machte sich auch nicht viel aus ihnen. Er bleibt in Vergangenheit und Gegenwart der »Bischof der Indios«. Dieser sein Spottname von einst wurde nach 30 Jahren zu seinem Ehrennamen, als Papst Johannes Paul II. bei seiner Begegnung mit den Indios Ecuadors in Latacunga am 31. Januar 1985 diesen Ehrentitel eigens bestätigte. Ablehnung und Ehrung beweisen einmal mehr die Bedeutung seiner Person. Seine Zeitgenossen konnten an ihm nicht vorübergehen. »Proaño ist eine Standarte, Flagge«, »der Name Proaños bedeutet Programm«, sagte sein Nachbarbischof Mario Ruiz Navas von Latacunga. Proaño gab einer Bewegung einen Namen, drückte einer Ortskirche seinen Stempel auf.

PROAÑO LEBT

Wer ist dieser Mann, der auch noch nach seinem Tod die Geister nicht zur Ruhe kommen läßt? »Proaño ist tot«, sagen seine Feinde und wollen »die ewige Ruhe« vor ihm haben. »Proaño lebt«, sagen seine Freunde, »er ist auferstanden im Volk«, wie der letzte Indio-aufstand von 1990 gezeigt hat. Proaño bewegt die Indioorganisationen.

Der Indioglaube sagt: »Für die Befreiung der Indios und des unterdrückten Volkes ist Bischof Proaño von den Toten auferstanden« (1. Jahresgedächtnis, 31. 8. 1989).

Der Sämann ist tot, der Same jedoch ist aufgegangen, wie er selbst in seinem Abschiedsgedicht prophezeite: »Du wirst gehn, aber es bleiben die Bäume, die du gepflanzt.« Sein Zeugnis wirkt weiter, der Funke sprang über. Proaño hat unserer Zeit etwas zu sagen. Er gehört nicht nur »seinen« Indios, er gehört allen in der Kirche. Proaño selbst hielt sich für einen Wegbereiter: »Ich konnte nur Wegbereiter sein. Wir müssen auf den Berg unserer Zeit steigen und in das Land der Zukunft sehen«. Das ist die Perspektive des Propheten Indioamerikas. Wenn wir seinem Lebensweg folgen, tut sich uns ein neuer Weg auf.

ARMER UNTER ARMEN

Proaño verleugnete nie seine arme Herkunft! Als Sohn armer Campesinos wurde er am 30. Januar 1910 in San Antonio de Ibarra in der Provinz Imbabura im Norden Ecuadors geboren. Seine Eltern verdienten sich den Lebensunterhalt mit Strohhüteflechten, ein Handwerk, das auch der bischöfliche Sohn noch beherrschte. Er bekannte zeitlebens, die Liebe zu den Armen und den Indios sei ihm im Elternhaus eingeprägt worden, deshalb habe er nie zum »Verräter der Armen« werden wollen oder können. Persönlich pflegte er bewußt einen armen Lebensstil und warb überzeugend für die evangelische Armut.

In seinen Jugendjahren wollte er Maler werden; als Bischof betätigte er sich noch gelegentlich als Sonntagsmaler; eine gute Beobachtungsgabe blieb ihm, wenn er später als großer Analytiker so manches Gemälde der sozialen Wirklichkeit zeichnete.

Nach innerem Ringen entschloß er sich zum Priesterberuf, besuchte das große Seminar in der Hauptstadt Quito und wurde am 4. Juni 1936 zum Priester geweiht.

JUGENDERZIEHER UND JOURNALIST

Als junger Priester arbeitete er 18 Jahre lang in der Stadt Ibarra, seiner engeren Heimat, als Lehrer am Knabenseminar und am Gymnasium und als Jugenderzieher besonders in der katholischen Arbeiterjugend CAJ. Mit einer Freundesgruppe von vier Priestern, das »Kleeblatt« genannt, brachte er die Erneuerung der Katholischen Aktion in die Laienschaft. Proaño entfaltete eine reiche schriftstellerische und journalistische Tätigkeit und gründete u. a. 1944 die Wochenzeitschrift »La Verdad« (Die Wahrheit), die bis zum heutigen Tag, seit 1952 nun als Tageszeitung, fortbesteht. Die Namenswahl des Blattes entsprang einem Lieblingszug seines Charakters.

Eigentlich wollte er immer Pfarrer einer Indiogemeinschaft werden. Dieser Wunsch erfüllte sich in einer größeren Berufung, als er 1954 zum Bischof der Indiodiözese Chimborazo und Bolivar ernannt wurde.

VOLKSERZIEHER UND REFORMER

Am 24. Mai 1954 wurde Proaño zum Bischof geweiht und leitete fortan 31 Jahre lang die Kirche von Riobamba.

Hier entwickelte er sein einzigartiges Talent als Volkserzieher. 1962 gründete er eine Radioschule für Alphabetisierung und Evangelisation. Für ihn ist »Alphabetisieren gleichbedeutend mit lehren, Mensch zu sein«. Die Radioschule wurde zum Sprachrohr des Bischofs; viele seiner allwöchentlichen Sendungen »Heute und Morgen« wurden berühmt und haben bis heute nichts an Aktualität verloren. Die Indios fanden im kirchlichen Radio ein geeignetes

Instrument zur Wiederentdeckung, Bewahrung und Verteidigung ihrer Kultur.

Zum geistigen Ausstrahlungszentrum der konziliaren Erneuerung entwickelte sich das 1968 eingeweihte Bildungshaus Santa Cruz bei Riobamba. Es wurde zu einem Mekka der Befreiungstheologen, zur Heimat kirchlicher Basisgemeinden und der Indiobewegung, zum Herzen der kirchlichen Erneuerung der Diözese Riobamba. Dort wuchs Kirche als Gemeinschaft. Hier lebte Bischof Proaño 20 Jahre als »Abt von Santa Cruz« inmitten eines wechselnden Pastoralteams als der große Inspirator und Motor der konziliaren Erneuerung. Santa Cruz wurde weltbekannt durch den politischen Skandal, als am 12. August 1976 von dort 17 Bischöfe durch die Militärdiktatur gewaltsam ins Gefängnis abgeführt wurden.

Seine pastoralpädagogischen Erfahrungen legte Proaño in drei Büchern nieder: »Pour une Eglise liberatrice«, 1973 (Für eine befreiende Kirche), das 1976 ins Italienische übersetzt wurde: »Evangelizzazione e promozione umana nel Chimborazo« (Evangelisierung und menschliche Förderung in der Provinz Chimborazo).

Sein pädagogisches Werk heißt: »Concientización, Evangelización, Política«, 1974 (Bewußtseinsbildung, Evangelisation und Politik); es erlebte vier Auflagen.

1977 folgte seine Autobiographie »Creo en el hombre y en la Comunidad« (Ich glaube an den Menschen und die Gemeinschaft), eine Art geistliches Tagebuch, das seine Person und sein Werk erhellt.

Der Kirchenreformer Proaño wurde auch zum Gesellschaftsreformer. Er schritt vom Wort zur Tat; er fing da an, wo Kirche und Gesellschaft aufs engste miteinander verbunden waren, mit der Landreform. 1964 wurde in Ecuador das erste Gesetz zur Agrarreform erlassen. Die Kirche als Großgrundbesitzerin war zu einer Entscheidung für eine Umverteilung ihres Besitzes herausgefordert.

Nach eingehender Beratung der ecuadorianischen Bischöfe in den Konzilspausen und mit Hilfe von Misereor, der staatlichen Agrarreformbehörde IERAC und kirchlichen Entwicklungsinstituten, schritt Proaño am 14. November 1968 zur kirchlichen Landreform von Riobamba und verteilte auch noch bis ins folgende Jahr

1969 den gesamten Landbesitz der bischöflichen Kurie an Tausende von Indiofamilien, die in Kooperativen organisiert wurden. Andere Diözesen wie Quito, Ibarra, Loja und Cuenca folgten dem Beispiel Riobambas, wenn auch nur halbherzig. Proaño machte ernst mit der Option für die Armen und gewann durch seine freiwillige Entäußerung des Kirchenbesitzes die Glaubwürdigkeit der Kirche wieder zurück. Außerdem war die kirchliche Landreform ein Akt sozialer Gerechtigkeit. Selbst arm geworden, stellte sich die Kirche in vielen Landkonflikten auf die Seite der Landlosen und erlitt die gleiche Verfolgung wie die um Land kämpfenden Indios. Der schlimmste Landkonflikt ereignete sich 1974 in Toctezinín, der ein großes internationales Pressecho fand. In den 31 Jahren der Bischofzeit von Proaño waren die Indios von Riobamba in 150 Landkonflikte verwickelt. Die ungerechte Landverteilung war auch Grund für den letzten großen Indioaufstand in Ecuador im Juni 1990.

Proaño gründete im Jahrzehnt, in dem Entwicklung großgeschrieben wurde, viele Kooperativen für die Indios, eine Landschule auf einem Mustergut, Tepeyac genannt, und ein Institut für das Kooperativewesen.

Später machte der Volkserzieher eine Wandlung durch, als man einzusehen begann, daß all diese Werke wohl für die Armen, aber nicht mit den Armen geplant waren, weil z. B. auch die Kooperativen nicht so recht funktionierten, da sie dem natürlichen Organisationswesen der Indiogemeinschaft kaum entsprachen. Proaño ließ die Werke sein und entdeckte den Menschen, fand den Weg vom Desarollisten[1] zum Vertreter der Befreiungsbewegung. Er legte die Projektplanung der Teams beiseite und förderte die Eigeninitiative und das Selbstbewußtsein des Volkes, half ihm zur Entdeckung seiner Identität.

Proaño wurde zu einem der bekanntesten Förderer einer befreienden Erziehung und zum Inspirator einer befreienden Evangelisierung.

In der Zeit zwischen Medellín (1968) und Puebla (1979) fand er

1 Anhänger des herkömmlichen Fortschritts- und Entwicklungsdenkens

zur Entdeckung der großen Werte des Volkes und der Kultur der Indios. Aus dem Lehrer wurde ein Lernender. Er kam zu diesem Bekenntnis: »Ich habe von den Armen gelernt, ich bin bei den Indios in die Schule gegangen«; »die Armen evangelisieren uns«. Das zeigt die Wandlung der Kirche hin zum Volk, den Einzug der Armen in die Kirche.

Dieser Reifungsprozeß fand im Laufe der Jahre Niederschlag in verschiedenen Pastoralplänen. Der von 1976 sprach schon vor der Pueblakonferenz sehr deutlich über die Evangelisierung. 1983 formulierte er seinen »Reich-Gottes-Plan«, der die Kirche in den Dienst an der Welt stellt und zu ihrer eigenen Bekehrung und zum Wandel der Gesellschaft aufruft.

DER WANDERBISCHOF

Auf dem Konzil erfuhr Proaño eine erste Bekehrung, als er die Kirche als Gemeinschaft entdeckte. Später sollte er noch mehr von der Indiogemeinschaft dazulernen. In der vorletzten Konzilsperiode 1964 ergriff er dreimal das Wort in der Konzilsaula. Seine bedeutendste Intervention war die über die Alphabetisierung, als er vom Recht auf Kultur sprach; denn der Mensch habe nicht nur ein Recht auf Brot, sondern auch auf Bildung.

Noch in den Konzilstagen wurde er zum Präsidenten der Pastoralabteilung des lateinamerikanischen Bischofrates CELAM (1964–69) ernannt, den damals der chilenische Bischof Manuel Larraín als Präsident anführte.

Als solcher wurde er zum unermüdlichen Wanderbischof, der durch die südamerikanischen Lande zog, um die konziliare Erneuerung einzupflanzen. In Quito siedelte sich später das lateinamerikanische Pastoralinstitut IPLA an (1966–74), und Segundo Galilea wurde zum Koordinator ernannt. Er ist ein Kronzeuge für Proaños Wirken und Einfluß in der lateinamerikanischen Kirche, wenn er sagt: »Wenn der Bischof von Riobamba heute eine der Hauptfiguren der lateinamerikanischen Kirche ist, so verdankt er das dem Pastoralinstitut IPLA ... Proaño ist mehr als nur Bischof von Riobamba; er ist ein Bischof von gesamt-lateinamerikanischer Bedeutung.«

Auf der Synode von Medellín (1968), die das Konzil in Lateinamerika zu verwirklichen trachtete, nahm er als zuständiger Berichterstatter entscheidenden Einfluß auf die Bildung der Gemeinschaftspastoral, nicht nur auf das Dokument, sondern auf die pastorale Erneuerung. In Medellín sprach man auch zum erstenmal von der befreienden Evangelisierung, ein Thema, das dann die römische Bischofssynode (1971) und mit ihr die Enzyklika Evangelii Nuntiandi wieder aufgriffen. Medellín konkretisierte und verlebendigte besonders die dritte Aufgabe, die Johannes XXIII. nach dem Aggiornamento und der Ökumene dem Konzil anvertraut hatte, nämlich die Kirche der Armen.

Auf der Pueblakonferenz (1979) finden wir Proaño wieder federführend als Verfasser des 2. Kapitels über die sozialkulturelle Sicht der lateinamerikanischen Wirklichkeit. Ihm ist die einprägsame biblische Synthese der Wirklichkeit zu verdanken, wonach sich in den vielen Gesichtern der Armen das Leidensantlitz Christi wiederspiegelt (Nr. 31–39). Das wurde der meistzitierte Text des Puebladokuments.

Lange bevor die Kirche ihre bevorzugte Option für die Armen entdeckte und in Puebla offiziell erklärte (Nr. 1134–1165), lebte sie Proaño beispielhaft vor.

VATER DER KIRCHE DER ARMEN

Proaño war zutiefst überzeugt vom Heilsauftrag der Kirche der Armen; er war ihr glaubwürdigster Sprecher. Er wollte nicht nur eine Kirche für die Armen, sondern eine arme Kirche der Armen.

Für Proaño »beginnt die Kirche der Armen bei den Armen, geht von ihnen aus, marschiert mit den Armen, ist selbst arm und nimmt in ihrer Kirche alle auf, die sich für die Armen engagieren. Sie ist die Kirche des armen Christus, der das Reich Gottes den Armen verkündet hat«.

In der Kirche der Armen haben die Armen Heimatrecht, sie

werden vom Objekt zum Subjekt der Pastoral, sie werden von Betreuten zu Aktiven, entfalten ihre Charismen, übernehmen Mission und Auftrag. Jetzt heißt es nicht mehr, die Armen werden evangelisiert, sondern: »die Armen evangelisieren uns«.

Die Kirche der Armen nimmt Gestalt an in den Basisgemeinden. Aus ihnen gehen viele kirchliche Berufe hervor. Die neuen Laienämter, Katecheten, Lehrer des Glaubens, Animadoren als Gemeinschaftsleiter, Indio-Missionare und andere stehen im Dienst an der Gemeinde.

In Riobamba besuchen Wandermissionarteams die weitverstreuten Gemeinden, teilen das Leben mit den Indios und festigen so das Netz der Gemeinden. Ein Indiomissionarteam, 70 Leute, meist Ehepaare, predigt das Evangelium seinen Landsleuten in der einheimischen Indiosprache Quichua. Ein halbes Jahr arbeitet es z. B. in der Zuckerrohrernte, und das andere halbe Jahr leistet es unentgeltlich seinen Missionarsdienst. Dem Zeugnis dieser Gruppen ist es zu verdanken, daß der Einfluß der Sekten gebremst werden konnte.

Im Indioseminar in Santa Cruz bereiten sich Indioführer, Frauen und Männer, auf den Einsatz in ihren Gemeinden vor. Dieses Seminar ist eine Art Volkshochschule mit Fortbildungskursen in Spanisch, Rechnen, Naturmedizin, Gemeinwesenarbeit, Bibelkunde, Musik und vielem anderen. Ein halber Tag ist der theoretischen Ausbildung gewidmet, der andere halbe Tag der Praxis in Landwirtschaft, Schreinerei und Schusterei. Gebet, Gesang, Liturgie, gemeinsame Mahlzeiten, Sport verbinden das Gemeinschaftsleben. Zur Zeit bauen die Indios aus eigener Kraft langsam ein Haus für ihr Seminar.

Proaño legte der ecuadorianischen Bischofskonferenz und Rom ein Projekt zur Erziehung von Indiopriestern vor, dessen Grundidee die Heranbildung innerhalb ihres Kulturkreises vorsieht.

Diese vielfältige Arbeit vollzieht sich mit bescheidenen Geldmitteln, in Armut und Einfachheit. Bischof Proaño war Seele und Kopf dieses Unternehmens der neuen Evangelisation. Er schrieb aber alles Wirken dem Heiligen Geist zu und nicht der Planung der Hierarchie.

48

Die in Riobamba gemachten Erfahrungen legte Proaño einer breiteren Öffentlichkeit vor in zwei Aufsätzen in der Zeitschrift Concilium: »Die Kirche und die Armen im heutigen Lateinamerika« (1979) und »Politische Position der Kirche von Riobamba« (1971). In seinen späteren Jahren sprach er viel von der Bedeutung der »evangelischen Armut« für den Frieden.

Er war durchdrungen vom Auftrag Jesu »bei euch soll es anders sein« (Lk 22,26). Persönlich lebte er absolut arm, sagte jeder Versuchung der Macht ab, respektierte die Freiheit des einzelnen, versuchte ihn zu überzeugen. Macht und Gewalt, die sich als Herrschaftssystem der Gesellschaft auch in die Kirche eingeschlichen haben, versuchte er nicht mit Gegengewalt in innerkirchlichen Kämpfen wieder hinauszudrängen, sondern er zeigte und lebte das Bild der Kirche als Gemeinschaft und Brüderlichkeit.

Diese Alternative des Evangeliums fordert von der Kirche Bekehrung und verlangt von der herrschenden Gesellschaft einen grundlegenden Wandel. So wurde aus dem Kirchenreformer Proaño konsequent ein Gesellschaftskritiker.

DER GESELLSCHAFTSKRITIKER

Proaño brach mit der unheiligen Allianz der Kirche mit den Reichen und Mächtigen und verkündete eine Gesellschaftsreform. Er kämpfte gegen die Sünde der herrschenden Gesellschaft an, gegen den immer tiefer werdenden Graben zwischen Arm und Reich, gegen den krassen Bildungsunterschied, gegen die »Institutionalisierte Ungerechtigkeit«, gegen die Gewaltanwendung auf allen Ebenen, gegen die Entmündigung des Volkes durch die Politik der Militärs und Volkstribunen.

Proaños Gesellschaftskritik geht ins Gericht mit den Militärdiktaturen und den Wirtschaftskonzernen; sie klingt hart für den Europäer und Nordamerikaner. Man muß bedenken, er spricht von der Peripherie der Machtzentren, von der Schattenseite des Fortschrittswunders, von der Südhalbkugel, von der Seite der Betroffenen aus.

In vielen Vorträgen, Radioansprachen, Konferenzen und Artikeln bezog er Stellung zu gesellschaftlichen Problemen. Seine befreiende Erziehung weckte das soziale Gewissen und unterzog das gegenwärtige Gesellschaftssystem einer kritischen Analyse. Die dabei entstandenen Konflikte zeigen die gesellschaftsrelevante Erziehung Proaños auf. Mit seiner Gesellschaftskritik betrat er das unausweichlich kontrovers diskutierte Feld von Kirche und Politik, wobei er bei allem Einsatz für die Menschenrechte und eine neue gerechte Gesellschaft nie Parteipolitik betrieb, sondern das Evangelium zum Maßstab nahm, indem er Politik und Wirtschaft zu evangelisieren trachtete. Er wußte das politische Handeln des Christen ins rechte Lot zu bringen.

Seine Gesellschaftsanalyse beginnt 1971 mit der Kritik am Establishment, wobei er die bestehende gesellschaftliche Ordnung in Ecuador Un-Ordnung nennt. 1972 hätte seine Radiosendung über die authentische christliche Revolution mit der Kritik an der Militärdiktatur fast zu seiner Ausweisung geführt.

1976 legten er und sein Pastoralteam dem Bischofstreffen in Riobamba als Arbeitspapier eine Gesellschaftsanalyse vor, die Anlaß zur gewaltsamen Reaktion der Militärregierung war, als diese die »ganzheitliche Befreiung des konkreten Menschen von Chimborazo« für subversiv erklärte und 17 Bischöfe ins Gefängnis beorderte.

Er entlarvte die Ideologie der Nationalen Sicherheit als »Gesetz zur Christenverfolgung« und wurde mit seinen Bischofskollegen ihr sichtbares Opfer. Der Zusammenstoß vom 12. August 1976 bot Gelegenheit, im Nachhinein über das Thema Glaube und Politik zu sprechen. Weltbekannt wurde in diesem Zusammenhang sein Wort vom »subversiven Evangelium«, womit er das Reich Gottes in Gegensatz zum Reich der Menschen setzte und einen notwendigen Strukturwandel vom Evangelium her motivierte.

Proaño sparte auch nicht mit Kritik an der nationalen Gesellschaft und klagte ein zweigeteiltes Ecuador an, wobei er das Krebsübel der Korruption bloßlegte.

In Zusammenhang des Prosyletismus nordamerikanischer Sekten sprach er oft vom Unheil der voreiligen Entwicklung durch

Geldgeschenke. Er lehnte den »american way of live« ab und forderte zur Besinnung auf eigene kulturelle Identität auf, besonders in seinen letzten Jahren, als er die Gemeinschaftskultur der Indios als Alternative zur kapitalistischen Zivilisation vorstellte.

Seine Kritik war inspiriert von der Position des Evangeliums, die zur Entscheidung zwingt: »Ihr könnt nicht zwei Herren dienen, Gott und dem Gott des Geldes« (Mt 6,24). Er kritisierte jede Machtkonzentration, die den Menschen zum Spielball von Interessenspolitik macht und in Unfreiheit hält.

1982 verurteilte er auf dem Forum der Solidaritätsfront die nordamerikanische Interventionspolitik und rief zum Widerstand dagegen auf, als er sagte: »Es gnügt nicht, nur eine antiimperialistische Organisation zu gründen, es braucht ein antiimperialistisches Volk.«

1983 verwies er in einer Rundfunkansprache das kapitalistische System als solches auf die Anklagebank.

Er nahm Stellung zur Krise der Auslandsschulden (1983) und versuchte ein Ökologiegewissen zu wecken, wie seine Rede 1987 in Saarbrücken zur Verleihung der Ehrendoktorwürde zeigt.

Bei aller gebotenen Kritik an den herrschenden Unrechtszuständen stellte sich Proaño entschieden auf die Seite der Gewaltlosigkeit. Nur sie sei ein Weg zur Änderung der Gesellschaft. In vielen Versammlungen reifte in Santa Cruz Idee und Ideal einer neuen gerechteren Gesellschaft.

Proaño blieb nicht bei der bloßen Anklage stehen. Er fand zum Einsatz für Völker- und Menschenrechte, zur konkreten Solidarität mit Zentralamerika und zur Arbeit für den Frieden.

Proaños Kritik an den bestehenden Machtverhältnissen war inspiriert vom Auftrag Jesu nach einer alternativen Gemeinschaft, nach einem evangeliengemäßen Umgang mit der Macht, der aus der Ermahnung an seine Jünger spricht: »Bei euch aber soll es nicht so sein« (Lk 22,26). Durch die kirchliche Landreform von Riobamba z. B. hat er ein Zeichen der Umverteilung von Macht und Besitz gesetzt.

Persönlich lebte er beispielhaft arm, und von daher gewann seine Kritik am kapitalistischen Lebensstil Glaubwürdigkeit. Die evan-

51

gelische Prophetie Jesu von einer machtfreien Gesellschaft ist noch nicht eingelöst, Proaño hat sie wieder aktualisiert.

KÄMPFER FÜR DIE MENSCHENRECHTE

Strukturreformen der Gesellschaft müssen sich an den Menschenrechten orientieren. »Die Frage der Menschenwürde und Menschenrechte ist eine Zentralfrage der gegenwärtigen ecuadorianischen Gesellschaft«, stellten die Bischöfe des Landes fest (Opciones Pastorales).

Proaño war ein entschiedener Vorkämpfer für die Menschenrechte. »Ich war unnachgiebig in der Verteidigung der Gerechtigkeit«, sagt er von sich selbst. Und die Indios stellen ihrem Bischof ein gutes Zeugnis aus, wenn sie als Echo auf seinen Einsatz für die Menschenrechte sagen: »Wenn sich die Großen und Mächtigen ungerecht verhielten, stellte sich unser Bischof konsequent auf die Seite der Armen und Rechtlosen.«

In vielen Landkonflikten solidarisierte er sich mit den Armen und Entrechteten. In Ecuador sagt ein Sprichwort: »Das Gesetz gilt nur für den Menschen im Poncho«, d. h. für den Armen und Kleinen. Proaño aber lehrte die Indios: »Tritt mir nicht auf den Poncho«, was besagen will: tritt mir nicht auf den Schlips, nimm mir nicht mein Recht, respektiere mich.

Auf dem Sterbebett wiederholte der totkranke Bischof oft: »respeten al indio«, achtet den Indio, gebt ihm sein Recht und seine Würde. Das sagte er auch zum Präsidenten Rodrigo Borja, als dieser ihn im August 1988 auf dem Totenlager besuchte. Der Politiker Borja wird dieses Testament des Bischofs in zwei Projekten verwirklichen müssen: in den Gesetzesvorlagen über die Indionationalitäten und die Landrechte der Urwaldindios, die Respektierung ihres Territoriums verlangen.

Proaño klagt Gewalttätigkeiten und Diskriminierungen an und macht das System verantwortlich für die sündhafte Ungleichheit. Er unterstützt die Bewußtseinskampagne im Volk, um ein neues Gewissen für die Menschenrechte von unten wachsen zu lassen.

Proaño war der anerkannte Sprecher der Menschenrechte auf der Pueblakonferenz. Er schrieb ihr als verantwortlicher Redakteur die Sorge um die Menschenrechte ins Stammbuch (Nr. 41–50, 66–69) und ging ins Gericht mit der »Struktur der Sünde« (Nr. 1224, 1232, 1258).

Proaño wurde 1979 Vizepräsident der lateinamerikanischen Vereinigung für Menschenrechte ALDHU (Asociación Latinoamericana de Derechos Humanos); außerdem war er Ko-Präsident des Komitees »Christen für die Solidarität Oscar A. Romero«.

Das 6. Treffen der internationalen Solidaritätsbewegung 1985 in Madrid, an dem Proaño teilnahm, verkündete einen Gott des Lebens: »Das Reich Gottes erleidet Gewalt in Lateinamerika; aber unser Volk baut unverdrossen Tag für Tag an seiner Befreiung, Stück für Stück wird das Projekt des Todes vom Projekt des vollen Lebens beseitigt werden.«

Für seinen Einsatz für die Menschenrechte erhielt er u. a. 1988 in Wien – einen Monat vor seinem Tod – den Menschenrechtspreis der Stiftung Bruno Kreisky und wurde im gleichen Jahr noch posthum von den Vereinten Nationen mit der Medaille zum 40. Jahrestag der Erklärung der Menschenrechte geehrt.

Proaño war auch der große Prophet der Völkerrechte für die Indios. Diesem Thema war sein Vortrag vor der deutschen Kommission Justitia et Pax im Oktober 1987 in Bonn gewidmet. Mit der Völkerrechtserklärung vom 4. Juli 1976 fordern die Indios ihre Rechte ein, das Recht auf ein eigenes Territorium, eine Wiedergutmachung des Landraubs, die Achtung ihrer Identität, die Rettung ihrer Kultur, das Recht auf Selbstbestimmung und das Ende der Bevormundung und Ausbeutung.

Proaño verwirklichte das Testament Johannes' XXIII., der auf dem Sterbebett sagte: »Heute mehr denn je, sind wir gerufen, den Menschen zu dienen und den Menschenrechten, wie ich in meiner Eröffnungsansprache zum Konzil sagte«.

Damit die Menschenrechte nicht bloße Erklärungen blieben, rief Proaño zu gemeinsamer Solidarität auf. Die Kirche von Riobamba erwies sich in konkreten Aktionen solidarisch mit der leidgeprüften Kirche in Zentralamerika, besonders in El Salvador.

1984 auf der Versammlung des »Christenkomitees der Solidarität« in Riobamba legte er eine Theologie der Solidarität vor.

Solidarität aus Mitleid hilft unmittelbar Leid mildern. Solidarität aus Bewußtsein führt aus einer Analyse des Unrechts zu Protest und Änderung des Elends. Eine Solidarität aus Glauben entdeckt den solidarischen Gott und führt zur Solidarität mit dem unterdrückten, aber gläubigen Volk, der Exodus ereignet sich neu.

Eines seiner letzten Gedichte widmete er der Solidarität (1983 in Assisi entstanden): »Jesus Christus ist die Solidarität«.

APOSTEL DES FRIEDENS

Die beste Solidaritätsbewegung ist die Friedensbewegung. Bei allen Konflikten hat Proaño zeitlebens den Frieden gesucht. Er sagte von sich selbst: »Mein ganzes Leben war voller Kämpfe und Konflikte. Ich halte mich nicht für eine konfliktive Person, ich bin vielmehr ein friedliebender Mensch«.

Proaño war 1974 Mitbegründer der Friedensbewegung »Servicio Paz y Justicia«, SERPAJ (Dienst für den Frieden und Gerechtigkeit), deren erster Präsident Adolfo Perez Esquivel wurde, der spätere argentinische Friedensnobelpreisträger von 1980.

In Ecuador trägt eine Friedensbewegung seinen Namen »Movimiento por la Paz Leonidas Proaño« (1986).

1986 wurde Proaño von Perez Esquivel für den Friedensnobelpreis vorgeschlagen. Eine entsprechende Kampagne führte ihn in viele Städte, Universitäten, Gremien und Organisationen als Pilger des Friedens und gab ihm nochmals Gelegenheit, seine Friedensbotschaft vor Arm und Reich, Hoch und Niedrig zu verkünden. Er habe nie für einen Preis gearbeitet, beteuerte er, Preis und Ehre gehörten dem armen Volk.

Der damalige Parlamentspräsident Raul Baca würdigte ihn am 19. Juli 1985 als »Baumeister des Friedens«, als »Stern am Himmel des Vaterlandes« in der Stunde einer tiefen moralischen nationalen Krise. Für Proaño war der Friede kein passiver Friede der gekreuzten Arme. Der echte Friede war vielmehr ein »Werk der Gerechtigkeit« (Jes 32,17), wie ihn Medellín gesehen hat. So erklärte er dann auch in der Rede vor dem Verfassungsgericht 1985, echter Friede führe zu sozialer Gerechtigkeit.

Proaño brachte den Frieden in Zusammenhang mit der evangelischen Armut: »Friede wird aus der evangelischen Armut geboren ... Wenn Herrschsucht und Machtgier verschwinden, hören Ausbeutung, Ungerechtigkeit und Lebensangst auf, und es käme der Friede. Dann herrschte eine echte und tiefe Versöhnung unter den Menschen und der Menschen mit der Erde und mit Gott«.

Proaño bewies die Friedensliebe eines Propheten in so manchem Konflikt seines Lebens.

PROPHET IM ZEICHEN DES WIDERSPRUCHS

Proaños Befreiungswerk für die Armen und Indios blieb nicht ohne Widerspruch. Er, der selbst die sündhaften Strukturen in Kirche und Gesellschaft kritisierte, sah sich großer Kritik ausgesetzt. Der Prophet wurde nicht immer verstanden. Es kam zu einer Reihe von heftigen Konflikten. Gerade durch die Konflikte aber konnte Proaño sprechen und klarmachen, was Bekehrung der Kirche und Veränderung der Gesellschaft bedeute, die Konflikte boten ihm Gelegenheit zur Evangelisation.

Der erste Konflikt war der gesellschaftliche. 1964 entzündete er sich am Problem des Kathedralbaus in Riobamba und schwelte bis 1972. Da Proaño eine lebendige Kirche einem Bau aus Ziegeln vorzog und keinen Monumentalbau errichten wollte, nahm die noble Gesellschaft dies zum Anlaß, um ihn in eine Hetzkampagne ohnegleichen zu verwickeln. Sie verlangte seine Abdankung; der Gottesmann hielt stand, und die weltlichen Autoritäten mußten ihre Drohung wahrmachen und traten zurück.

1973 kam es zum innerkirchlichen Konflikt. Auf dem Höhepunkt der Auseinandersetzungen wurde ein päpstlicher Visitator eingesetzt. Er fand bei 2000 Befragungen 35 Stimmen gegen den Bischof, und dieser ging aus dem Konflikt rehabilitiert und gestärkt hervor.

1974 trieben auch die Landkonflikte ihrem Höhepunkt zu; der schwerste war der von Toctezinín, wo es bei einer brutalen Polizeiaktion gegen die Indios Folterungen, Schwerverletzte und einen Toten gab; acht Priester und Pastoralmitarbeiter, unter ihnen der Generalvikar, wanderten ins Gefängnis. Im Laufe der Landkonflikte hatte die Kirche von Riobamba mehrere Tote zu beklagen, der bekannteste wurde Lázaro Condo, der auch im lateinamerikanischen Martyrologium unter dem Datum vom 26. September sein Gedenken hat.

Am 12. August 1976 explodierte der politische Konflikt, als Polizeigewalt in Riobamba eine Bischofstagung sprengte und 17 Bischöfe und ihre Mitarbeiter, im ganzen 55 Personen, nach einem bewaffneten Überfall auf das Exerzitienhaus Santa Cruz ins Polizeigefängnis nach Quito abführte. Die Kraftprobe Militärdiktatur gegen die Kirche der Armen war ungleich, Verlierer aber blieb im Nachhinein eindeutig die Regierung. Eine internationale Pressekampagne erhob Protest und isolierte die Militärdiktatur.

Proaño benützte die Konflikte, um gerade durch sie das Evangelium zu verkünden. Diese seine positive Einstellung zum Konflikt verrät das Wort: »Glücklich die Stunde, in der sie uns gefangen nahmen, sie schenkte uns die Gelegenheit, vor der ganzen Welt unseren Glauben zu bezeugen.«

Proaño war eine prophetische Gestalt. Er ging den Konflikten nicht aus dem Weg, ja er sprach vielmehr durch sie und machte so der Gesellschaft klar, daß sie im Konflikt mit dem Evangelium lebt.

Als nach dem Zusammenstoß von 1976 selbst im Vatikan die Absetzung Proaños betrieben wurde, setzte Papst Paul VI. dem ein Ende, da er dessen Gegner fragte: »Kann ich einen so evangelientreuen Bischof absetzen?« Es gibt wohl keine bessere und berufenere Beurteilung über Proaño als diese.

Als Prophet unserer Zeit brach Proaño Bahn für den »Aufstand des Evangeliums«. Er war immer mehr »ein Prophet der Taten, weniger der Proteste«.

Alle Konflikte seines Lebens entstanden Proaño wegen seines Einsatzes für die Indios. Er legte den Bischofstalar ab und zog den Poncho, den Indioumhang an als Zeichen seiner Solidarität und Identifizierung mit den Indios. Verächtlich wurde er von der vornehmen Gesellschaft »Indiobischof« genannt, bis ihm durch seine Beharrlichkeit nach drei Jahrzehnten dieses Schimpfwort zum Ehrentitel gereichte. Proaño wurde bekannt als der »Bischof der Indios«. Als solcher ging er in die Geschichte ein und machte Geschichte.

Einunddreißig Jahre war er der Hirte der Diözese Riobamba, die sich flächengleich mit der Provinz Chimborazo deckt. Es ist die ärmste Provinz Ecuadors in den Hochanden. Von ihren 400 000 Bewohnern sind knapp 200 000 Indios. In Ecuador selbst leben bei einer Bevölkerung von 10 Millionen ca. 3 Millionen Indios, also fast ein Drittel (1990).

Proaños Sorge galt den Indios, ihrer Auferstehung weihte er sein Leben. Seinen ersten Plan einer Indiopastoral vertraut er in einem Brief von 1954 seinem Freund und Lehrer Roberto Morales Almeida in Ibarra an. Er ist erdrückt von der beklagenswerten Situation der Indios, »es ist zum Weinen«. Er ist sich des Problems bewußt, »wenn man nichts unternimmt, wird dieser Indio langsam, aber sicher verschwinden«. Was tun? »Wenn ich den Indio sehe, bedrückt es mich im Herzen, und ich ahne, wie gewaltig groß das Problem seiner Erlösung ist ... Dem Indio möchte ich geben: ein Bewußtsein seiner Würde als Mensch und Person, dazu Land, Freiheit, Kultur und Religion. Wie aber das erreichen? Es wird viel Zeit brauchen und, es werden Generationen vergehen, bis man einen einigermaßen heilsamen Erfolg sehen wird.«

Die zwei Hauptprobleme der Indios sind das Landproblem und das Problem seiner kulturellen Identität.

»Das Land ist von ursprünglicher Bedeutung für die Indios. Wenn man ihnen das Land nimmt, stirbt der Indio als Volk aus.«

Mit diesen Worten bringt Proaño das ganze Indioproblem auf einen Nenner. Es geht um Leben und Tod für sie. Fehlendes Akkerland und Arbeitslosigkeit führen zu Landflucht, und in dieser Auswanderungswelle verliert der Indio auch seine Kultur und Volkszugehörigkeit, er ist in Gefahr seine Identität aufzugeben und sich kritiklos einer gesichts- und geschichtslosen Nationalkultur zu integrieren.

Gegen beide Gefahren kämpfte Proaño an. Er übergab in der kirchlichen Agrarreform 1968 den Indios den Landbesitz der Kirche von Riobamba. Durch die Alphabetisierungskampagne der Radioschule suchte er sie zu vollwertigen Menschen zu erziehen. Im Bildungszentrum Santa Cruz formte er sie zu einem Volk, unterstützte ihre Organisationen und förderte über die Basisgemeinden das Heranwachsen einer eigenständigen Indiokirche.

Von Betreuten und Versorgten wurden die Indios zu aktiven Gestaltern ihrer Geschichte, Organisation und kulturellen Eigenart.

In der Indiokirche erwachen neue Laienämter. Katecheten, Gemeinschaftsleiter (animadores), Indiomissionare entdecken das Evangelium und die kirchliche Gemeinschaft. Im Indioseminar von Santa Cruz errichteten sie ihr Ausbildungszentrum. Proaño wurde zum Vater einer Indiokirche, die aus dem Indiovolk erwuchs.

Damit die Indios auch in der Gesellschaft eine eigenständige Rolle spielen können und die Zersplitterung ihrer Organisationen aufgefangen wird, gründeten sie unter der begleitenden Führung Proaños 1982 eine Bewegung, das Movimiento Indígena de Chimborazo (Indiobewegung der Provinz Chimborazo), das sich eine eigene Indiopolitik, wirtschaftliche Unabhängigkeit und Selbständigkeit und die Rettung der Indiokultur auf die Fahne geschrieben hat.

»Die Indios befinden sich in schwerer Gefahr, ihre Identität zu verlieren, denn alles spielt zusammen, um ihre Kultur zu zerstören, die kapitalistische Gesellschaft, die Regierungspläne, die Spaltungstendenzen der Sekten und der Entwicklungshilfeorganisationen.« Das ist die Verschwörung gegen die Indios. So konstatiert Proaño in seinem Bericht der Indiopastoral von 1986.

Wieviel Kleinarbeit, zeitraubende Besuche in den entlegenen Dörfern, Versammlungen, Verhandlungen, Gespräche, Organisa-

58

tionen usw. es kostete, dem gemeinsamen Feind zu trotzen und die Indios zu sammeln, zu einen, aufzuwecken, das vermag nur der zu ermessen, der drei Jahrzehnte den Bischof der Indios begleitet hat. Ein großes Ereignis war die Begegnung Papst Johannes Pauls II. mit 40 000 Indios am 31. Januar 1985 in Latacunga. Dort bekräftigte der Papst ihre Menschen- und Völkerrechte, erkannte ihre Kultur und Geschichte an und lud sie ein, aktiv am Aufbau einer Indiokirche mitzuwirken.

Er verlieh Proaño den Ehrentitel »Bischof der Indios«, und die ecuadorianische Bischofskonferenz übertrug ihm im April 1985 die Leitung der Abteilung Indiopastoral auf Nationalebene.

In vielen Versammlungen formte er erneut die Führungsschicht für eine echte, autochtone Kirche der Indios, erarbeitete einen Plan für ein Indiopriesterseminar und errichtete in Pucahuaico ein Bildungszentrum für Indiomissionarinnen. Er entdeckte die Schönheit der Indioreligion, förderte eine eigene Indiotheologie, hob immer wieder die Beziehung der Indios zur Mutter Erde hervor, erkannte – im Sinne einer Präevangelisation – die Bedeutung der »Samen des Gotteswortes« (hl. Irenaeus) in der Indioreligion und betonte die Werte der Indiokultur. Er sprach von der erlösenden und heilsbedeutsamen Funktion der Indiogemeinschaft für die Änderung der herrschenden kapitalistischen Gesellschaftsordnung.

Die bevorstehende 500-Jahresfeier der sog. Entdeckung Amerikas 1992 bedeutete ihm eine Herausforderung für die Neuevangelisierung und eine Gewissenserforschung der Geschichte.

So war Proaño federführend in dem Dokument der Bischöfe der Indiopastoral, die sich auf Einladung des CELAM in Bogotá vom 9. bis 13. September 1985 zu einem Erfahrungsaustausch trafen und über die Evangelisation der Indiokultur berieten: »Die Evangelisation der Indios am Vorabend der Fünfhundertjahrfeier der Entdeckung Amerikas« (DEMIS 6). Das Dokument hebt besonders die kulturell-religiöse Bedeutung der Erde für die Indios hervor und spricht vom Recht auf Bildung einer autochtonen Indiokirche. Es behauptet prophetisch: »Die indianischen Völker sind eine Hoffnung für die Kirche«.

In seinem letzten Dokument, das er drei Monate vor seinem Tod in Pucahuaico in seiner Heimat schrieb, spricht Proaño nochmals eindringlich über »500 Jahre Margination der Indios«. Er vergleicht ihre Situation mit der Heilung des blinden Bartimaeus im Evangelium (Mk 10,46–52) und kommt zur Überzeugung, daß der Indio seine Unbeweglichkeit, sein gesellschaftliches Randdasein überwindet und so wieder in die Geschichte eintritt, zum Leben erwacht.

Der Indio hat sein Wort wiedergefunden, Proaño braucht ihm seine Stimme nicht mehr zu leihen. Er sah das Ergebnis seiner 30jährigen Bemühungen um die Befreiung der Indios, wenn er voll Freude öffentlich bekannte: »Ein Zeichen der Wiederherstellung des Menschen, seiner Restauration, seiner Erlösung ist dies: der Indio, der noch vor wenigen Jahren nicht fähig war, ein Wort zu sagen ... ist heute fähig ... seine eigenen Gedanken auszusprechen und nicht etwas Vordiktiertes oder Vorgesagtes nachzuplappern ... Er hat sich auf eigene Füße gestellt, um sich zu organisieren und um vorwärtszuschreiten in der Eroberung seiner ureigenen Rechte.

Das ist nicht mein Werk, ich bin nur ein Werkzeug dabei, das ist das Werk des Evangeliums, es ist Christus der Auferstandene, der weiterlebt im Armen ..., damit die Unterdrückten die Botschaft der Befreiung wahrnehmen, die eine ganzheitliche Befreiung des Menschen ist.«

In Weiterführung des Bekenntnisses »die Indios haben ihr Wort zurückerobert« kann er dann auch als Frucht seiner Begegnung mit ihnen sagen: »Ich bin bei den Indios in die Schule gegangen«, »die Indios verstehen mit bewundernswerter Weise das Evangelium, ja sie leben es«, »die Indios evangelisieren uns«.

Das sind die Bekenntnisse eines Bischofs, der sich auf die Indios eingelassen hat und »Christus den Indio« im armen Indiovolk entdeckt hat.

Die Persönlichkeit Proaños war zutiefst geprägt von seiner Liebe zu den Indios. Er identifizierte sein Ichideal mit ihnen, er nahm im Laufe der Jahre ihre Gewohnheiten an, ihre Sprache, ihr Denken, ihre Kultur, trug ihren Poncho und machte ihre Wesensart zu der seinen. Er wurde einer der ihren und ward von ihnen geliebt. Sein Begräbnis glich einer Volkswallfahrt, und sein Grab ist immer mit frischen Blumen geschmückt.

Mehr als alle theoretischen Überlegungen über Inkulturation auszusagen vermögen, hat er die Inkarnation in die Indiokultur persönlich gelebt und lebendig gestaltet.

Seine Liebe zu den Armen war echt und überzeugend; sein persönlicher Lebensstil war arm und anspruchslos. Er bewohnte im Bildungsheim Santa Cruz ein kleines Zimmer wie jeder andere Gast. Nach seiner Pensionierung hatte er nichts, wohin er sein Haupt legen könnte und bat im Hause seines einzigen Verwandten, seines Vetters in Ibarra, um Unterkunft. In seiner Krankheit lehnte er eine Operation ab und wollte, krebskrank geworden, ohne Behandlung wie seine geliebten Indios sterben. Er wünschte auch in der nackten Erde begraben zu werden wie jeder Indio.

Er wurde von den Armen angenommen, denn er gehörte zu ihnen. Auf ihn trifft das Wort Johannes' XXIII. zu: »Arm ist, wer von den Armen geliebt wird.«

Er war verliebt in die evangelische Armut und lebte sie vor.

Proaño besaß eine ausgesprochene Liebe zur Wahrheit. Er konnte nicht lügen und wollte auch nicht diplomatisch sein. Gelassen sprach er ungeheure Wahrheiten aus. Er konnte auch einer ganzen Bischofskonferenz die Stirn bieten, wenn es einmal das als wahr Erkannte zu verteidigen galt.

Er erregte Unverständnis, Widerspruch, Kritik und Konflikte. Er konnte nicht alle überzeugen, er hatte auch gelegentlich kein Glück mit seinen Mitarbeitern. In den oft scharfen Auseinandersetzungen beleidigte er aber niemanden. Er lebte die Liebe bis zum Extrem, er konnte wirklich die Feinde lieben, und man hörte kein Wort des Hasses aus seinem Mund.

Er war unnachgiebig in der Verteidigung der Gerechtigkeit. Man hat ihn einen Soldaten Christi genannt. Seine Zeitgenossen erkannten in ihm einen Propheten unserer Tage. Seine Freunde und Mitarbeiter bilden so etwas wie eine Schule Proaños; sie nennen sich »Jünger« Proaños.

Zu seiner Wahrheitsliebe gehört auch seine Treue zum Evangelium. Wie der hl. Franziskus wandte er es öfters wörtlich, buchstäblich an. Er war vom Evangelium durchdrungen, er lebte es, alles wußte er im Lichte des Evangeliums zu betrachten.

Seine Worte waren einfach, seine Sprache klar, sein persönliches Zeugnis verlieh ihnen Kraft. Wer ihn im Leben kannte, kann wohl seine überlieferten Reden und Schriften besser verstehen.

Die Grundpfeiler seines Lebens waren die Treue zum Volk und die Treue zum Evangelium. Aus diesen Quellen hat er gelebt. Als er in seiner Abschiedspredigt am 19. April 1985 noch einmal ganz spontan die Treue zum Evangelium beschwor, wurde er von langem Applaus bedacht, da er sagte: »Es ist mir eine ganz große Genugtuung, die ich am letzten Tag meines Amtes in der Kirche von Riobamba im Herzen spüre, wenn ich sagen darf: Ich bin dem Evangelium immer treu geblieben.«

Proaños Charakter erklärt sich einem nicht so schnell und leicht. Er war schweigsam, konnte gut zuhören, liebte die Einsamkeit, öffnete sich aber in treuer Freundschaft und hatte Freunde und Gesinnungsgenossen in Amerika und Europa. Er lebte aus einer innigen, tiefen Christusfreundschaft. Wer ihm nachestand, spürte, wie er Christus ausstrahlte. Er hat sich wie der Nazarener von jeder Versuchung der Macht freigemacht, lebte so arm und ohnmächtig, daß er wie ein Kind des Evangeliums war, das das Geschenk des Reiches Gottes empfängt.

Er selbst hielt sich für einen Wegbereiter und Sämann Gottes. Er war der große Evangelisator, der den Samen streute und auf das Aufgehen der Saat warten konnte, wie sein Abschiedsgedicht »tu te vas« (1984) im Gleichnis sagt: »Du wirst gehn, es bleiben aber die Bäume, die Du gepflanzt, sie tragen Samen, die Samen bringen Früchte, und eines Tages wird ein Wald daraus.«

Proaño hat das Wort Gottes für unsere Zeit »aufgeforstet« ...

DER SAME

Ausgewählte Reden und Texte

Die Bäume
tragen Früchte
und spenden Samen

Der Same fiel
auf den Weg ...
auf felsigen Boden ...
unter die Dornen ...
auf guten Boden ...
(Mt 13,4–8)

»Ich glaube an den Menschen und die Gemeinschaft«

Was machte das anziehende Geheimnis der Persönlichkeit Proaños aus?
Was waren seine Ideale? Was gab seinem Leben Sinn?

In seiner Autobiographie »Creo en el Hombre y en la Comunidad«
(Ich glaube an den Menschen und die Gemeinschaft) hinterließ er uns
eine Art Geistliches Tagebuch, das Credo seines Lebens.

Er verstand sich als Brückenbauer und Wegbereiter, seine Zeitgenos-
sen sahen in ihm den Propheten. Sein Leben war charakterisiert durch
seine Liebe zur Wahrheit, seine Vorliebe für die Armen und besonders
für die Indios, seine Entdeckung der Kirche als Gemeinschaft. Der große
Volkserzieher lernte von den Armen. Seine Treue zum Volk und zum
Evangelium spricht überzeugend aus seiner Abschiedsrede und seinem
Testament.

Sein Leben ist eine Bekehrungsgeschichte. Seine Charakterschule
führt uns unmittelbar in die Christusnachfolge.

BRÜCKENGLEICHNIS

Ich bin wie der Kopfstein einer Brücke, der nicht das andere Ende
sieht. Aber ich bin voller Begeisterung, wenn ich verstehe, daß
dieser Stein, der ich bin, einen anderen stützt, und so, einer mit
dem anderen verbunden, wird die Brücke ans andere Ufer gelangen.

In unserem Glauben singen wir im Lied:
Mögen auch deine Schritte unnütz erscheinen,
um einen Weg zu bahnen,
öffnest du doch einen Weg,
dem andere folgen werden.

Die Spannung zwischen dem Heute und Morgen ist die Utopie.
Das Reich Gottes ist die große Utopie des Christen.

(Concientización, evangelización y politica, 1974, S. 57)

WEGGLEICHNIS

Ein Weg entsteht, wenn man tausendmal die gleichen Schritte hin-
und zurückgeht. Vagabunden machen keinen Weg, denn ihre Spuren verwischen sich mit der Zeit. Faulpelze machen auch keinen
Weg, denn sie bewegen sich nicht.

Um einen Weg zu bauen, braucht es einen Ausgangspunkt und
einen Zielpunkt. Man muß ihn oft gehen und wieder von neuem
gehen. Ein Weg, der nicht begangen wird, verschwindet bald.

In den Ebenen und Feldern ist es keine schwere Aufgabe, einen
Weg zu ziehen. Schwieriger ist es, einen in Fels zu hauen, aber in
ihm bleibt er dann unauslöschlich.

Einen Weg kann einer allein machen. Aber es ist leichter, ihn mit
mehreren zu bauen.

Ich sprach in einem Symbol, einem Gleichnis. Im Leben gibt es
Menschen, die einen Weg öffnen. Ich möchte einer von ihnen sein.
Neuigkeitssüchtige sind nicht fähig, diese Wege zu öffnen; denn sie
gleichen Vagabundierenden. Unbewegliche sind es ebenfalls nicht;
denn sie ähneln den Faulen.

Um einen Weg zu eröffnen, braucht es einen Ausgangspunkt:
der Mensch hier auf Erden, und ein Ziel: Gott im Himmel. Um
einen Weg zu öffnen, muß man vielmals über die bereits gemachten
Schritte wieder zurückkehren, d. h., man muß zu Gott gehen im
Gebet und zu sich zurückkehren, um die Distanz zwischen unserem Elend und unserer Vergöttlichung auszuloten.

Was diese Wege unauslöschlich eingräbt, sind die überwundenen
Schwierigkeiten; eine große überwundene Schwierigkeit ist wie ein
zerstörter Fels. Je mehr wir am Wegbau arbeiten, desto leichter
machen wir ihn. Und nachher werden andere und andere über
diesen Weg gehen ...

(Selbstbiographie, 1976, S. 66 f)

SOLDAT CHRISTI

Einen wahren Soldaten wird man nicht im Kasernenhof finden. Einen echten Soldaten erkennt man erst auf dem Schlachtfeld. Gleicherweise wird der wahre Christ nicht im Seminar geformt. Den wahren Christen erkennt man erst inmitten der Gefahren: Er muß mit Charakterstärke gegen die Gefahren ankämpfen.

(Selbstbiographie, 1976, S. 32 f)

PROPHET

Der Prophet klagt das Übel und die Sünde an vor den Mächtigen des Geldes oder der Politik welche die Hegemonie der Welt beanspruchen. Der Prophet zeigt auch das Schlechte in der Kirche an.

Endlich bezeichnet er auch die Irrwege des Volkes, denn auch das arme Volk ist Sünder. Der Prophet predigt gegen das Volk und sagt: Bekehret euch.

Daraufhin folgt die Verfolgung durch die Großen genauso wie durch die Kleinen.

Nicht nur der einzelne, sondern die ganze Gemeinschaft ist Prophet. Ein Prophet ist nicht in eine Form zu pressen, er sprengt jede Form, ... ein Prophet bezeichnet auch das Schlechte in der Kirche und die Verirrung seines Volkes, deshalb erleidet er Verfolgung, ja auch die christliche Gemeinde, die prophetisch handelt, fühlt sich von Zeit zu Zeit kritisiert und braucht deshalb die Stärke Gottes.

(Lateinamerikanisches Treffen der Basisgemeinden, 25. Juni 1984, Cuenca)

LIEBE ZUR WAHRHEIT

Die Ehrlichkeit in Beziehung zur Wahrheit pflanzte in meine Seele fast eine Art Kult zur Wahrheit. Ich konnte nicht lügen ... Der Respekt vor dem Anspruch jeder Person auf Wahrheit prägte in mir Charakterzüge meiner Persönlichkeit für ein ganzes Leben.

Wenn mir auch Freunde in Konfliktsituationen zur Diplomatie geraten haben, zog ich doch immer den geraden Weg der Wahrheit vor: Es ist mir unmöglich, auf krummen Wegen zu wandeln, auch wenn sie letzten Endes zu einem guten Ziel führen. Ich denke, die Wahrheit wird sich früher oder später durchsetzen.

(Selbstbiographie, 1976, S. 27)

WAHRHEITSSUCHE

Jedem, der unser Wochenblatt sieht, kann der Titel, den es führt, sehr ambitiös erscheinen ... Wir wollen uns jedoch nicht dem Publikum als unfehlbare Meister vorstellen, bescheiden wollen wir uns auf den Weg machen, die Wahrheit zu suchen, wie ein Verdurstender das Wasser sucht ... Was ist Wahrheit?, war die Frage des Pilatus an Christus. Er hatte nicht die Geduld, eine Antwort abzuwarten ... Wie Pilatus sind viele auf die Terrasse des Prätoriums hinausgetreten, um das Geschrei des Pöbels zu hören oder ihre Ohren den Intrigen der Pharisäer zu leihen. Es macht traurig, den Menschen zu sehen, wie er seine Überzeugung verrät, feige geworden vor dem Geschrei und der Bedrohung. Es macht traurig, den Menschen zu erleben, wie er die Wahrheit verurteilt ... Es macht traurig, den Menschen zu sehen, wie er die Lüge Wahrheit nennen kann ... Wir wollen nicht Sklaven des Massengeschreies werden, und wir beugen uns nicht den Drohungen der modernen Caesaren ... Wir wollen nicht Konformisten werden mit unserer eigenen Mittelmäßigkeit ... Wir beginnen bei ihr, das ist sicher, um wahrhaftig zu sein aus Prinzip. Aber wir machen uns auf dem Weg mit dem Wunsch, Geduld zu haben, um die Antwort zu hören, mit dem heißen Wunsch, das allen mitzuteilen, was uns im Schweigen der sagt, der »der Weg, die Wahrheit und das Leben« ist.

(Leitartikel zum 1. Erscheinen des Wochenblattes »La Verdad« [Die Wahrheit], Ibarra, 14. Mai 1944)

FREUNDSCHAFTSERFAHRUNG

Ohne es zu sagen, wissen wir, daß wir uns verstehen. Das Licht, das in dir ist, erleuchtet auch mich. Und das Licht, das in mir ist, erleuchtet dein Sein. Und so unter allen. Es gibt Existenzweisen, die anfangen, sich in Schweigen gegenseitig zu erleuchten. »Ich denke an dasselbe.« »Ich würde in derselben Weise handeln.« Wenn wir diese oder ähnliche Sätze sagen, haben wir ein Einverständnis erreicht. Der Dialog fließt, und das gegenseitige Vertrauen wächst ... Freundschaft bringt mit sich die wunderschöne Möglichkeit, den Egoismus in seinen verschiedenen Formen zu überwinden und ihn durch Großherzigkeit zu ersetzen, durch Entsagung, durch Güte, durch die Hingabe seiner selbst. Freundschaft ist Hingabe seiner selbst; Freundschaft ist eine Gottesgabe; Freundschaft ist die Form, in der sich uns Gott selbst mitteilt.

In der Freundschaft zu Christus muß »er wachsen und ich abnehmen«, auf daß »nicht wir es sind, die leben, sondern Christus es ist, der in uns lebt«.

(Selbstbiographie, 1976, S. 115 f, über die Equipe von Santa Cruz)

CHRISTUSFREUNDSCHAFT

Ich ließ meinen Charakter innerlich und geistig durchdringen von unserem Herrn Jesus Christus. Er hat mir seine Stärke mitgeteilt ... Ich spürte in konkreten Situationen eine leidenschaftliche Liebe zur Person Christi selbst. Mehr als durch das Studium der Theologie bin ich durch diese innere Verbindung mit Christus dazu gekommen, das gemeinschaftliche Leben, das zwischen Gott Vater, Sohn und Heiligem Geist existiert, zu bewundern. Ich spüre und erobere in mir selbst die außerordentliche und verändernde Macht Christi. Dazu begegnete mir noch durch die Erfahrung in verschiedenen Gruppen die gleiche Macht, die verändert und eint, antreibt und dynamische Kraft gibt.

69

Aber andererseits habe ich auch erfahren, wenn man dieser alles verändernden Kraft Christi widerstrebt, dann entstehen Spaltungen ...

(Selbstbiographie, 1976, S. 93 f)

GOTTVERBUNDENHEIT

»Durch Christus und mit ihm und in ihm ist Dir Gott, Allmächtiger, in der Einheit des Heiligen Geistes alle Ehre und Herrlichkeit.«
Diese Doxologie steht auf meinem Wappen, nicht als ein belangloses Wort, sondern als Wahlspruch meines Lebens. Ich wiederhole ihn tagtäglich, nicht nur in der Masse, in verschiedenen Momenten des Tages. Ich fühle mich hineingenommen in die Heiligste Dreifaltigkeit. Mir scheint, ich kann ihre Seligkeit erahnen.

(Selbstbiographie, 1976, S. 121 f)

STÄRKE DER EINSAMKEIT

Während meines ganzen Lebens habe ich eine Empfindung der Einsamkeit erfahren, besonders bei bestimmten Gelegenheiten, wenn ich eine unbeugsame Stellung einnehmen mußte. Aus diesem Gefühl der Einsamkeit bin ich langsam, aber stetig zu der ermutigenden Erfahrung gekommen, daß ich mich in Gemeinschaft vieler Personen befinde. Deshalb glaube ich an die Gemeinschaft. Heute aber fühle ich mich nicht mehr einsam; im Gegenteil, ich fühle mich eng verbunden, wie in wachsenden konzentrischen Kreisen, mit einer unwägbaren Zahl von Christen, mit denen ich mich in Übereinstimmung befinde.

(Selbstbiographie, 1976, S. 121 f)

BEKEHRUNG ZUR GEMEINSCHAFT

Persönlich traf mich das Konzil tief, als ich sah, wie die Kirche eine Antwort auf die großen Fragen der modernen Welt suchte. Die Kirche wollte sich von der herkömmlichen Pyramidalstruktur zu einer gemeinschaftlichen Kirche bekehren ... Wir machten einen Schritt, um von der hierarchischen Kirchenstruktur zu einer Kirche als Gemeinschaft zu gelangen. Ich persönlich zog aus dem Bischofshaus aus und begann im Exerzitienhaus Santa Cruz zu wohnen und dort in einer kleinen Gemeinschaft zu leben.

Wir streben nach der Geburt und dem Wachsen einer gemeinschaftlichen Kirche. Aber, obwohl uns das Ziel klar und konkret vor Augen stand, mußten wir uns den Weg dazu selbst bahnen.

(Vortrag in der Diözese David, Venezuela, 21. Januar 1981, in: Primera Semana Teológico-Pastoral, David, S. 55)

MEIN CREDO

Weil ich an Gott und Jesus Christus glaube, glaube ich auch an den Menschen. Ich glaube an den Menschen, der in mir ist, denn das menschgewordene Wort Gottes ist gekommen, mich zu erlösen. Ich glaube an den Menschen, der in all meinen Brüdern ist, denn dasselbe menschgewordene Wort Gottes will alle erlösen. Deshalb habe ich nie die Hoffnung verloren. Gerade deshalb kann ich sagen, daß ich an die Hoffnung glaube.

Ich glaube an die Armen und Unterdrückten.

An sie glauben ist glauben an den Samen des Gotteswortes. Das ist mein Glaube, dieser Glaube hat meinem Leben Sinn gegeben.

(Selbstbiographie, 1976, S. 245 f)

LIEBE ZU DEN ARMEN

Sowohl mein Vater als auch meine Mutter hatten eine große Achtung vor den Indios. Die Liebe zu den Armen und der Respekt vor ihnen, insbesondere zu den Indios, wurde Teil meiner eigenen Existenz. Deshalb sagte ich später, ich habe niemals zum Verräter der Armen werden wollen; denn ich wurde in einer armen Familie geboren, und ich lernte in ihrem Schoß die Armen lieben. Die Armut ist eine Gottesgabe, und sie erreicht mehr Sinnerfüllung, wenn sie von der Botschaft des Evangeliums begleitet wird. Die Freundschaft der Armen ist ein Geschenk.

(Selbstbiographie, 1976, S. 25 f)

Ich danke Gott, daß er mich hat arm geboren werden lassen. Für mich bedeutet die Armut einen Segen, keinen Fluch. Ich habe eine Berufung für ein Leben mit den Armen erhalten.

(Interview für P. Rosner, 29. Dezember 1985)

ICH HABE VON DEN ARMEN GELERNT

Was ich im Leben gelernt habe, stammt nicht aus den Universitäten meines Landes oder eines anderen Landes der Welt, sondern aus dem Steinbruch des Volkes. Meine besten Lehrer wurden generell die Armen und ganz besonders die Indios von Ecuador.

Weil der Doktortitel dem gehört, der lehrt, und dieses Volk mich gelehrt hat, wie ich als Mensch und Christ und vor allem als Bischof, Hirte und Vater für sie selbst sein soll, gebe ich diesen meinen Ehrendoktor dem Volk zurück. Ich bin Schüler der Armen geworden. Ich bin bei den Indios in die Schule gegangen. Die Indios verstehen mit bewundernswerter Tiefe und Einfachheit die Befreiungsbotschaft des Evangeliums, ja noch vielmehr, sie leben sie.

(Dankesrede zum Dr. hc. des Politechnikums von Riobamba, Mai 1985)

DIE ARMEN EVANGELISIEREN UNS

Ich glaube an die Armen und Unterdrückten. Den Armen und Unterdrückten Glauben schenken heißt, an die Samen des Gotteswortes glauben. Ich setze Vertrauen in ihre Fähigkeiten, besonders in ihre Gabe, das Evangelium aufzunehmen, es zu verstehen und in die Tat umzusetzen. Es ist eine tiefe Wahrheit: Die Armen evangelisieren uns. Deshalb sprach die Puebla-Konferenz vom »evangelisatorischen Potential der Armen«.

(Selbstbiographie, 2. Auflage 1979, S. 246)

TREUE ZUM VOLK, TREUE ZUM EVANGELIUM

Ich verspüre eine große Genugtuung und Erfüllung in meinem Herzen an diesem letzten Tag meines Amtes in der Diözese Riobamba und darf sagen: Ich bin dem Evangelium immer treu geblieben.
(Langer Applaus) ...
Meinen ganz besonderen Dank möchte ich Monsignore Agustín Bravo sagen. Er war und ist ein treuer Freund in so manchem Kampf und Schwierigkeiten, er sah das Gefängnis von innen öfters als ich, wegen derselben Treue zum Evangelium.
(Langer Applaus) ...
Einunddreißig Jahre habe ich in dieser Stadt und in dieser Diözese gelebt. Es war ein geistiges Durchdringen von Herz zu Herz mit dem Volk von Chimborazo.
Ich glaube, ich kann sagen, ich habe das Volk von Chimborazo in mein Herz geschlossen, und ich wage zu glauben, ich werde im Herzen des Volkes bleiben.
(Letzter Satz der Predigt, langer Applaus)

(Abschiedspredigt, 19. April 1985, bei der Amtsübergabe)

TESTAMENT, LIEBE ZU DEN INDIOS

Mein ganzes Leben habe ich gekämpft für die Wahrheit, das Leben, die Freiheit, die Gerechtigkeit, Werte des Gottesreiches. Dieser Kampf ist oftmals hitzig gewesen. Wenn ich bei dieser Gelegenheit jemanden beleidigt hätte in meinen Worten oder Erklärungen, bitte ich ihn aufrichtig um Verzeihung, und was mich betrifft, verzeihe ich von ganzem Herzen jenen, die mich beleidigt haben.

Ich wurde arm geboren. Ohne Bitterkeit habe ich das Leid und die Unsicherheit der Armut erfahren. Als Priester und später als Bischof habe ich eine Option für die Armut und die Armen getroffen. Ich habe die Armen geliebt und in ganz besonderem Maße die Indios.

Als Zeichen dafür, daß ich die Armen geliebt habe, betrachte ich die Tatsache, daß ich für meinen persönlichen Gebrauch keine Güter angehäuft habe. Als eine weitere Probe meiner Liebe zu den Armen und besonders zu den Indios erkläre ich meinen Letzten Willen in den folgenden Klauseln . . .

(Auf diese Weise gründet Mons. Proaño das Formationszentrum der Indiomissionarinnen »Pucahuaico« und die Stiftung »Indiovolk von Ecuador«)

(aus dem Testament, 9. August 1988)

Befreiende Erziehung – befreiende Evangelisierung

Erziehen heißt für mich in Gemeinschaft einen Weg gehen, sich gemeinsam erziehen, zusammen wachsen und reifen, innerhalb einer humanistischen und christlichen Perspektive. Erziehen heißt weiter von der Situation ausgehen, in der wir uns befinden. Deshalb lautet ein zentraler Grundsatz unserer Arbeit: Man muß von der Erkenntnis der Wirklichkeit ausgehen – nicht bloß von theoretischen Prinzipien, sondern von einer lebendigen Erfahrung, das heißt, von der Erfahrung und Weisheit eines Volkes. Von hier aus machen wir uns auf den Weg, um die Erwartungen und die Fähigkeiten zu entdecken, die ein Volk besitzt.

Wenn ich vom Volk spreche, so meine ich, daß wir Teil des Volkes werden müssen. Eine Masse ist noch kein Volk, denn eine Masse läßt sich manipulieren. Ein Volk hat aber ein Ziel vor Augen; es findet die Richtung seines Weges, und es richtet sein Tun und Streben nach dem Ziel aus. Ein Volk sein bedeutet eine eigene Identität haben.

Das ist etwa mein Grundkonzept der Erziehung; darauf baut jede weitere erzieherische Tätigkeit auf. Die Erziehung ist eine beständige und fortlaufende Aufgabe, sie kommt niemals zu einem Abschluß. Trotz vieler Mißerfolge und Enttäuschungen, die einem begegnen, habe ich einen felsenfesten Glauben an den Menschen und an die Gemeinschaft bewahrt. Es gibt Fortschritte und Rückschläge. Man darf sich von den Rückschlägen nicht entmutigen lassen. Ich habe die Hoffnung nie aufgegeben. Früher oder später wurde dieser Hoffnung eine große Genugtuung zuteil.

(Interview für P. Rosner, 30. Dezember 1985)

METHODE DER CAJ: SEHEN – URTEILEN – HANDELN

Die Bewegung der katholischen Arbeiterjugend wurde für mich eine wertvolle Gruppenerfahrung. Hier lernte ich den Prozeß der Methode: *Sehen – Urteilen – Handeln*. Diese Methode ist mir ganz zu eigen geworden: Der Wirklichkeit ins Auge schauen, sie in ihrer ganzen Tiefe betrachten, ihre Ursachen erforschen. Dann sie beurteilen, d. h., einen Vergleich ziehen zwischen dem, was ist, und dem, was sein soll, zwischen der tatsächlichen Wirklichkeit und dem Plan Gottes. Und zuletzt: Handeln, das bedeutet, Beschlüsse fassen, um die Wirklichkeit zu ändern, auf daß sie den Plänen Gottes entspreche.

So habe ich mir schon vor vielen Jahren eine Eigenart angeeignet, die Realität zu analysieren und über eine Bibel-Reflexion zu echtem Engagement einer Veränderung zu gelangen. Etwas später hat Papst Johannes XXIII. in gewisser Weise diese Methode kanonisiert.

(Selbstbiographie, 1976, S. 62)

METHODE PAULO FREIRES

Wir beschlossen endlich, eine Arbeitsmethode anzuwenden, die aus der Methode der CAJ stammt: *Sehen – Urteilen – Handeln*, und sie noch mit der sozialpsychologischen Dialogmethode Paulo Freires zu vereinen und schließlich noch mit der des Evangeliums: das Wort Gottes hören und in die Tat umsetzen.

(Selbstbiographie, 1976, S. 132)

METHODE VON SANTA CRUZ: OPTION FÜR DIE ARMEN

Wir haben eine Definition und Anwendung einer Linie für die Kirche von Riobamba gefunden, eine Linie in absoluter Treue zum Evangelium, frei von Ideologien und Parteipolitik, aber offen für ein Engagement mit dem ganzen Christus und mit seiner rettenden und befreienden Mission.

Dieser Weg hat uns dazu geführt, die Option für die Armen als eine authentische Priorität des Evangeliums zu entdecken. Mit tiefer Klarheit haben wir den Sinn der Paulusworte verstanden: Christus, der reich war, wurde euretwegen arm, so daß ihr durch seine Armut reich werdet (2 Kor 8,9).

(Selbstbiographie, 1976, S. 132 u. 135)

ALPHABETISIERUNG

Alphabetisieren ist gleichbedeutend mit Lehren, Mensch zu sein. Lernen, mehr Mensch zu sein, schließt eine Gewissensbildung ein und dann eine Bewußtseinswerdung meiner selbst und der eigenen Situation.

Die Indios wachen aus einem jahrhundertelangen Schlaf auf. Die Ergebnisse der Bildungsarbeit haben verschiedene Sektoren der Gesellschaft in Alarm versetzt, die bislang ihren Vorteil aus der Unwissenheit der Analphabeten gezogen haben, indem sie diese zu manipulieren wußten.

(Selbstbiographie, 1976, S. 39; 25 Años Obispo, 1979, S. 48)

BEFREIENDE ERZIEHUNG

Situationsanalyse

Eine Studientagung über Erziehung in Santa Cruz im Mai 1973 unterzog das gegenwärtig vorherrschende Erziehungssystem in Ecuador einer kritischen Analyse und kam zu folgendem Ergebnis: Es wurde gesagt, der Inhalt unserer Erziehung wäre Wissen, Moral, Technik, die Bildung von menschlichen und christlichen Werten. Aber wenn wir uns die Frage stellen, wozu Technik und moralische Prinzipien nützen, kommt man zu der Einsicht, daß alles auf eine Vermehrung der Produktion ausgerichtet ist, auf das Mehr-Haben, auf die Eroberung von Prestige, auf die Unterordnung in ein Erziehungssystem, das nichts anderes beabsichtigt, als den Menschen zu zähmen.

Aus diesen Gründen strebt die studierende Jugend danach, einen Titel zu erlangen, um Geld zu gewinnen; moralische Prinzipien werden benutzt, um das Volk zu disziplinieren für ein System der Ausbeutung und der Bereicherung durch einige wenige. Die gleichen menschlichen Werte, die in sich gut sind, werden ausgenutzt, um das System der Ausbeutung des Menschen durch den Menschen zu festigen.

Man kann nicht leugnen, daß die Technik Riesenfortschritte gemacht hat. Aber damit ist ein Problem verbunden. Führt dieser ganze technische Fortschritt zu mehr Persönlichkeit, erzieht er die Persönlichkeitsstruktur des Menschen?

Zu welchem Ergebnis führt das herschende Erziehungssystem in Ecuador? Die Negativbilanz ist lang: Kauf und Verkauf von Titeln, Bestärkung des Individualismus, Verbreitung des Grabens zwischen Unterdrückten und Unterdrückern, Gleichgültigkeit im Volk, Verantwortungslosigkeit, wachsende Unmoral, Spaltung der sozialen Klassen. Es produziert Ideologen und Verfechter des Systems, Menschen voller Komplexe und Unschlüssigkeiten, Milieugeschädigte und Systemgleichgeschaltete, Ritualisten und Abergläubische, Massenmenschen, Fanatiker, Theoretiker, die keine Ahnung von der Wirklichkeit haben.

Wie zu sehen ist, sind die Ergebnisse nicht gerade erfreulich; auch wenn man ehrlicherweise zugeben muß, daß Versuche unternommen wurden, um zu einer Erziehung der Person zu gelangen.

Anfragen an das Erziehungssystem

Was sind nun die Gründe für dieses so negative Erziehungswerk? Auch wenn die modernsten technischen und pädagogischen Mittel eingesetzt wurden, warum sind dann die Folgen so traurig?

Das Erziehungssystem ist nichts anderes als ein Getriebe eines anderen, größeren und umfassenderen sozialen Systems. Seit der Verwandlung der Naturdinge in Gebrauchsgegenstände für das Leben des Menschen kann man sehen, wie die Arbeit ungerechterweise von denen ausgenützt wird, die sie über Gebühr für die eigene Bereicherung gebrauchen. Die Arbeit der anderen wird benutzt zur Anhäufung von Reichtum und großen Geldsummen; und das geschieht durch das Gesetz der Produktionsmittel, der Maschinen und Produktionstechniken. Um die Arbeit des Menschen zu nutzen, besteht das Interesse, daß dieser Mensch in Unwissenheit bleibe und kein Bewußtsein erlange; dafür sorgen die Gesetze, die diese Vorhaben absegnen. Die Machtverteilung ist derart organisiert, daß sie diesen Reichtum schützten und die Übertreter dieser Gesetzesordnung bestraft. Der Eigennutz der Reichen bewirkt auch ein Interesse daran, daß die Ideen, Kriterien, Prinzipien, die Mentalität und Ideologie und das Denken, ja selbst noch das Handlungsmodell der Privilegierten übernommen werden. Auf diese Weise entsteht die Konsumgesellschaft. Dabei spielen die Massenmedien und die Propaganda eine entscheidende Rolle.

Wenn wir die Gesellschaftsstruktur analysieren, sehen wir ganz deutlich, daß alle Mechanismen, die zur Durchführung der Erziehung geschaffen werden, aufs engste mit den Zwecken und Zielen des herrschenden Systems verbunden sind. In den Erziehungsanstalten werden Ideen eingeflößt, die die Jugend zum Materialismus erziehen. Die Würde des Menschen wird mißachtet.

Es geht nicht darum, daß wir uns gegenseitig bekämpfen und anklagen, als ob die einen die Alleinschuld trügen und die anderen nur die Opfer wären. Wir sind in der Gesellschaft, in der wir leben, derart in die ganzen Verwicklungen des sozialen und wirtschaftlichen Systems verstrickt, daß niemand aufrichtig sagen könnte, er wäre frei von Sünde.

Erziehung zum Wirtschaftsverhalten
Nicht ohne Angst müssen wir uns fragen: Angesichts dieser Situation, was sollen wir tun? Was können wir dagegen machen?

Wir müssen uns auf der Suche nach einer befreienden Erziehung davor hüten, nicht das bestehende Unrechtsystem auch noch zu verstärken.

Wir müssen in Betracht ziehen, daß die großen Erziehungsinstitutionen sogar die Sprache und den Inhalt der Erziehungsmethoden übernehmen, die zur Befreiung führen möchten, um sie heimlich dem Zweck des Egoismus und Materialismus unterzuordnen ...

Zweck und Ziel des vorherrschenden sozialen und wirtschaftlichen Systems sind das Geld, der Reichtum und die Steigerung der Produktivität. Wenn von der Produktion die Rede ist, wird dabei nicht nur an eine größere Nutzbarmachung der natürlichen Reichtümer gedacht, sondern auch an die bessere Ausnützung des Menschen. Die Erziehung erlangt einen neuen Sinn, der gänzlich verschieden ist von der befreienden Erziehung.

Der Mensch, der dazu bestimmt ist, ein Element größerer Produktivität zu sein, muß dahin erzogen werden, daß er mehr befähigt wird, landwirtschaftliche und industrielle Arbeiten zu verrichten, um mehr zu produzieren. Dagegen wird die Entwicklung des Menschen an sich in seinem Sein und Wesen überhaupt nicht berücksichtigt. Er wird zu einer Schraube mehr in der Riesenmaschine der Produktion von Reichtum und Geld.

Gibt es für die Erziehung in unseren Ländern einen anderen Ausweg aus dem aktuellen Elitestreben, als den Wechsel der Wirtschaftsstrukturen?

Wenn die wirtschaftlichen Eliten Lateinamerikas Teil des Herrschaftssystems von Herrschern und Beherrschten sind, kann man dann erwarten, daß sie eine Erziehung tolerieren werden, die ihrer Kultur der Beherrschung entgegengesetzt ist?

Die aufgeworfenen Fragen sind schwerwiegend. Um sie mit größerer Klarheit zu sehen, mag es gut sein, Ziele, Methoden und Charakteristika der beiden Erziehungssysteme, des bestehenden und des befreienden, einander gegenüberzustellen.

Alternative: Befreiende Erziehung

Das Ziel des herrschenden Erziehungssystems heißt: mehr haben wollen und daher mehr produzieren müssen. Wenn dieses System von der Erziehung spricht, ist darunter nur der rein wirtschaftliche und materielle Fortschritt zu verstehen.

In der befreienden Erziehung heißt das Ziel: der Mensch und die Suche nach einem Mehr-Mensch-Werden, auf daß er in seiner Menschlichkeit wachse, auf daß er sich immer mehr befreie.

Im herrschenden Erziehungssystem ist die Methode pyramidal, vertikal, hierarchisch, und das bedeutet: beherrschend. An der

Spitze der Gesellschaftspyramide stehen die Beherrscher; sie haben das Wissen, sie allein verfügen über wirtschaftliche Mittel, setzen ihren Willen durch und planen; der große Rest bleibt untergeordnet, am Fuß der Pyramide; er hat nur zu lernen, zu gehorchen, er ist unterdrückt, ausgebeutet, konformistisch, passiv, naiv, mit einem Wort: er gehört zu den Abhängigen.

Die befreiende Erziehung jedoch kennt als Methode den Dialog, überwindet die einseitige Beziehung Erzieher – Zögling, um sie in eine horizontale Beziehung zu verwandeln, wo wir uns gegenseitig erziehen, wo der Lehrer auch Lernender ist. Hier beginnt die Person-werdung des Menschen, seine innere Anteilnahme, das Erwachen seiner Mitverantwortung und eines kritischen Gewissens, das Werden einer dialektischen Existenz. Hier beginnt der Mensch Subjekt zu werden und bleibt nicht Objekt der Erziehung. Hier beginnt der Mensch seine eigene Geschichte zu gestalten, wenn er seine eigenen Fähigkeiten entfaltet, selbst zu denken, schöpferisch zu werden, ein Risiko einzugehen und sich in den Dienst seinesgleichen zu stellen.

Im gegenwärtigen, vorherrschenden Erziehungssystem jedoch sind die einzigen, die ein Recht auf das Wort haben, die von oben. Sie halten ihre eigenen Lobreden und verurteilen sie unten zum Schweigen.

Im befreienden Erziehungssystem aber wird der Maulkorb abgenommen, der das Wort im Mund des Volkes solange in Sklaverei gehalten hat.

Alle können sprechen, wohl bewußt, daß das Wort die Welt erst Wirklichkeit werden läßt und den Menschen frei macht zu seiner Selbstverwirklichung.

(Radiosendung Heute und Morgen, 11. Mai 1973)

INOFFENSIVE EVANGELISIERUNG

Es wurde so oft gesagt, Religion und Politik seien auseinanderzu-
halten, bis schließlich und endlich eine inoffensive Evangelisation
erreicht wurde. Von Evangelisation sprechen und sie als inoffensiv
qualifizieren ist dasselbe, wie an eine desqualifizierte Evangelisation zu denken.

Die inoffensive Evangelisation ist leider mit dem Fortbestand
und der Bestärkung des unterdrückerischen Systems und der
Sünde eine Komplizenschaft eingegangen. Das ist die Perversion
desselben Heilmittels. Der Mensch ist krank, denn er ist in die
Verkehrung der Pläne Gottes gefallen. Er ist krank, denn er hat den
Sinn der Welt verdreht. Er ist krank, denn er hat seine Berufung
zur Gemeinschaft verloren, er huldigt dem Gott des Geldes. Die
inoffensive Evangelisation wird in der Komplizenschaft mit dem
System zu einer neuen schlimmen Perversion.

(Concientización, Evangelización, Política, 1974, 4. Ed. S. 166 f)

BEFREIENDE EVANGELISIERUNG

Wir aber leben in der Unordnung der Sünde, die wir uns ange-
wöhnt haben, »Ordnung« zu nennen. Warum ist das Evangelium
revolutionär? Berührt es nur unser individuelles Inneres, oder ändert es auch die Strukturen? Wenn die Evangelisation nicht befreit,
ist sie nicht echte Evangelisation. Das Evangelium ist seinem Wesen nach befreiend, denn Christus ist der einzige und große Befreier der Menschen ... Jedesmal, wenn wir uns von einer Reihe
von herrschenden Sklavereien einer Zeitepoche befreien, nähern
wir uns der endgültigen Befreiung. Wenn wir uns heute nicht befreien, verzögern wir den Tag der Ankunft des Herrn.

(Concientización, Evangelización, Política, 1974, 4. Ed. S. 111 f)

PROPHETISCHE EVANGELISIERUNG

Die Botschaft des Evangeliums muß eine Antwort sein auf die
Wirklichkeit der Unterdrückung und Ungerechtigkeit, in der wir
leben. Die Verkündigung enthält demnach die Aufgabe der Anklage. Mit ihrer prophetischen Mission hat die Kirche auch die
Mission der Anklage der Ungerechtigkeiten erhalten.

(Concientización, Evangelización, Política, 1974, 4. Ed. S. 120)

BEFREIENDES EVANGELIUM

Es gibt ein Verständnis, demnach das Evangelium aus sich befreiend ist. So verseht man, daß der gelebte Glaube als Auftrag befreiende Eigenschaften haben muß. Und so ergibt sich, daß die
Kirche als fortlebender Christus die ganzheitliche Befreiung des
Menschen als ihre Mission hat.

Aber ein gelebter Glaube wirkt notwendigerweise auf das Politische ein, d. h., er muß der Situation der Sünde Einhalt gebieten,
sowohl in ihrer individuellen als auch in ihrer sozialen Dimension.
Aus dieser Perspektive handelt die Kirche politisch, wenn sie ihrer
Mission und ihrem Auftrag treu bleibt, dann ist ihre politische
Tätigkeit aus sich selbst eine befreiende und als solche korrekt und
evangeliengemäß. Wenn im Gegenteil jedoch die Kirche eine aus-
drückliche oder stillschweigende Allianz mit den Mächtigen dieser
Welt schließt, sei es aus Anhänglichkeit an ihre Privilegien oder aus
einer falschverstandenen Neigung zu Ruhe und Ordnung, dann
begünstigt sie das Verbleiben und die Verstärkung der Situation
der Sünde, sie übernimmt eine Stellung klarer Untreue zu ihrer
Mission und zum Evangelium. Das gleiche Schweigen, z. B. in
Augenblicken, in denen die Gerechtigkeit mit Füßen getreten wird,
führt zu einem Komplizentum mit dem Establishment, mit der
Situation der Sünde.

Der Kirche kommt es nicht zu, Gewaltmethoden anzuwenden.
Sie ist nicht gerufen, Kriege oder Untergrundkämpfe zu organisieren. In ihrem Kampf um Wahrheit und Gerechtigkeit muß sie

immer alle Menschen lieben, die Würde der Person, auch wenn es sich um die Unterdrücker handelt, hochschätzen.

Christus war gewiß ein Revolutionär, aber in einem ganze anderen Sinn, als wir Menschen diesen Begriff benützen, wenn wir wirtschaftliche, soziale und politische Veränderungen herbeiführen wollen. Im Gegensatz zu den Mächtigen dieser Welt kam Christus, um den Mächten der Beherrschung und der Unordnung das Reich Gottes entgegenzustellen, ein Reich der Demut, der Wahrheit, der Liebe, der Gerechtigkeit. Die Revolution Christi besteht in der Zerstörung dieser Welt der Sünde, um das Reich Gottes unter den Menschen aufzurichten.

(Selbstbiographie, 1976, S. 186 ff)

KRITIK AN DER PASTORAL DER ROUTINE

Bei der Analyse der pastoralen Praxis entdecken wir große und tödliche Fehler, die uns mit Recht denken lassen, daß die Kirche krank und gelähmt ist, sich auf den falschen Platz gestellt hat. Wie läßt sich diese pastorale Routine anders beurteilen denn als reine Verwaltung, durch das kanonische Recht bis ins einzelne reglementiert; als versprengte, isolierte Aktivitäten, ohne Verbindung, ohne Profil und Linie, als verfehlte Bauaktivitäten in Konstruktionen von Kirchen, Häusern, Türmen und Monumenten, als Verteilung und Vergeudung von Sakramenten, die rein ritualistisch und kultisch verwaltet werden. Dieses Schielen nach weltlichen Sympathien macht sie unglaubwürdig.

(Coordinación Pastoral, 1968, Vorbereitungschrift Proaños für die Konferenz von Medellín)

KRITIK AN EINER INOFFENSIVEN EVANGELISIERUNG

Die Bischöfe verlieren die Chance zu evangelisieren, wenn sie schweigen zu sozialen Konflikten. Paulus spricht von der Pflicht der Versöhnung (2 Kor 5,18) ... Die christliche Versöhnung darf nicht mit der Sünde der Unterdrückung und Ungerechtigkeit geschehen, sondern mit dem Evangelium.

Die Ordensleute wenden mehr Sorge auf, sich intellektuell für ihr spezifisches Lehrfach auszubilden als für die Erziehung im Glauben und für die Evangelisation.

Die bestehenden apostolischen Bewegungen sind nicht von der Gemeinschaft ausgegangen und haben auch keine Orientierung zur Gemeinschaft hin. Sie tragen dem Stempel einer starken Klerikalisierung und haben eher eine mönchische Spiritualität erhalten, die sich von der Welt entfernt.

Die Volksmissionen suchten generell eine individuelle Bekehrung nach dem Motto: Rette deine Seele! Sie waren eher eine Auffrischung der Frömmigkeit, die sich sogleich auf den Sakramentenempfang ausrichtete ..., aber keine Änderung des Lebens erreichte ... Man suchte eine Bekehrung der Masse, was nicht das gleiche wie eine Bekehrung zur Gemeinschaft bedeutet. Man suchte eine augenblickliche Bekehrung, und wenn sie eintraf, dauerte sie nicht lange an.

Die Predigten haben die Zuhörer nicht in Kontakt zum Evangelium geführt. Sie haben nicht die Person Christi vorgestellt. Vielmehr hat sich der Prediger selbst produziert und dargestellt, der wohl seine Kunst als großer Redner bewies, aber leer von Christus war und demnach die Menschen wohl beeindruckte, aber nicht zu Christus führte. Eine solche inoffensive Evangelisation erreicht keine Bekehrung.

(Studie des von den Bischöfen beauftragten und von Proaño geleiteten Nationalteams der Evangelisation »Wie evangelisiert die Kirche von Ecuador«, in: Selbstbiographie, 1976, S. 143, 148)

FRAGWÜRDIGE EVANGELISIERUNG

Wären die weißen Missionare der Indioreligion ohne Vorurteile begegnet, dann hätte sich ein ganz anderer, nicht-imperialistischer Weg der Evangelisation aufgetan.

Wäre die christliche Religion in einer offenen Haltung zu den

Urvölkern gekommen, wäre das für die Indios wohl eine Offenbarung gewesen.

Wenn wir heute diese Indio-Religion wiederentdecken, können wir keineswegs von einer Idolatrie, einem Götzenglauben sprechen. Eine Vereinigung der indianischen Religion mit dem biblischen Gottesglauben wäre möglich gewesen. Die Analogie hätte einen Weg bahnen können.

Das alles ist freilich Wunschdenken aus heutiger Sicht.

Da all das nicht geschehen ist, stellt sich die Frage nach der Schuld der europäischen Kirche. Es fehlen mir die Worte, um die Größe dieser Schuld zu beschreiben.

Auch die Missionare, nicht nur die Konquistadoren kamen nach Lateinamerika, um Gold zu finden und sich und ihre Kirche zu bereichern; am Evangelium, am Menschen haben sie sich wenig orientiert.

Die Glaubensverbreitung in Lateinamerika war keine echte, authentische Evangelisation, sondern das Gegenteil: eine geradezu perverse Christianisierung.

Es gibt natürlich rühmliche Ausnahmen. Aber alles in allem war die Christianisierung Lateinamerikas kein Dienst am Leben, sondern vielmehr ein Dienst am Tod.

(Interview, Frankfurt, Oktober 1987)

PROZESS DER EVANGELISIERUNG

Der Prozeß der Evangelisierung geht notwendigerweise mit dem der Bewußtseinsmachung einher; eine echte Evangelisierung wirkt bewußtseinsbildend: sie führt den Menschen zu Selbstbewußtsein und zur Situationskenntnis vor Gott und den Menschen und zur Übernahme seiner historischen Verantwortung. Die Evangelisierung beruft den Menschen, das zu sein, was er im Plan Gottes ist: Geschöpf und Bild und Gleichnis, Mitarbeiter und Schöpfung, der Bruder aller Menschen. Die Evangelisierung offenbart die Situation der Sünde, der persönlichen wie der sozialen. Auf diese Art ermöglicht die Evangelisierung dem Menschen den Übergang von einem naiven und schuldbewußten Gewissen zu einem kritischen Bewußtsein und eröffnet den Prozeß der Absage an die Idole, Mythen und Gewohnheiten, die ihn hindern, wirklich frei, verantwortlich und der Herr seiner Geschichte zu sein. Demnach weisen wir jedwede Evangelisierung zurück, die eine Lebensflucht, eine Wirklichkeitsentfremdung und eine Unverantwortlichkeit vor der Gesellschaft ermöglicht.

Wir verstehen die Evangelisierung als Antwort auf die konkreten Lebensprobleme des Menschen, die seine ganze Existenz betreffen, wie Ideen, Meinungen, Haltungen, Aktionen und Strukturen. Wir verstehen die Evangelisierung als eine ausschließliche Verkündigung der Guten Nachricht von Jesus Christus, der zur Bekehrung und zur Aufnahme in die Gemeinschaft ruft.

Die Schritte des Evangelisierungsprozesses sind: Entdeckung der Probleme der Gemeinschaft und ihrer Ursachen, die Sicht des Glaubens, die Situation der Sünde und folglich die Offenlegung der Bekehrung.

(*Dokument, Situación y experiencias pastorales en la Diócesis de Riobamba, August 1976, in: El Evangelio Subversivo, S. 67*)

ENTDECKUNG DES LEBENDIGEN CHRISTUS

Wir kennen Christus zwar intellektuell, aber wir sind nicht in eine innere Beziehung zu Christus, dem Auferstandenen, vorgedrungen.

Das Evangelium ist nicht eine Sache, auch nicht ein bloßes Buch. Es ist Gute Nachricht und die einzige Gute Nachricht, es ist das einzige verwandelnde Ereignis der Welt. Es ist eine Person, es ist Christus, der Auferstandene.

Früher sorgte man sich um die Kenntnis Christi in einer intellektualistischen Form, heute bemühen wir uns um ein lebendiges Kennen Christi durch Begegnungen. Früher hat man evangelisiert und nur einen bruchstückhaften Christus aufgezeigt und ihn nicht im Menschen wiedererkannt. Heute bemühen wir uns, Christus aufzuzeigen, wie er uns im konkreten Menschen und in dessen

Problemen begegnet. Worauf zielt demnach unsere Evangelisation? Auf die Verkündigung der Gegenwart und des Handelns Christi, des Retters der Geschichte der Menschen. So laden wir sie zu einem verpflichtenden Engagement für ihn und für die Gemeinschaft ein.

Lange Zeit haben wir einen beziehungslosen Christus gepredigt, nur einen leidenden, einsamen, weit entfernten. Wir haben uns zufriedengegeben mit dem Christus der Karwoche, und wir haben nicht den auferstandenen Christus gezeigt. Wir haben Christus als so unerreichbar fern dargestellt, daß er für viele nicht erreichbar und unnachahmbar erschien. Wenn wir ihn in Beziehung zum kranken Menschen gezeigt haben, dann haben wir ihm die Charaktereigenschaften eines Arztes gegeben, der alle Krankheiten und Leiden heilt, oder die Eigenschaft eines Bankmenschen, der Stiftungen und Lotterien verteilt, oder die Eigenschaft eines Richters oder Staatsanwaltes, der straft. Wir haben ihn als ein historisches Wesen vorgezeigt, das weiters keine Eigenschaften besitzt, die für die Änderung der Menschen von hier und heute von Belang sind.

Die neue dynamische Christusverkündigung entdeckt ihn als ... neuen Adam, freien Menschen, unseren Bruder, der wesentlich gemeinschaftlich wirkt und handelt. Er ist der wahrhaftige Befreier und Revolutionär. Er ist Campesino; er bietet den Mächtigen die Stirn. Mit seinem Wort brach er lasterhafte und unterdrückerische Strukturen. Dieser Christus spricht heute zu uns und sucht die Veränderung.

(Concientización, Evangelización, Política, 1974, 4. Ed. S. 101, 129, 132, 133)

REICH GOTTES PASTORALPLAN

Ausgangspunkt:
In der Diözese Riobamba gehen wir bei der Verwirklichung der pastoralen Arbeit von der Kenntnis der Realität aus ...

Zielpunkt:
Wenn wir wissen, was unser Ausgangspunkt zu sein hat, wohin machen wir uns dann auf den Weg? Was soll unser Ziel sein? Unser Ziel ist das *Reich Gottes.*

Was ist das Reich Gottes?
Es ist Gott selbst, der sich uns schenkt in seinem Sohn Jesus Christus, ohne Entgelt, aus Liebe.

Das Reich Gottes ist ein Reich der Gnade ... des Lebens ... der Wahrheit ... der Liebe ... der Gerechtigkeit ... des Friedens ... der Freiheit ... der Freude ...

Das Reich Gottes ist das Gegenteil des Reiches der Welt. Die Wirklichkeit zeigt uns, daß das Reich dieser Welt aus Egoismus, Tod, Lüge, Haß, Ungerechtigkeit, Krieg, Beherrschung, Traurigkeit und Angst besteht.

Hauptziele:
Der Glaube als Annahme Jesu Christi verpflichtet uns, für den Aufbau der Kirche zu arbeiten ... und zum Aufbau einer neuen Gesellschaft beizutragen ... Wir widmen uns der Auferbauung der Kirche als einem Zeichen des Gottesreiches.

Spezielle Ziele:
Zwischen dem Ausgangspunkt, der Realität, und dem Zielpunkt, dem Reich Gottes, ist ein langer und weiter Weg. Das Reich Gottes jedoch zieht uns an, ruft uns, motiviert uns, es gibt uns Mut und Enthusiasmus.

So klärt sich der Weg. Kirche formen, und zwar von den Armen aus und mit ihnen, heißt, für die Bildung, Vermehrung und Stärkung der christlichen Basisgemeinden zu arbeiten. Zum Werden einer neuen Gesellschaft beitragen heißt, uns aktiv präsent machen inmitten der Volksorganisation ... In dieser Arbeit erleben wir die Übereinstimmung einer Beziehung von Kirche und Volk und von Volk und Kirche ...

Aktivitäten:
Wesentliche Mission der Kirche ist die Evangelisation. Evangelisation ist aufs engste mit der Bewußtseinsbildung des Volkes verbunden ...

Allein vermögen wir nichts, wir müssen uns organisieren, ein solidarisches Volk bilden, um in uns, in der Kirche und der Gesellschaft alles zu überwinden, was das Reich dieser Welt ausmacht, um so an dessen Stelle das Reich Gottes einzupflanzen.

Zusammengefaßt
haben wir folgende große Aktion durchzuführen, wobei wir immer wissen, daß Jesus Christus unser Weg ist:

Evangelisation – Bewußtseinsbildung – Organisation – Anklage und Überwindung des Bösen – Aufbau der Kirche als Zeichen des Gottesreiches – Teilnahme an der Formung der neuen Welt.

(Pastoralplan »Theoretischer Rahmen der Kirche von Riobamba«. 10. November 1983, L. Proaño, Bischof von Riobamba)

PASTORALZIELE

Die Diözese Riobamba hat sich vorgenommen, folgende zwei Generalziele zu erreichen:

1. Die ganzheitliche Befreiung des konkreten Menschen der Provinz Chimborazo, in folgendem Sinne:
a) Befreiung von der gesellschaftlichen Beherrschung und wirtschaftlichen Ausbeutung (Gewaltanwendung gegen die Grundrechte des Schwächeren von Seiten des Stärkeren);
b) Befreiung von der Unkenntnis, die verbietet, die Welt der Natur zu verstehen, zu beherrschen und zu verwandeln,
   – die Person anzuerkennen,
   – am Gesellschaftsprozeß teilzunehmen,
   – den wahren Gott zu erkennen;
c) Befreiung vom Elend und von der Unsicherheit; vom physischen Elend wie Hunger, Krankheit und anderen Leiden; vom psychischen Elend wie den Ängsten, Frustrationen und La-

stern; Befreiung auch von der Unsicherheit durch Besitzergreifung und Nutzung der unentbehrlichen Güter, durch eine schöpferische Arbeit aus einem familiengerechten Einkommen.
2. Der Aufbau einer Kirche als Gemeinschaft, die sich für die Befreiung des konkreten Menschen der Provinz Chimborazo engagiert.

(Dokument: Situación y Experiencias pastorales en la Diócesis de Riobamba, August 1976, in: El Evangelio subversivo, S. 58)
[Vorbereitungsdokument für das Bischofssymposium 1976, galt für die Militärdiktatur als subversives Dokument und führte zur Verhaftung von 17 Bischöfen]

PASTORALINSTITUT

Das Lateinamerikanisiche Pastoralinstitut entstand in der Folge des Konzils, ja während der Konzilstage selbst, und dieses Institut ging auf Wanderschaft in der Absicht, allen lateinamerikanischen Ländern die Erneuerung des Konzils zu bringen. Dazu schuf es ein Team von Professoren, Theologen, Pastoraltheologen und Soziologen unter der Leitung von Segundo Galilea, der als zweiter verantwortlicher Direktor ausgewählt wurde; ich persönlich als Präsident der Kommission der Gemeinschaftspastoral war der verantwortliche Leiter und Koordinator aller dieser Aktivitäten, landauf, landab in Lateinamerika; es war eine Arbeit, die mich ziemlich belastete, weil es aus der Entfernung schwierig ist, das alles zu leiten; aber zu guter Letzt erreichten wir ein zufriedenstellendes Ergebnis.

Später dann sah man die Notwendigkeit, dieses Institut an einen festen Ort zu binden, und so wurde Quito als Sitz bestimmt. Das Lateinamerikanische Pastoralinstitut lieferte einen großartigen Beitrag, um die Erneuerungsideen des Konzils in Lateinamerika wie in Ecuador einzuführen. Durch viele Ausbildungskurse trug das IPLA zur Erneuerung der Pastoral bei.

Es rief eine positive Wirkung hervor, stieß aber auch auf Widerstand, besonders in Ecuador, und ich glaube, das könnte auch ein z. T. gerechtfertigter Grund gewesen sein für den Wechsel, den man später vollzog. Man folgte aber dabei nicht mehr der in Quito eingeschlagenen Linie, als man das IPLA unter anderem Namen nach Medellín verlegte. Im selben CELAM entwickelte sich eine Kehrtwendung in der Orientierung. Dieser Wechsel vollzog sich langsam und zeigte sich in aller Deutlichkeit auf der Konferenz von Sucre in Bolivien (1971). Bei dieser Gelegenheit beschloß man, alle Teilinstitute in einem einzigen Institut zusammenzuschließen. Man setzte Priester ab, die auf einer Erneuerungs- und Befreiungslinie zu arbeiten begonnen hatten, und man zentralisierte das Institut in Medellín, wo es aber eher eine konservative als eine befreiende und erneuernde Ausrichtung annahm.

(aus: Interview für P. Rosner, 1984, abgedruckt in Kirche und Evangelisation, S. 137 f)

PASTORALINSTITUT AUF WANDERSCHAFT

Das Pastoralinstitut IPLA war einmal, aber die Pastoralkurse, die sich heute vermehren, sind Ableger der Eingebung der beiden Bischöfe Larraín und Proaño. Ihr Stil, ihre Mystik, ihre Suche nach Treue zum Evangelium und zur lateinamerikanischen Realität, ihr Primat der Evangelisierung und der christlichen Befreiung blieben erhalten. Ihr Inhalt und ihre Verwirklichung leben weiter, es ist derselbe »Mantel des Elias«, der anderen um die Schulter geworfen wurde. Heute gibt es eine Unzahl Pastoralkurse auf Wanderschaft. Niemand weiß, wann es angefangen hat, sie gehören zu keiner Institution, sie sind schlicht und einfach eine »Tradition der Pastoral«.

Seit jenen Tagen im März 1964, als das Wander-Pastoral-Institut im alten Bischofshaus in Riobamba gegründet wurde, ist viel Zeit verstrichen. Die Menschen haben gewechselt. Aber der Einfluß von Bischof Proaño in dieser schwierigen Epoche der pastoralen Erneuerung Lateinamerikas ist eine unleugbare Tatsache. In Zukunft wird Proaño nicht nur Bischof von Riobamba sein, er wird Bischof von gesamtlateinamerikanischer Bedeutung sein, genauso wie andere Personen der Kirche unseres Kontinents.

(Segundo Galilea, Leiter des IPLA, in: 25 Años Obispo, 1979, S. 248)

Evangelisierung der Gesellschaft

*Aus der Zeit der 60er und 70er Jahre, als im Gefolge des Fortschritts-
denkens und des Entwicklungsglaubens Strukturreformen »in« waren,
stammen Proaños kritische Gesellschaftsanalysen und seine Anklage gegen das herrschende Unrechtssystem. Er war ein scharfer Analytiker und
wurde als solcher zum Gesellschaftskritiker und Gesellschaftsreformer.
Er forderte eine »neue Gesellschaft« und ging mit konkretem Beispiel
voran, wie seine kirchliche Landreform von Riobamba zeigt.*

*Er kritisierte das ecuadorianische Establishment und verwies die
nordamerikanische Interventionspolitik, den ausbeuterischen Kapitalis-
mus und die Repression der Nationalen Sicherheit auf die Anklagebank.
Seine scharfe Kritik wird nur verständlich aus dem Blickwinkel eines
Vertreters der Dritten Welt, der auf der Südhalbkugel die Kehrseite des
Fortschritts erlebte. Der Theologie von Medellín verpflichtet, ging er ins
Gericht mit der strukturell verhärteten Sünde. Proaño korrigierte die
Revolutionsvorstellungen seiner Zeit und forderte eine authentische
christliche Revolution durch Erziehung und Bewußtseinsbildung. Zeit-
lebens bekannte er sich zur aktiven Gewaltlosigkeit.*

*Proaño wurde zum Prophet einer neuen gerechteren und brüderlichen
Gesellschaft, zum entschiedenen Verteidiger der Menschen- und Völkerrechte, zum Apostel der Solidarität und zum Baumeister des Friedens.
Am Ende seines Lebens durfte er in der Kandidatur für den Friedensnobelpreis erfahren, wie sein von Konflikten begleitetes Evangelisationswerk als Friedenswerk verstanden, geachtet und geehrt wurde.*

*Proaño befreite die Kirche von ihrer introvertierten Nabelschau und
internen Strukturdebatten und stellte sie – der Theologie des letzten
Konzils folgend – in die Welt, in den Dienst am Menschen. Sein persönliches Zeugnis brachte auch Klarstellungen zum heiklen Thema von
Kirche und Politik. Aus dem Konflikt mit den Machthabern entstand
die Botschaft vom »subversiven Evangelium« (1976).*

Proaños Gesellschaftskritik war nichts anderes als sein Bemühen, die

Gesellschaft zu evangelisieren. Ein Jahrzehnt vor der Sozialenzyklika Laborem exercens forderte der Bischof der Indios bereits eine Ethik in der Wirtschaft. Seine Reden, Rundfunkansprachen und kurzen Schriften sind Teil einer südamerikanischen katholischen Soziallehre, deren reicher Beitrag erst noch zu erforschen bleibt.

Proaños Evangelisierung der Gesellschaft war, ist und bleibt eine beispielhaft gelebte Option für die Armen.

GESELLSCHAFTSKRITIK UND -REFORM

KIRCHLICHE LANDREFORM

Die Kirche von Riobamba kämpfte um Land für die Indios und zeigte sich solidarisch mit ihnen in ihren Landkonflikten.

Die Kirche von Riobamba war Besitzerin von ausgedehnten Ländereien; sie stammten noch aus der Erbschaft des nachkolonialen Systems. Es war in Wirklichkeit eine Schande.

Im Einvernehmen mit der zuständigen kirchlichen Autorität schritt ich nach einem langen Vorbereitungsprozeß zur kirchlichen Übereignung von zunächst 370 Hektar Land an Indiofamilien, die sich in einer Kooperative zusammengeschlossen hatten. Etwas später, nachdem die ecuadorianische Regierung das 1. Gesetz zur Landreform erlassen hatte, übergab ich den größten Teil des kirchlichen Landbesitzes – über die Vermittlung der staatlichen Agrarreformbehörde IERAC – an Tausende von Indiofamilien. Einige Jahre später verzichtete die Kirche von Riobamba auf den Rest ihrer Ländereien; diese letzte Übereignung besorgte damals die Institution Central Ecuadoriana de Servicios Agrícolas.

Auf diese Weise reinigte die Kirche von Riobamba ihr Ansehen, das jahrhundertelang gelitten hatte durch die Entstellung als Großgrundbesitzerin.

Jetzt, mit ihrer neugewonnenen Glaubwürdigkeit, konnte sie sich auf die Seite der »Ärmsten unter den Armen« stellen im gerechten Kampf um die Rückgewinnung ihrer Landrechte.

(Rede vor der Stiftung Bruno Kreisky in Wien, 1. Juni 1988, anläßlich der

Verleihung eines Menschenrechtspreises, letzte Rede Proaños, zwei Monate vor seinem Tod)

MOTIVE DER KIRCHLICHEN LANDREFORM

Am vergangenen Sonntag, dem 14. November 1971, fand die Übergabe der Landbesitztitel an die von der Agrarreform begünstigten Campesinos in Tepeyac und Columbe statt ...

Eine erste Gruppe von Begünstigten sind 31 Indiofamilien, ehemalige Haziendaarbeiter. Die zweite Gruppe sind Umsiedler, die aus der überbevölkerten Zone von Colta stammen. Im ganzen erhielten 100 Familien Land als ihr Eigentum. Noch vor Erlaß des Agrarreformgesetzes begann bereits eine Landkooperative »Juan Diego« zu arbeiten, nachdem Indiofamilien 300 Hektar Land geschenkt worden waren ...

Die Diözese Riobamba war Eigentümerin großer Hazienden, der Hazienda Zula mit 37 000 Hektar Weideland, der Hazienda Tepeyac mit 3000 Hektar. Seit 1968 gegannen in Tepeyac die Vorarbeiten zur Agrarreform ...

Was waren die Beweggründe der kirchlichen Landreform in Riobamba? Die Kirche von Riobamba har ihr Wort eingelöst, weil

1. sie überzeugt ist, daß das Land Eigentum des Landarbeiters sein soll, der den Boden bestellt;

2. sie ein Zeugnis der Selbstenteignung geben wollte in der Hoffnung, daß die Großgrundbesitzer diesem Beispiel zum Segen des ganzen Landes folgen würden;

3. die Campesinos der Provinz Chimborazo in schlimmster Armut leben;

4. die Diözese Riobamba treu der Überzeugung folgen wollte, daß die Kirche arm sein sollte und sich mit den Armen solidarisieren sollte, um für ihre Befreiung zu arbeiten ...

Was wollen wir mit der Landreform bezwecken? Haben wir nur eine Reform gesucht, oder zielen wir auf einen wirklichen Wandel (der Gesellschaft)? ...

Traditionalisten oder Konservative haben kein soziales Gewissen und wollen eher den status quo des Establishments erhalten. Verfechter des Fortschritts, Desarollisten, sorgen sich um die Steigerung der Produktion durch verbesserte Technik. Das verelendete Volk soll in die Gesellschaft als Produzent und Konsument integriert werden. Sie sorgen sich mehr um den wirtschaftlichen Fortschritt als um die soziale Förderung des Volkes.

Revolutionäre stellen die wirtschaftliche und soziale Struktur in Frage und wollen einen radikalen Wechsel, dessen Subjekt das Volk selbst sein soll.

Für wen haltet ihr den Bischof von Riobamba? Ist er ein Traditionalist, ein Desarollist oder ein Revolutionär? Ich gehöre zu keiner der drei Gruppen. Als Christ und Bischof ist es meine Aufgabe, mich immer nach dem Licht des Evangeliums zu richten. In der Kirche von Riobamba sind alle Anstrengungen darauf gerichtet, statt zu einem Reformismus oder Desarollismus zu einem authentischen Wandel vom Evangelium her zu gelangen.

Was nützt es dem Menschen, ein Stück Land mehr zu haben, wenn er dabei nicht mehr Mensch wird? Eine der Sünden des Kapitalismus ist ja gerade, den Menschen zu überreden, immer mehr haben zu wollen, mehr Besitz, mehr Geld, mehr Luxus, wobei ganz vergessen wird, daß der Mensch berufen ist, seine Persönlichkeit als das große Herz großer Werte zu entfalten, wie Entscheidungsfähigkeit, Verantwortung, Liebe und Nächstenliebe.

Was nützen einem Gefangenen ein Paar neue Schuhe? Ist nicht die Freiheit viel mehr wert als ein Paar Schuhe? Die Campesinos müssen sich von aller Ungerechtigkeit befreien. Wenn sie selbständig denken können, selbst schöpferisch werden, Probleme aus eigener Kraft lösen, sich den Herausforderungen mutig stellen, kämpfen, um ein ganzes Netzwerk von Ungerechtigkeiten abzuschaffen, Solidarität zu üben und sich als Volk fühlen, dann beginnt der echte Fortschritt. In christlicher Sicht bedeutet ein solcher Fortschritt Linientreue zu Gottes ursprünglichem Plan, der Einladung Christi zu folgen, um frei zu sein.

(Radiosendung vom 19. November 1971)

VON DER ENTWICKLUNG ZUR BEFREIUNG

In der ersten Etappe waren wir Desarrollisten, blinde Anhänger des Entwicklungsglaubens und Paternalisten. In welchem Sinn? Wir suchten die Gemeinden zu entwickeln, indem wir ihnen tausenderlei Sachen gaben und so die Lösung ihrer Probleme vorschlugen. Deshalb beschuldigen wir uns, Paternalisten gewesen zu sein; denn die verschiedenen Unternehmungen wie Alphabetisierung, Führerschulung usw. waren Notwendigkeiten, die wir gesehen haben, Problemlösungen aus unserer Initiative. Wir haben vorher keine Befragung des Volkes veranstaltet, um zu ermitteln, was das Volk als vordringliche Notwendigkeit erachtet hätte... Eine Notwendigkeit, die das Volk selbst fühlt und entdeckt, ist von einer, die ihm aufgedrängt wird, durchaus verschieden. Die Misión Andina suggerierte dem Volk Bedürfnisse, die ihrer Organisation gefielen...

In der zweiten Etappe haben wir uns bemüht, echte Bedürfnisse des Volkes aufzudecken durch den Dialog und durch gemeinsames Zusammenleben mit dem Volk, um sein Vertrauen zu gewinnen; denn der Arme öffnet sich nicht so leicht; der unterdrückte Mensch ist mißtrauisch geworden... Der Dialog ist ein Teil eines Bewußtseinsprozesses. Zwei Hauptziele leiteten uns in unserer pastoralen Arbeit und in unseren Pastoralplänen. Erstens die ganzheitliche Befreiung des konkreten Menschen der Provinz Chimborazo, und zweitens: der Aufbau einer Kirche als Gemeinschaft, die sich für dieses Befreiungswerk engagiert.

(Evangelisación hoy y mañana, Diócesis David, 1981, S. 54 ff.)

POLITIK UND REICH GOTTES

Generell gesprochen, handelt jeder Mensch politisch. Die Institutionen handeln politisch. Die Kirche hat politisch gehandelt und tut es heute noch. Christus handelte politisch...

Ich möchte sagen, wir handeln politisch, denn wir sind Menschenwesen, denn wir gehören zu einer Gesellschaft, und aus diesem Grund haben unsere Worte und Taten Rückwirkungen in der Gesellschaft, besonders auf Probleme im wirtschaftlichen, kulturellen und religiösen Bereich. Jedes Problem, das wir behandeln, hat in diesem generellen Sinn Einfluß auf die Politik.

Die Kirche in der Nachfolge ihres Meisters ist aufgerufen, das Reich Gottes zu predigen, jede Lüge, Täuschung, Ungerechtigkeit und alles Schlechte der Welt anzuklagen. Das Anklagen allein genügt noch nicht, man muß das Übel zerstören, denn das war es, was Jesus tat. Aber zugleich mit der Anklageerhebung und dem Kampf gegen das Übel... verkündet die Kirche das Reich Gottes; dieses Reich Gottes ist ein Reich der Wahrheit in den Beziehungen von Gott und den Menschen, ein Reich der Gerechtigkeit, der Wiederherstellung dieser Beziehungen, ein Reich der Liebe und Brüderlichkeit im gegenseitigen Anteilnehmen, ein Reich des Friedens, der die Frucht der Gerechtigkeit ist.

(Fernsehinterview, Kanal 8, Quito, September 1976, abgedruckt in: El Evangelio Subversivo, S. 162)

KIRCHE UND ESTABLISHMENT

1. Das Establishment in Ecuador

Das herrschende Gesellschaftssystem ist gekennzeichnet von großen Gegensätzlichkeiten.

Gesellschaft der Gegensätze
Der große Gegensatz ist der immer breiter werdende Graben zwischen Arm und Reich.

Was ist die Ursache dieser Kluft? Reiner Zufall oder menschliches Versagen? Ist diese Situation nicht der Ausdruck dessen, was man das Establishment nennt?

Der zweite Gegensatz ist die Chancenungleichheit im Erziehungssystem... Bei sechs Millionen Einwohnern gibt es zwei Millionen Analphabeten.

Was ist der Grund dafür? Finanzmangel des Staates? Oder ist diese Tatsache eine weitere Manifestation des Establishments?

Ein dritter Gegensatz liegt in der politischen Entmündigung des Volkes, dem jede Teilnahme an Entscheidungen verwehrt wird... Dem Volk wird vorgesagt, es sei »souverän«, es habe ja die Möglichkeit der Wahlstimmenabgabe. In Wirklichkeit aber hat das Volk noch kein kritisches Bewußtsein erreicht, das zu einer Entscheidungsmacht führt.

Was ist die Ursache? Ist es einfach das fatale Schicksal oder ist das ganze ein Teil des Funktionierens des Establishments?

Establishment und Kapitalismus

Das Establishment war im Mittelalter der Feudalismus. Die Sklaverei kam nach Lateinamerika in Form der Kommenden (Landgüter) und des Menschenhandels mit den Negern. An seine Stelle tritt heute das kapitalistische System. Das ist heute das Establishment. Die Situation der Sünde, wovon die Dokumente von Medellín sprechen, wurde vom kapitalistischen System geschaffen und wird von ihm aufrechterhalten.

Das kapitalistische System bedeutet: Immer mehr haben (wollen), der Motor des wirtschaftlichen Fortschritts ist die Gewinnsucht; das oberste Gesetz der Wirtschaft ist die Konkurrenz; absolutes Recht ist der Privatbesitz an den Produktionsmitteln; das unerlaubte Mittel zur Bereicherung ist die Ausbeutung der Arbeitskraft. Vom Streben nach Anhäufung der Reichtümer beseelt, wird im Establishment die Politik von der Wirtschaft bestimmt, ebenso die Erziehung und selbst noch die religiöse Aktivität. Im Klartext bedeutet das, für das System zählt nicht der Mensch, sondern nur das Geld.

Im Establishment ist die Politik zur Bereicherung einiger weniger auf Kosten vieler geworden...

Die Erziehung ist zu einer Kunst entartet, eine Kultur aufzuzwingen. Die Jugendlichen werden so erzogen, daß sie denken wie der Kapitalismus, sie lassen sich in sein Räderwerk einbauen.

Beurteilung und Verurteilung des Establishments

Das kapitalistische System ist schlecht; denn es ruft Ungerechtigkeit hervor und verdreht Sinn und Ziel.

Das Establishment hält den Menschen in seinem Habenwollen und in der Besitz- und Profitgier gefangen, es macht ihn zum Alleinherrscher. Gott aber ist der Herr des Menschen, der sein Geschöpf ist. Aber der Mensch hat diese Beziehung verdreht, sich selbst ins Zentrum gestellt und Gott seinen Rang als Herr streitig gemacht. Ja, er hat Gott selbst in ein Instrument der Beherrschung verwandelt, um seine eigene Größe aufzubauen. Die Beziehung des Menschen zu Gott ist im Kapitalismus zur Perversion geworden.

Das Establishment verdreht auch Sinn und Zweck der Welt. Gott schuf den Menschen nach seinem Bild und Gleichnis, und damit erhob er ihn zum Herren des Universums.

Aber der Mensch hat die Sendung der Welt verdreht, indem er sie zum Privatbesitz einiger weniger erklärt hat. Das Privateigentum wird als Goldenes Kalb angebetet. Der Turm von Babel besteht heute in Wolkenkratzern, in den Banken und Supermärkten, wo sich die Macht des sündhaften Systems anhäuft.

Endlich ist im Establishment auch die Gesellschaft verdorben worden. Der Mensch, der ein Abbild Gottes sein sollte, eines Gottes der Liebe und der Gemeinschaft, hat seine Berufung zur Gemeinschaft verraten, indem einer gegen den anderen aufsteht und sich zum Beherrscher des anderen aufwirft. Die Menschen vereinigen sich nicht wegen der Freundschaft, sondern wegen Interessen, die sie wieder in Gegensatz führen.

Das Herrschaftsstreben hat ganze Völker in fürchterliche Kriege gestürzt. Die Ordnung des Establishments muß daher eher eine Un-Ordnung genannt werden.

2. Die Kirche in Ecuador

Wir untersuchen nun, inwieweit die Kirche von Ecuador mit dem Establishment verbunden ist.

Problemfremdheit

Uns interessiert, ob die Kirche in Ecuador eine Antwort aus dem Evangelium auf die Probleme der Welt gibt, wieweit sie mit dem Establishment in Verbindung steht und in welcher Form sie ihre befreiende Mission erfüllt . . .

Die Aktivitäten sind die zahllosen und bekannten . . .; aber bei all dem bleibt das Volk passiv, es lebt in einem Katholizismus, der mit einer kosmischen Religiosität vermischt ist.

Wenn wir alle Aktivitäten aufzählen, stellen wir unheimlich viele fest, sie machen aber – mit bescheidenen Ausnahmen – den Eindruck von Aktivitäten ohne Ziel und Strategie, ohne Anregung; sie erwecken den Anschein, daß es keine Probleme gäbe, sie wirken besänftigend und einschläfernd. Sie scheinen keine Antwort auf die Probleme zu geben, unter denen das ecuadorianische Volk leidet, sie werden nicht zu einer Heilserfahrung.

Systemverwicklung

Der Graben zwischen Arm und Reich ist ein Kennzeichen des Establishments. Sind wir eine Kirche der Reichen oder eine Kirche der Armen? Wir sind eine reiche Kirche, wenn wir uns mit den Armen Ecuadors vergleichen. Das Schlimme ist, daß wir uns zu Verteidigern der wirtschaftlichen Strukturen der Beherrschung gemacht haben, wie des Privatbesitzes an Produktionsmitteln, auf dem die Un-Ordnung des Establishments basiert. Aufs ganze gesehen, sind wir eine Kirche, die diese Unordnung begünstigt und sich manchmal zur Verteidigerin dieser Strukturen eines Systems von Raub und Unterdrückung macht.

Anstatt eine befreiende Erziehung zu fördern, erziehen wir unsere Jugendlichen zur kapitalistischen Mentalität und damit zur Erhaltung des Establishments.

Was tun wir, damit das Volk ein politisches Bewußtsein erlange? Wir haben das Volk entpersönlicht und zwingen ihm unsere Kriterien auf. Wir haben nicht genügend getan, um das Analphabetentum zu beseitigen. Unter dem Vorwand, den Frieden zu verteidigen, haben wir die Aktionen und Ungerechtigkeiten von Politikern und Diktatoren abgesegnet.

Gewissenserforschung

Was ist das Ziel unserer Aktivitäten? Streben wir danach, mehr zu haben oder mehr zu sein? Arbeiten wir für eine authentische Erziehung des Menschen, oder begnügen wir uns, ihm nur Sachen zu geben?

Geben wir immer den Reichen recht, und verdammen wir die Stimme des Armen zum Schweigen? Erlauben wir, daß der Name Gottes mißbraucht werde, um bestimmten Personen Vorteile zu verschaffen?

Drei Kirchenmodelle

In Antwort auf diese Fragen begegnen wir drei verschiedenen Vorstellungen von Kirche.

Die »konservative Kirche« hält sich für ein für allemal fertig gebaut. Sie wechselte mit der zeitlichen Macht von einer Allianz zur Feindseligkeit, um dann wieder in einen Modus vivendi einzulenken.

Ihre Predigt ist Moralpredigt, ihre Sakramentenspendung Routine, ihr Lieblingskind ist die Volksreligiosität, und sie liebt ihre Selbstdarstellung in Massenversammlungen.

Was macht es ihr schon aus, wenn eineinhalb Millionen Indios am Rand der Gesellschaft leben? Was bekümmert sie das Wachsen der Elendsviertel? Diese Probleme fallen nicht in den Kompetenzbereich der Kirche!

Eine »modernistische Kirche« verwendet die technischen Hilfsmittel für die Propaganda, vertraut auf Fortschritt durch Entwicklung, organisiert Kooperativen, sozialen Wohnungsbau usw.... Sie ist zu gleicher Zeit konservativ und reformistisch. In ihrem Desarollismus (Entwicklungsglauben) hält sie das System aufrecht.

In einer »lebendigen Kirche« ist das Volk auf Pilgerschaft; sie übernimmt Risiko und Engagement für die Armen, ist offen für die nötige Veränderung, sie folgt treu dem Evangelium. Ihre Äußerungen stoßen zusammen mit der Un-Ordnung des Establishments, und ihr Tun wird als subversiv angesehen.

Stellung des Priesters

Und wir Priester? Sind wir mit Christus für das Establishment, oder sind wir mit Christus gegen das Establishment? Wir können nicht zwei Herren dienen; denn Christus und die Situation der Sünde können nicht beieinander existieren. Tolerieren wir das Überleben der »Situation der Sünde«? Sind wir schweigende Komplizen? Mischen wir uns in die Politik im Kampf gegen die Un-Ordnung des Establishments?

Alles, was in Richtung auf das Gemeinwohl zielt, ist politische Aktion im vornehmsten Sinn des Wortes, und in diesem Sinn kann es niemand verboten sein, politische Tätigkeiten auszuüben. Partei- und Interessenpolitik ist nicht das Betätigungsfeld des Priesters.

Wofür entscheiden wir uns? Für den Fortbestand der Un-Ordnung des Establishments oder für das Engagement zugunsten der Befreiung der Unterdrückten?

Wir entscheiden uns für eine Bewußtseinsbildung, für klare Zielvorstellungen unserer pastoralen Tätigkeit, für eine klare Strategie und Arbeitsmethoden.

Wir wollen eine neue Ordnung errichten anstelle des Establishments; wir wollen eine Kirche als Gemeinschaft bauen und fangen bei den Basisgemeinden an.

Wir bringen eine Bewußtseinsbildung und eine befreiende Erziehung in Gang, indem wir von Problemen und Ereignissen ausgehen.

Wir bewahren unsere Unabhängigkeit von den Mächtigen und halten uns frei vom Verdacht einer Allianz mit den Mächtigen, um nicht zu einem Gegen-Zeichen zu werden.

(Vortrag auf dem 2. Nationaltreffen des Klerus, 1971, La Iglesia Ecuadoriana y el Orden Establecido. Erstdruck in ISAL, Quito, 1971)

ÜBER DIE REVOLUTION

Anlaß: Machtübernahme der Militärs 1972

Das ecuadorianische Volk wurde überrascht vom Militärputsch in der Nacht vom 15. Februar (1972), durch den der Präsident Dr. José Mario Velasco Ibarra abgesetzt wurde. Die Macht übernahm als neuer Präsident General Guillermo Rodríguez Lara. Vom ersten Augenblick an proklamierte sich die neue Regierung revolutionär und nationalistisch. Damit wollte man sagen, und es wurde auch ausdrücklich bestätigt: Die Militär beabsichtigten eine Umwandlung der Grundstrukturen zugunsten der Armen. Darin suchten sie die Originalität, die diese Revolution von jeder anderen sogenannten und bisherigen in Lateinamerika unterscheiden sollte.

Unsere berechtigte Frage ist nun, ob die Umwälzungen, die sich in den ersten Tagen nach dem Machtwechsel durch die Militärs in Ecuador ereignet haben, in Wirklichkeit eine authentische Revolution einleiten.

Falsche Revolution

Alle Welt spricht von der Revolution in Lateinamerika. Was ist ihr Sinn, und was erreicht sie?

Es gibt welche, die sprechen von Revolution und meinen eine billige Agitation...

Andere nehmen das Wort Revolution in den Mund, aber sie verpflichten sich zu keiner wirklichen revolutionären Aktion.

Wieder andere sprechen von Revolution, von Gewalt und Blut, und sie haben wirklich vor, einen Wechsel der gesellschaftlichen, wirtschaftlichen und politischen Strukturen herbeizuführen. Aber ihre Sprache und ihr Tun sind angesteckt von einer überstürzten Eile und einem Drang nach dem »sofort«. Ihr Handeln erscheint als Ausdruck einer Art von revolutionärer Psychose.

Bei diesem Gebrauch des Wortes Revolution besteht die Gefahr, daß die Revolution ihren eigentlichen Sinn verliert oder daß eine gewisse Panik gerechtfertigt wird, die dann entsteht, wenn eine Tyrannei durch eine andere ersetzt werden soll; wenn Unterdrücker gestürzt werden und sich die Unterdrückten dann in neue Unterdrücker verwandeln. Mit solchen Revolutionen haben unsere lateinamerikanischen Länder genügend Erfahrungen gemacht. Die Situation der Ungerechtigkeit und der Unterdrückung besteht in diesen Fällen weiter, ja sie verschlechtert sich noch.

... Auch wenn sogar spektakuläre Reformen eingeführt werden, tragen diese Art von Revolutionen nur bei zur Erhaltung des herrschenden kapitalistischen Systems.

Echtheit der Revolution

Eine echte, authentische Revolution dagegen charakterisiert sich durch folgende Eigenschaften: sie muß global (umfassend), radikal und schnell sein.

... Papst Paul VI. und mit ihm die Dokumente von Medellín sprechen die gleiche Sprache. Die Enzyklika *Populorum Progressio* sagt: »Der gegenwärtigen Situation müssen wir mutig begegnen, um die Ungerechtigkeiten, die sie mit sich bringt, zu bekämpfen und zu überwinden. Es ist Zeit, ohne weiter zu warten, dringende Reformen in Angriff zu nehmen.«

Die Dokumente von Medellín wenden diese Lehre auf die lateinamerikanische Situation an: »Wir finden eine Ungerechtigkeitssituation vor, die man institutionalisierte Gewalt nennen kann... Diese Situation fordert globale, kluge, dringende und tiefgreifende Veränderungen und Transformationen« (Friede Nr. 16).

Von Abhängigkeit zur Befreiung

Welcher Wechsel, welche Änderung müssen eintreten?

Ecuador und unsere lateinamerikanischen Völker leben in einer Situation der Abhängigkeit. Der Papst selber spricht davon: »Ganze Völkerschaften... leben in einer solchen Dependenz, die ihnen jegliche Initiative und Verantwortung wegnimmt, dazu noch jede Möglichkeit einer kulturellen Entfaltung und einer Beteiligung am gesellschaftlichen und politischen Leben.«

Dependenz oder Abhängigkeit ist ein modernes Wort, das das ausdrückt, was früher mit Sklaverei gemeint war... Tatsache ist, daß sich Unterdrückungen in ungeheuren Dimensionen entwickelt haben, die zu modernen Sklavereien des Menschen führen.

Dem Wort Dependenz (Abhängigkeit) entspricht das Wort Domination (Beherrschung). In der konkreten Situation zeigen sich klar Herrscher und Beherrschte ... Es gibt eine internationale Beherrschung und eine interne nationale ...

Die Beherrschung hält wie viele Ringe einer Gefangenenkette Völker und Menschen in Sklaverei. Ist erst einmal eine wirtschaftliche Macht erobert, ist es leicht, in diese Kette die Ringe der kulturellen Macht, der politischen und militärischen einzuhaken. Das Schlimme ist, daß das Beherrschungssystem auch eine Allianz mit der religiösen Macht einzugehen trachtet und generell gesehen auch erreicht. Bildung und Erziehung können nur die erlangen, die Geld haben. So gibt es in Lateinamerika mehr als hundert Millionen Analphabeten. Zudem haben viele kein kritisches Bewußtsein und handeln, wie wenn sie Analphabeten wären.

Ein weiterer Ring in der Kette der Beherrschung ist die Macht über die Kommunikationsmittel. Nur wer Geld und entsprechende Schulbildung hat, dem öffnet sich die Möglichkeit, von Presse, Kino, Radio und Fernsehen Nutzen zu ziehen. Sie sind die einzigen, die Kultur verbreiten, ihre Ideen und Wünsche durchsetzen können, kurz und gut, die sie überall hin in die sogenannte Konsumgesellschaft verbreiten können. Wer die wirtschaftliche Macht in Händen hält, der bestimmt auch die Politik und ihren Wechsel.

In dieser Kette des Beherrschungssystems spielt die militärische Herrschaft eine große Rolle. Die Militärs stellen eine privilegierte Kaste dar. Sie sind die Favoriten der Regierungen, der Politiker, der großen Wirtschaftskonzerne. Eine große Rolle spielt die Begabtenförderung und das Stipendienwerk für Wehrmachtsangehörige in den Ländern des Zentrums. Dort erhalten die Offiziersanwärter eine Schulung, die ihre Mentalität formt, dort wird ihnen beigebracht, was Ordnung ist, die in Wirklichkeit die Unordnung ist. Hier wird der Appetit auf das Geld, die Ambition, den Komfort geweckt, und dort werden sie erzogen und gedrillt für jede Art von Repression.

Ein weiteres Herrschaftsinstrument ist die sog. Kampagne der Geburtenkontrolle.

In all dem liegen die Wurzeln des Übels ...

Nur wenn die lateinamerikanischen Völker eines Tages diese Ketten gesprengt haben werden, die sie in Abhängigkeit und Sklaverei halten, wird man von einer Revolution sprechen können, ebenso von einer Befreiung und einer Entwicklung.

Christliche Revolution

Vom Glauben her betrachtet, ist diese Situation der Abhängigkeit oder der Versklavung eine Situation der Sünde, wie Medellín sagte (Friede Nr. 1). Menschen setzen sich an die Stelle Gottes, stellen sich in den Mittelpunkt und machen sich zu Sklaven des Geldes. Sie huldigen dem neuen Götzenbild, tanzen vor dem goldenen Kalb und opfern sich selbst und ihre Werte. Egoismus, Stolz, Ehrsucht, Ungerechtigkeit, Rachsucht, Haß sind Sünde. Diese Unwerte sind Motor, Führer und Wertmaßstab der Gesellschaft. Das nennt man Mentalität der Sünde. Diese Strukturen der Mentalität sind zu verändern, denn sie rufen gesellschaftliche Strukturen hervor. Es wäre unlogisch, nur die Mentalitätsstrukturen zu ändern und die gesellschaftlichen und politischen Strukturen intakt zu lassen.

Für den christlichen Glauben bedeutet die Revolution eine totale Wandlung des Menschen in all seinen Fähigkeiten und eine Veränderung der Gesellschaft in all ihren Strukturen. Eine Revolution ist ein radikaler Wandel, denn er greift den Kern des Übels an, er geht an die Wurzel der Unterdrückung und Ungerechtigkeit.

Auf diesem Weg wird klar, warum Christus der Befreier des Menschen und des Volkes ist.

In diesem Sinn kann ein authentisches Christentum nicht aufhören, revolutionär zu sein ... Es entdeckt, daß wir in einer Situation der Sünde leben, und übernimmt die Kriterien des Evangeliums.

Stunde der Revolution

Ist die Stunde der Revolution gekommen für Lateinamerika? Das ist die große Frage. Mit einigen Gegenfragen versuchen wir sie zu beantworten. Ist das Volk schon zu einem Bewußtsein gekommen, in welcher Lage es lebt? Hat es ein Bewußtsein der Menschwürde erlangt? Kennt es die Pläne Gottes? Hat es schon begriffen, was eine echte christliche Revolution ist?

Es fehlt noch viel Bewußtseinsbildung. Das Volk ist noch weit entfernt von einer Reife des Bewußtseins.

Mit der Revolution, die in der Luft liegt, gibt es auch Anstöße zur Bewußtseinsbildung. Das ist meines Erachtens ein Zeichen der Zeit, eine Ansage einer neuen Epoche für das Leben unserer Völker. Wenn wir die Bewußtseinsbildung vorantreiben, die Volksorganisationen unterstützen, den Menschen wieder mehr zur Person machen, uns klar werden über die Situation der Abhängigkeit, in der wir leben, machen wir uns auf den Weg der Befreiung, ist die Stunde der Befreiung gekommen.

(Radioprogramm Heute und Morgen, 24. Februar 1972, neun Tage nach dem Militärputsch vom 15. Februar 1972, hätte bald zur Verhaftung Proaños geführt; Sendetitel: »La Revolución de las Fuerzas Armadas«)

VATERLANDSLIEBE

Solange wir unsere eigene Person als unser einziges Ziel hinstellen, suchen wir nicht mehr nach dem Gemeinwohl, hat das Ideal der Vaterlandsliebe seine Anziehungskraft verloren. Alle Ideale haben wir ausgelöscht, um vor unseren Augen nur noch unsere eigene Bequemlichkeit, unseren persönlichen Gewinn und das egoistische Wohlergehen gelten zu lassen.

Wohin gelangen wir ohne ein Vaterlandsideal, das uns eint? Dieses »Rette sich, wer kann« ist unser Untergang. Wie viele gibt es in Ecuador, die an das Vaterland denken, die es lieben? Wir denken nur an uns und vergessen fast ganz das Vaterland. Ohne Ideal, das uns eint, verlieren wir uns in einer nebulösen Desorientierung.

Das dringend nötige Werk, das Wiedererstehen des Vaterlandes zu erreichen, läßt sich in diesen zwei Aufgaben zusammenfassen: Erziehung und Arbeit.

(aus dem Buch Proaños: Acuerdate de Zarumilla, 1944, S. 55 u. 77; es wurde nach dem Krieg mit Peru 1941/42 geschrieben)

Das Land ist schlecht und ungleich verteilt und zudem von niedriger Produktivität. Der Markt beherrscht die gesamte soziale Stufenleiter. Der Mensch hat sich in ein Instrument der Produktion verwandelt. Arbeiten bedeutet sich für einen Hungerlohn verkaufen, damit einige wenige Gewinn daraus ziehen.

Der Gegensatz von Großgrundbesitz und kleinen Parzellen charakterisiert die unmenschliche Lebenssituation der Campesinos und Indios. Die Landwirtschaftskammer (Centro Agrícola) ist die einflußreiche, allmächtige Verteidigungsorganisation der Großgrundbesitzerinteressen.

Die Ausbeutermechanismen sind zahlreich und raffiniert: Wucherzins, unverschämte Geldverleiher, Aufkäufer der landwirtschaftlichen Ernte, Preisspekulation, Ausbeutung durch Zwischenhändler, zweierlei Gewichte bei Kauf und Verkauf, Schmuggel, Korruption, das Krebsübel unserer Gesellschaft, usw. sind nur einige Formen von systematischem Raub. Wir leben in einem institutionalisierten Raubsystem.

Die Spekulation nimmt überhand. Die Behörde ist aufgeblasen, unfähig und untätig, schafft nur Diskriminierung. Der Markt ist die reinste Ausbeutung, dort treiben Aufkäufer, große und kleine Kartellgruppen ihr Unwesen.

Die Preispolitik zeigt absolute Anarchie, und obendrein herrschen noch Verschwendungssucht und Mißwirtschaft.

Als Ergebnis von 500 Jahren Ausbeutung und Abhängigkeit hat sich in der Indiobevölkerung ein Prozeß der Entpersönlichung eingeschlichen, der sie zu Konformisten, Fatalisten und Mißtrauischen erzogen hat, der sie lähmt und ihnen die Kraft zur Überwindung des Elends nimmt und ihre Fähigkeit zum Kampf um ihre Rechte und Interessen schwächt.

Die Erziehung wirkt entfremdend. Eine kapitalistische Mentalität verbietet jede Mitentscheidung der Armen. Dem Indio und Campesino wird jede Mitsprache verboten, sie werden in Passivität gehalten. Statt zu Verantwortungsfreude werden sie zu Furcht, Resignation und Fatalismus erzogen.

Die Repression hat sich institutionalisiert.

Religiöser Infantilismus verhilft nur zur Ausflucht vor den Problemen ins Jenseits. Sekten invadieren und spalten das Volk. In dieser Ausbeutergesellschaft müssen wir leben.

(Situation und Pastoralerfahrungen in der Diözese Riobamba, 1976, Vorbereitungsdokument für das Bischofstreffen 1976, in: El Evangelio subversivo, S. 57 f)

ZWEI ECUADORS

Heute wird praktisch leider die Existenz zweier völlig verschiedener Ecuadors akzeptiert; das eine steht dem anderen zu Diensten. Als Christen brandmarken wir diesen Dualismus, der in gleicher Weise Christus und die ecuadorianische Nation beleidigt. Wir kämpfen für eine Bewußtseinsbildung und Selbstentdeckung, die neue Möglichkeiten für eine wirklich brüderliche Gesellschaft schafft.

(Rückwirkungen der Realität im Volk, Vorbereitungsdokument für das Bischofstreffen 1976, in: El Evangelio subversivo, S. 57 f)

GEGEN DIE NORDAMERIKANISCHE
INTERVENTIONSPOLITIK

Es gibt Regierungen, die ausschließlich ihre eigenen Interessen auf Kosten fremder Völker verfolgen. Um die eigenen Interessen sicherzustellen, wenden sie Macht an, und zwar wirtschaftliche, politische und militärische, um in die Entscheidungen anderer Völker zu intervenieren, damit diese Entscheidungen treffen, die sie selbst gar nicht wollen, die gegen ihre eigenen Erwartungen sind. Das ist Interventionspolitik.

Diese Politik begegnet uns ganz klar in den Aktivitäten und Plänen Nordamerikas.

Präsident Reagan hat bei vielen Gelegenheiten erklärt, daß die Vereinigten Staaten in El Salvador, Guatemala, Honduras und Nicaragua, in ganz Mittelamerika intervenieren, denn die Interessen ihres Landes stehen auf dem Spiel. Ihr Ziel heißt: »Unsere Interessen«.

Neben der militärischen und politischen Intervention zeigt sich heute eine neue in der eigennützigen Entwicklungspolitik der »Allianz für den Fortschritt«, die über Kredite, Leihverträge und technische Assistenz in die unterentwickelten Länder interveniert.

Die Interventionspolitik ist Mißbrauch der Macht, der wirtschaftlichen, politischen, militärischen und kulturellen.

Wirtschaftliche Intervention
In unserem Land begegnen wir nordamerikanischen Konzernen, die Erdöl, Zinn und Kupfer ausbeuten. Diese Ausbeutung der Rohstoffe ist zugleich eine Ausbeutung des Menschen und schafft den Reichtum außer Land.

Politische Intervention
Die USA belassen uns in der Illusion der Wahl demokratischer Regierungen, und wenn sie nicht nach ihrem Geschmack handeln, werden sie zum Verschwinden gebracht. Wie lange noch fühlen sich die Vereinigten Staaten als der Padron und Padrino der südamerikanischen Länder?

Die lateinamerikanischen Regierungen müssen sich bewußt werden, nicht länger mehr Marionetten der Vereinigten Staaten zu spielen.

Wir alle kennen die Invasionen in Territorien der mittelamerikanischen Staaten, die Manier, Regierungen zu wechseln, wie z. B. in Chile durch die CIA. Auch Organisationen, wie z. B. das Friedenskorps, sind unterwandert. Der amerikanische Geheimdienst ist an der Instabilität der Regierungen interessiert, wenn sie nicht den nordamerikanischen Interessen entsprechen.

Militärische Intervention
Es ist bekannt, daß ca. 60 000 höhere Militärs verschiedenster lateinamerikanischer Länder durch nordamerikanische Militärschulen gegangen sind. Dort wird ihre Mentalität ausgewechselt, es wird ihnen die Doktrin der Nationalen Sicherheit eingetrichtert;

dort wird ihnen auch diese Grausamkeit und Brutalität beigebracht... Dort haben sie die Rafinessen der Foltermethoden gelernt, die jede Menschen- und Personenwürde mißachten. Zusammen mit der Doktrin der Nationalen Sicherheit haben sie diesen Haß und diese verabscheuungswürdige Grausamkeit in sich aufgenommen, die wir in verschiedenen Ländern Lateinamerikas erlebt haben.

Ihre Militärbasen werden unter dem Vorwand der Sicherheit der Region errichtet. Das letzte Beispiel war der Interessenkonflikt um die Malvinen...

Gegenbewegung

Es ist gut, daß man von einer Organisation der Staaten Amerikas (OEA) ohne die Beteiligung der USA hört.

Es ist gut, daß aus unseren Ländern die Handlanger der nordamerikanischen Intervention verschwinden. Wir haben dafür gekämpft, daß das Linguisten-Sommer-Institut (ILV) des Landes verwiesen wurde.

Intervention in die Kirche

Auch die Kirche ist betroffen von der Interventionspolitik. Die Rand Corporation erstellte auf Veranlassung von Rockefeller eine Studie über die lateinamerikanische Kirche. Alle, die nach einer Reform der Kirche trachteten, kamen in die Suchkartei. Es werden die verfolgt, die sich für die Armen und die Gerechtigkeit engagieren. Sie wurden angeschwärzt, verleumdet, des Landes verwiesen, sie zählen auch zu den Verschwundenen.

Jede finanzielle Unterstützung wurde denen versagt, die sich für die Befreiung des Volkes engagierten. Im Gegensatz dazu wurden die Gruppen der Desarollisten, der Vertreter der Entwicklungsideologie, und die Konservativen mit großen Geldzuweisungen für ihre Projekte bevorzugt.

Die nordamerikanischen Sektenmissionare brachten das Evangelium der Zivilisation, ein verstümmeltes, konformistisches, blind antikommunistisches, unterwürfiges, versklavendes, spaltendes Evangelium.

112

Das Sprichwort »teile und herrsche« erfüllte sich bis zur Spaltung der Religion. Präsident Reagan gründete das Institut »Religion und Demokratie«, um Personen auszubilden, die in unseren Ländern unter dem Deckmantel der Religion die kapitalistische, imperialistische und beherrschende Ideologie der Vereinigten Staaten infiltrieren.

Die sozialen Kommunikationsmittel sind bevorzugte Instrumente der nordamerikanischen Intervention. Die moderne Computertechnik ermöglicht zudem noch ein neues Überwachungsnetz.

Praxis einer Gegenbewegung gegen die Interventionspolitik
Die Idee eines antiimperialistischen Forums mit Beteiligung des Volkes genügt noch nicht. Es muß noch mehr entstehen zur Befreiung unseres Volkes.

Es ist notwendig, die Botschaft dem ganzen ecuadorianischen Volk zu bringen, damit es sich der ganzen schrecklichen Wirklichkeit bewußt werde, in der es lebt. Es genügt nicht, nur Gegenorganisationen gegen die Interventionspolitik aufzubauen, es braucht ein ganzes Volk, das gegen die Interventionspolitik aufsteht, bis es seine ersehnte Befreiung erlangt.

Diese Befreiung naht. Diese Befreiung ist nahe. Die Ereignisse dieser Tage sagen uns: Die Befreiung naht für Lateinamerika!

(Rede vor der Frente de Solidaridad de Chimborazo, Riobamba, 21. Mai 1982)

KAPITALISMUSKRITIK

Das System des internationalen Kapitalismus ist krank. Papst Paul VI. sagt in seiner Enzyklika über den Fortschritt der Völker, dieses System hat als Gott das Geld und sein Motor ist der Gewinn. Der internationale Kapitalismus ist krank, denn der Gewinn hat sich verringert und stillt nicht mehr seine Gefräßigkeit...

Der Kapitalismus ist kaltblütig und herzlos...

Für ihn spielen weder die Menschen noch die Völker eine Rolle; ihn interessieren die Gewinne, und folglich interessieren ihn Menschen und Völker nur insofern, als sie Gewinne bringen.

Der Kapitalismus ist berechnend. Er kalkuliert wie ein Computer... Er kalkuliert: Ich will nicht große Investitionen in die Länder der Dritten Welt machen... Ich will Kredite geben und dafür Zinsen kassieren. Ich werde mein feines Gesicht zeigen und meine Klauen verbergen und hohe Darlehen für große Projekte geben, die wenigstens eines Tages auch für mich von Nutzen sind. Ich werde auch ein gutes Waffengeschäft führen, bald werden sie dadurch untereinander streiten, und ich bleibe der lachende Dritte. Wenn sie mir nicht die Zinsen und Darlehen zurückzahlen, werde ich sie einer nach dem anderen strangulieren... Unser Land ist seit langem in die Klauen dieses Kapitalismus-Monsters gefallen...

So hat der internationale Kapitalismus einen zweifachen Vorteil gezogen: Erstens zieht er die Schraube unserer Abhängigkeit immer fester an; denn es gibt keinen schlimmeren Beherrschungsmechanismus als den, der zwischen Gläubiger und Schuldner besteht. Und zweitens hat er auch aus unserem Land den Gewinn gezogen durch das Einkassieren von hohen Zinsen...

Für Ecuador ist die Darlehensgarantie die Erdölproduktion. Aber man entfacht künstlich einen Krieg des Erdölpreises. Wenn die Preise sinken, bedeutet das für Ecuador einen Verlust von Millionen Dollar. So ist Ecuador ein Opfer und ein Spielball des Kapitalismus. In diesem Spiel hat der internationale Währungsfond eine wichtige Rolle. In dieser Situation der Abhängigkeit kommen seine Ratschläge einer Pression gleich.

(Radiosendung »Crisis del Capitalismo«, 24. März 1983, Hoy y mañana)

SCHULDENKRISE

Der Kirche kommt es nicht zu, entsprechende Maßnahmen zu suchen und sie in der Praxis zu verwirklichen, um die wirtschaftliche Kirse zu überwinden, aber sie kann Orientierung geben, und in diesem Sinne glaube ich, besteht eine Notwendigkeit daraufhinzuarbeiten, daß das Volk selbst und die Regierung ein klares Bewußtsein bekommen von dieser schrecklichen Wirtschaftskrise, die uns befallen hat.

Hier in Ecuador wie in anderen Ländern Lateinamerikas ist an dieser Situation die Abhängigkeit schuld, die in der Vergangenheit gewachsen ist und in der Gegenwart sich verschärft hat. Es ist nowendig, daß die Kirche diese Situation erhellt. Die Weltkrise des Kapitalismus hat alle Völker befallen, aber viel schlimmer noch unsere Länder. Warum? Weil die Maßnahmen, die auf internationaler Ebene getroffen werden, um die Krise der entwickelten Länder zu lösen, sich zum Schaden der Wirtschaft unserer armen Länder auswirken. Dazu möchte ich ein Beispiel nennen: Während einer bestimmten Zeit machte man Kapitalinvestitionen in unseren Ländern mit dem Transfer von Technologie und Fabriken, wenn auch zweitrangiger oder sogenannter umweltverschmutzender Industrie, zum Schaden der Gesundheit unseres Volkes. Aber diese Art der Investition führt zu einem Überschuß an produzierten Artikeln bei gleichzeitigem Fehlen von Märkten. Daher bedeutete die Wirtschaftskrise Verringerung des Profitgewinns der großen multinationalen Unternehmen und schließlich auch der entwickelten Länder.

Um endlich aus dieser Krise herauszukommen, wechselte die Politik und begann, unseren Ländern zahlreiche Kredite zu hohen Zinssätzen anzubieten, welchen die Kreditgeber nach ihrer Manier festsetzten. Diese Situation legt uns die Schlinge um den Hals. Sie führt dazu, daß die entwickelten Länder aus der Wirtschaftskrise herauskommen, unsere eigenen Länder aber im Gegenzug erdrosselt werden. Ich glaube behaupten zu können, daß der Ausweg aus der Wirtschaftskrise auf internationaler Ebene für die kapitalistischen Länder erkauft wird auf Kosten unserer lateinamerikanischen Länder und diese in größte Armut, Angst und schwierige soziale Probleme stößt.

Aufgabe der Kirche ist es, Orientierung und Motivation zu geben. Konkret kommt es uns zu, die Schritte zu unterstützen, welche in diesem Fall die ecuadorianische Regierung initiativ unternommen hat, damit die lateinamerikanischen Länder eine festere Einheit suchen und in gegenseitiger Hilfe eine Lösung der Wirtschaftskrise herbeiführen.

Ich hatte in öffentlichen Vorträgen die Gelegenheit, die Anre-

gung zu geben, eine südamerikanische Bank zu gründen, denn wir
hängen von nordamerikanischen oder von zentraleuropäischen
Banken ab. Wir könnten Schritt für Schritt der Auslandsverschuldung entkommen und uns über ein nationales oder internationales
Kreditinstitut gegenseitig lateinamerikanische Hilfe leisten.

Sicher steht es der Kirche nicht zu, sich in Angelegenheiten zu
mischen, die weit entfernt von ihrer Evangelisationsaufgabe sind.
Andererseits aber glaube ich, derselbe Auftrag zu evangelisieren
verpflichtet uns, sich um diese Angelegenheit zu kümmern, diesen
Fragenkomplex zu studieren, um unser Wort sagen zu können, ein
Wort aus dem Licht des Evangeliums in der Suche nach sozialem
Frieden und sozialer Gerechtigkeit auf zwischenstaatlicher Ebene.

*(Interview für P. Rosner 1983; vgl. Kirche und Evangelisation in Ecuador, 1984,
S. 142 f)*

KONFLIKT MIT DER NATIONALEN SICHERHEIT

Ideologie der Nationalen Sicherheit

Nach der Ideologie der Nationalen Sicherheit... zählt das Indivi-
duum als Person überhaupt nicht, oder, wenn es zählt, nur in
seiner Funktion im Staat. Das Volk wird immer nur als Masse
betrachtet und hat nur Bedeutung, wenn es dem Staat zu Diensten
geführt wird. Deshalb ist das Volk ein Mythos und kann an den
Entscheidungen des Staates nicht teilnehmen. Der Staat verwandelt sich zum Idol; der Staat ist Macht. Um jeweils mehr und
größere Macht zu erobern, ist ein Projekt der Entwicklung notwendig, das sich aller natürlichen Ressourcen des Territoriums be-
dient. Um die Macht zu bewahren und das Projekt Ressourcen der
Entwicklung durchzuführen, benutzt man die Nationale Sicherheit.

Nur die Elite ist fähig, das Steuer des Staates in seine Hände zu
nehmen, und in Lateinamerika besteht die Elite prinzipiell nur aus
dem Militär. Um diese Elite heranzubilden, werden Hohe Studien-
zentren errichtet, während die Universitäten auf den zweiten Platz
verwiesen werden. Weil das Projekt der Entwicklung als Ziel die

116

Vermehrung der Macht hat, muß man die elementarsten Rechte des Volkes opfern, um die modernsten Waffen kaufen zu können. Dieses so entworfene Entwicklungsprojekt reißt den Graben zwischen Reichen und Armen immer weiter auf: Reicher werden die, die im Sog des Entwicklungsprojektes vorwärtskommen, während das Volk sich verurteilt sieht, Not und Hunger zu leiden. Um die Macht des Staates und das Entwicklungsprojekt zu schützen, schafft das Gesetz der Nationalen Sicherheit Organisationen, wie den Rat der Sicherheit und den Geheimdienst...

(Beitrag des Koordinations-Komitees der Pastoral vom Riobamba zum Konsultationsdokument für Puebla, 1978)

Bischofsversammlung als Gefahr für die Nationale Sicherheit
Der Staat sah sich verpflichtet, das Gesetz der Nationalen Sicherheit anzuwenden, das in seinen drei ersten Artikeln folgendes sagt:

1. Die Nationale Sicherheit Ecuadors ist Verantwortung des Staates.
2. Der Staat... wirkt ständig den widrigen Faktoren und äußeren und inneren Feinden entgegen, durch Vorsichtsmaßnahmen und politische, wirtschaftliche, sozialpsychologische und militärische Aktionen.
3. Die Gesetzesanordnungen werden angewendet auf die Organismen des Staates, auf juristische Personen und auf die Bewohner der Republik, einschließlich der Ausländer.

In Anbetracht der Achtung, die hohe kirchliche Würdenträger betrifft, wollte der Staat... nicht die im Gesetz vorgesehenen schweren Sanktionen anwenden und hat es daher vorgezogen, sie einzuladen, das nationale Territorium, das sie nicht würdig waren zu betreten, sofort zu verlassen.

(Erklärung des Staatssekretärs im Innenministerium, 13. August 1976, zur Verhaftung und Ausweisung von 17 Bischöfen)

Nationale Sicherheit interveniert in Kirche

Die Religion hat eine große Bedeutung in der Perspektive der Nationalen Sicherheit; denn sie ist ein unentbehrlicher Faktor der sozialpsychologischen Strategie.

Der Westen hat drei Systeme von Symbolen, die ihm seine Identität geben und sich dem Kommunismus widersetzen: das Christentum, die Demokratie und die Wissenschaft.

Die westliche Kultur ist geprägt vom Christentum. Nach dieser Sicht bieten die Regierungen der Nationalen Sicherheit der Kirche eine enge Allianz an, wobei sie dafürhalten, daß diese Verbindung für beide Teile vorteilhaft ist.

Unglücklicherweise gibt es Christen, Priester und auch Bischöfe, die das wirkliche Interesse der Kirche nicht verstehen wollen. Sie sind Marxisten oder vom Marxismus infiltriert oder Naivlinge oder nützliche Idioten.

Wenn die Kirche nicht fähig ist, ihr eigenes Interesse zu verfolgen, die Infiltrationen aufzudecken und sich ihrer zu erwehren, dann ist das Militär autorisiert, ihr zu helfen und sie von der Gefahr, die sie nicht sehen will, zu befreien.

(National Security Act, USA, 1974, zitiert nach DIAL 298)

Nationale Sicherheit – Bedrohung der Zukunft

Mit tiefer Sorge sehen wir, wie im Hintergrund eine Ideologie steht, die vorgibt, jeden Verstoß gegen die Person und die Völker zu bemänteln mit der Ausrede der sog. Nationalen Sicherheit.

Wir zweifeln nicht im geringsten daran und sagen es ganz deutlich, daß dies die neueste und schwerste Drohung gegen die Zukunft unseres Kontinents ist.

(Brief der CLAR, August 1976, zur Verhaftung der Bischöfe in Riobamba)

Nationale Sicherheit, das Grab der Demokratie

Solange die Nationale Sicherheit als unwiderrufliche Rechtfertigung angegeben wird, wird immer mehr ein Gesellschaftsmodell bestärkt, in dem die Grundrechte versagt werden, die elementarsten Rechte übertreten werden und die Bürger in den Zwangsrahmen eines gefürchteten und allmächtigen Polizeistaates gezwängt und unterjocht werden. Diesen Prozeß nennen wir »das Grab der Demokratie« in Lateinamerika, wie sich der Generalsekretär des CELAM, Mons. López Trujillo, anläßlich der Ereignisse (von Riobamba) ausdrückte.

(Erklärung des ständigen Rates der chilenischen Bischofskonferenz vom August 1976 zu der Verhaftung der Bischöfe in Riobamba)

Nationale Sicherheit zur Kirchenverfolgung

... In Ecuador wurde das 1. Gesetz der Nationalen Sicherheit im Jahre 1972 erlassen. Ein verbessertes Gesetz wurde im April 1976 veröffentlicht, und Ausführungsbestimmungen wurden am 13. Dezember 1976 erlassen...

Aus Anlaß der Unterbrechung des Bischofstreffens von Santa Cruz in Riobamba am 12. August 1976 wurde das Gesetz der Nationalen Sicherheit in Ecuador bekannt... Seltsam und zugleich aufschlußreich ist es, dazu die Argumentation des Staatssekretärs im Innenministerium zu hören: Er sagte u. a.: »Die Regierung muß handeln auch auf Grund von bloßen Indizien, wenn sie ein Risiko für die Nationale Sicherheit befürchtet, für die politische Stabilität und das Ansehen des Vaterlandes.« Auf Grund falscher Anschuldigungen gegen die teilnehmenden Bischöfe erklärte der Staatssekretär, diese »haben den Staat verpflichtet, das Gesetz der Nationalen Sicherheit anzuwenden«.

(Dokument der Pastoralen Koordinierungskommission von Riobamba, Vorbereitung für die Puebla-Konferenz, 1978, zitiert von Proaño in seiner Rede zum 30. Jahrestag der Erklärung der Menschenrechte, Dezember 1978)

NEUE GESELLSCHAFT

Brüderlichkeit

Wenn wir die Welt des Kapitalismus und seine Manipulationen denunzieren, wenn wir den Kapitalismus als Verursacher des Übels anzeigen, wenn wir den Individualismus brandmarken, müssen wir feststellen, daß er selbst bis in unser Innerstes eingewurzelt ist, ja

selbst auch Arbeiter und wirtschaftliche Organisationen vom Un-
geist des Kapitalismus infiltriert sind. Wir müssen zurückkehren
zur Quelle der Brüderlichkeit, die das Evangelium ist. Das Evangelium predigt das Reich Gottes, ein Reich der Liebe und des Lebens, Respekt vor dem Leben, Liebe zur Wahrheit, Achtung der
Gerechtigkeit und Freiheit; ein Reich, das über einem echten Frieden entsteht, der Frucht der Gerechtigkeit ist.

(Radiointervention, 24. März 1983 »Crisis del Capitalismo«)

Gesellschaftsveränderung

Man kann nicht sagen: Den Menschen ändern, und die Gesellschaft
ist verändert. Auch das Gegenteil kann man nicht behaupten: Ver-
änderte Strukturen ändern den Menschen. Beide Wechselwirkun-
gen müssen eng miteinander in Verbindung stehen. Damit es eine
echte Bekehrung des Menschen gebe, ist es notwendig, daß dieser
bekehrte Mensch auch seine gesellschaftlichen Beziehungen ändert
und kämpft, um die sündhaften Sozialstrukturen zu ändern...
Daraus ergibt sich das politische Engagement des Christen, der
Laien im besonderen, denn der Glaube führt sie dazu, diese Welt
der Sünde zu zerstören.

Gewaltlosigkeit

Wenn wir Gewalt begegnen, müssen wir sie bekämpfen, aber nicht
mit Gegengewalt, sondern mit einer anderen Kraft, die Respekt vor
dem Leben und der Unverletzlichkeit der Person hat. In Lateinamerika gewinnt eine gewaltfreie Befreiungsbewegung immer mehr
an Boden. Diese benutzt Mittel des sozialen Drucks, die stark
genug sind, um eine Situation in einem Land zu ändern. Aber wir
gebrauchen nicht Gewalt, um Gewalt auszutreiben, das wäre Ra-
cheaktion, welche Mensch und Gott mit Füßen treten würde.

Persönlich bin ich ein friedliebender Mensch und kein Befürwor-
ter eines bewaffneten Aufstandes, um die Befreiung zu erreichen.
Aber ich glaube, wir müssen kämpfen gegen die institutionalisierte
Gewalt, gegen die strukturelle Gewalt, die Hungernde, Kranke und
Fehlernährte hervorbringt. Wir müssen mit dem Evangelium

kämpfen. Dem Armen und Ausgebeuteten am Weg nach Jericho müssen wir helfen. Ich bin kein Befürworter von Gewaltlösungen, setze auf tatsächliche Veränderungen und tiefgreifende Reformen. Das ist die Botschaft, die ich allenthalben und überall verbreite; das ist eine Einladung zur Bekehrung, auf daß wir alle Baumeister des Friedens werden.

(aus dem Film »Los Arboles que sembraste«, Quito 1988)

KAMPF FÜR DIE MENSCHENRECHTE

DEMOKRATISIERUNG, VERBREITUNG DER MENSCHENRECHTE

Eine Verbreitung der Kenntnis der Menschenrechte in den unteren Volksschichten ist unweigerlich notwendig. Man muß das Bewußtsein der Würde der menschlichen Person fördern, damit im alltäglichen Leben die Menschen des Volkes selbst lernen, die Achtung ihrer grundlegenden Rechte zu erreichen, damit die Volksorganisationen sich solidarisch erklären mit den Notleidenden und Verachteten und damit die Tyrannen das Leben achten, das Recht auf Arbeit, auf Existenzgrundlage, auf Freiheit des Denkens und der Meinungsäußerung, der Organisation und Versammlung, des Gewissens und der Religion.

(Rede zum 30. Jahrestag der Menschenrechtserklärung, Dezember 1978)

GROSSE UNGLEICHHEITEN

Gegen den Gleichheitsgrundsatz, den 1. Artikel der Menschenrechtserklärung, verstößt eine Reihe von Ungleichheiten.

Es gibt eine wirtschaftliche Ungleichheit: Der Graben zwischen Reichen und Armen wird immer breiter.

Es herrscht Rassenungleichheit.

Die ungleichen Chancen zur Arbeit bekräftigt der Volksrefrain: Der Schlaue lebt vom Dummen, und der Dumme von der Arbeit.

121

Außerdem herrscht eine große Ungleichheit in der Anwendung der Gesetze. Die Volksweisheit sagt: Das Gesetz gilt nur für den kleinen Mann im Poncho.

Diese Ungleichheiten entstehen, wenn die Reichen die Armen zu demütigen versuchen.

(Rede zum 30. Jahrestag der Menschenrechtserklärung, Dezember 1978)

WIEDERHERSTELLUNG DER MENSCHEN- UND
VÖLKERRECHTE DER INDIOS

Aus Anlaß meines Deutschlandbesuches hat man mir die Möglichkeit geboten, über die Situation der Menschenrechte der Indios in Ecuador vor der Kommission Justitia et Pax in Bonn zu sprechen.

Ich möchte Ihnen meinen herzlichen Gruß entbieten und zugleich meinen Dank aussprechen für die willkommene Gelegenheit, eine Information und einige Überlegungen vortragen zu dürfen zum Thema: Verletzung der Menschen- und Völkerrechte der Indios in meinem Land . . .

Situation der Menschenrechte in Ecuador
Obwohl man Ecuador den Ruf einer Insel des Friedens angedichtet hat, haben in den vergangenen 25 Jahren die allgemeinen Unruhen der lateinamerikanischen Länder auch Ecuador erfaßt; es fehlen nicht Verletzungen der Menschenrechte wie Einkerkerung, gewaltsame Vertreibungen, Morde, Massaker.

Ich darf nur an drei Beispiele aus den 70er Jahren aus Ecuador erinnern:

In dieser unruhigen Zeit geschahen in der Kirche von Riobamba die bekannten Morde an den Indioführern Cristobal Pajuna, Lázaro Condo, José Puchi (vgl. Lateinamerikanisches Martyrologium). Bis heute bleiben anzuklagen die schweren Massaker an den Zuckerrohrarbeitern der Fabrik Aztra an der Küste bei Guayaquil. Ich kann und darf nicht vergessen, an die widerrechtliche Verhaftung zu erinnern, die 17 Bischöfe und über 50 Personen ihrer Begleitung beim Überfall auf das Bischofstreffen in Riobamba am

12. August 1976 erlitten, wie sie gewaltsam in Quito in Gefangenschaft gesetzt wurden und dann das Land verlassen mußten.

In den letzten Jahren hat sich die Situation leider verschlechtert. Die Tageszeitung EL HOY (HEUTE) von Quito veröffentlichte im August 1987 das Ergebnis der Information der ökumenischen Kommission für Menschenrechte auf ihrer 5. Nationalversammlung. Es lautet folgendermaßen: »Vom Juli 1986 bis August 1987 hat die ökumenische Kommission für Menschenrechte folgende Übergriffe registriert:

39 Mordfälle, von Polizei und Regierungsgewalt verübt; 103 willkürliche Arreste; 88 Folterungen; 65 Fälle von Inkommunicado-Haft; 25 Hausfriedensbrüche; 50 Landkonflikte, einschließlich Mord- und Totschlag von Campesinoführern; Zerstörung der Häuser und Saaten von seiten bewaffneter Gruppen.«

Erklärung der Völkerrechte

Wenn wir nachdenken und fragen, warum diese Übergriffe verübt werden, können wir in etwa die Gründe entdecken und vom Mitleid zum Einsatz eines kritischen Gewissens schreiten... Unser Fragen und Nachdenken entdeckt das Vorhandensein einer systematischen permanenten Verletzung der Menschenrechte, und zwar nicht nur einiger, sondern vieler Menschen, ja ganzer Völker.

Deshalb ist man nun nach der universalen Erklärung der Menschenrechte zur Erklärung der Völkerrechte gekommen, und zwar durch den Beschluß von Algerien vom 4. Juli 1976, der von der internationalen Liga der Rechte und Befreiung der Völker vorangetrieben wurde.

Indio-Rechte in Ecuador

Ich beschränke mich nun ausschließlich und in größter Kürze auf die Situation der Völkerrechte der Indios in Ecuador, wobei ich gelegentlich auf die Völkerrechte in ganz Lateinamerika hinweise.

Häufig sind die Indios Opfer der Verletzung der Menschenrechte geworden. Aber noch beklagenswerter ist, feststellen zu müssen, daß sie Opfer der Verletzung der Völkerrechte waren und bis heute noch sind.

Recht auf Land

Die Erklärung von Algerien sagt: »Jedes Volk hat ein Recht, in Frieden sein Territorium zu besitzen und nach dorthin zurückzukehren im Falle seiner Vertreibung« (Artikel 3).

Die Indios Ecuadors und Lateinamerikas wurden von ihrem Gebiet vertrieben durch die sogenannte »Spanische Eroberung« (Conquista). Trotz Unterdrückung und Dezimierung durch fünf Jahrhunderte hindurch blieben die Indios ein relativ zahlreiches Volk. Allein schon aus diesem Grund haben sie ein Recht auf ein eigenes Gebiet, wobei natürlich berücksichtigt werden muß, daß im Laufe der Geschichte eine neue Ordnung der Dinge eingetreten ist durch Rassenvermischung und die Existenz einer Mehrheit nichtindianischer Bevölkerung.

In Ecuador wie auch in anderen Ländern Lateinamerikas überlebten indianische Nationalitäten, die bis vor wenigen Jahren noch ihr Gebiet erhalten und behaupten konnten. Regierung sowie einheimische und multinationale Konzerne aber, ebenso wie die sogenannten Kolonisten (Aussiedler) rauben ihnen Riesengebiete an Land und verringern dadurch ihren notwendigen Lebensraum, und das unter dem Vorwand des Fortschritts und der Entwicklung. Diese Indios haben ein Recht auf ihre Landgebiete durch die Respektierung entsprechender Vertragsabschlüsse.

Zeichen der Wiedergutmachung der seit der Eroberung verübten Ungerechtigkeiten wäre eine wenigstens teilweise Rückgabe der Ländereien an die Indios, die im ecuadorianischen Hochland leben, und eine gesetzliche Regelung für ausreichende Landgebiete für die Urwald-Indios. Dann bekäme die Fünfhundertjahrfeier der sogenannten Entdeckung Amerikas eine Sinnerfüllung.

Recht auf Identität

Die Erklärung von Algerien sagt: »Jedes Volk hat ein Recht auf Respektierung seiner nationalen und kulturellen Identität« (Artikel 2).

»Jedes Volk hat das Recht, die Aufdrängung einer fremden Kultur abzuweisen« (Artikel 15).

»Wenn in einem Staat ein Volk in der Minderheit ist, hat es das

Recht auf Respekt seiner Identität, seiner Traditionen und Sprache und auf sein kulturelles Erbe« (Artikel 19).

In Ecuador wie auch in anderen lateinamerikanischen Ländern wurde alles getan, um die Identität des Indio-Volkes zu zerstören, seine Kultur, Sprache und Tradition. Man hat alle Mittel benützt, um ihm eine fremde Kultur aufzuerlegen. Absichtlich und in offiziellen Texten hat man das Indiovolk geschichtslos gemacht und es gezwungen, als einzige Geschichte die seiner Beherrscher zu lernen.

Böswilligerweise hat man sogar geglaubt, die Indios seien ein kulturloses Volk. Niemals wurden die Sprachen der Urvölker anerkannt, und die Indio-Kinder sind oftmals in der Schule gescheitert, weil man sie nicht in ihrer Muttersprache unterrichtete, sondern in der für sie fremden Sprache der Spanier. Ihre Bräuche wurden lächerlich gemacht, geringgeschätzt oder bestenfalls als exotische Folklore für Touristen und Neugierige vorgestellt.

Zum großen Glück haben die Indios Abwehrmechanismen entwickelt, und auch wenn sie in vielen Fällen sogar ihre Geschichte vergaßen, haben sie doch ihre kulturellen und transzendentalen Werte lebendig zu erhalten vermocht.

In unseren Tagen, dank des Aufwachens fähiger Führerpersönlichkeiten, dank der ehrlichen Unterstützung einiger Pastoralträger und Anthropologen, besteht ein jeweils klarer werdendes Bewußtsein der historischen und kulturellen Identität des Indiovolkes und wird in ihm die erneuernde Kraft der Rettung und der Entfaltung ihrer eigenen Kultur wiedergeboren.

Es ist ein Gebot der Stunde, in jeder Hinsicht diese Wieder-Anerkennung aller dieser bedeutenden Rechte zu fördern, deren Respekt den Schutz des Lebens und Seins eines Volkes, in unserem Fall des Indiovolkes, begründet. Persönlich bin ich überzeugt, die Rettung und Entwicklung der Indiokultur in Ecuador und Lateinamerika können nicht nur einen Beitrag zur Bereicherung der Menschheitskultur bringen, sondern sie haben auch rettenden und heilenden Charakter für die verlorengegangenen Kulturen der Menschheit in vielen Teilen der Erde.

Recht auf Selbstbestimmung

Die Erklärung von Algerien sagt: »Jedes Volk hat das unentbehrliche und unveräußerliche Recht auf Selbstbestimmung« (Artikel 5).

Einem ausgebeuteten und unterdrückten Volk wie dem Indiovolk nehmen seine Beherrscher die Freiheit, selbständig zu denken, selbst zu entscheiden; sie nehmen ihm sein eigenes Wort, die Freiheit, sich zu organisieren und eigenständig zu handeln. Sie machen den Indio zu einem Instrument, einem Haustier, zu einer Sache. Diese Erniedrigung hat man dem Indiovolk 500 Jahre lang angetan.

In den letzten 25 Jahren jedoch hat das Indiovolk begonnen, Selbstbewußtsein zu entfalten, selbständig zu denken, Entscheidungen zu treffen, ohne vorher die Erlaubnis seiner Beherrscher zu erfragen, sein eigenes Wort hinauszuschreien und eine nationale Organisation zu formen ohne versklavende Patenvormundschaft.

Dieses Aufwachen alarmiert die Mächtigen innerhalb und außerhalb des Landes. Um diese Morgenhoffnung zu verdunkeln, spannen sie ein raffiniertes und trickreiches Netz von Geldangeboten, Schein-Werken, Stipendien und anderen politischen Geschenken, um dieses Erwachen der Indios zu verhindern oder mindestens zu spalten. An diesem Gegenwerk der Spaltung operieren vom Ausland aus Organisationen wie World Vision und zahlreiche protestantische Sekten nordamerikanischer Herkunft, die Ecuador und Lateinamerika mit einer regelrechten Invasion heimsuchen.

Angesichts dieses verbrecherisch ausgeklügelten Zusammenstoßes durch vielerlei Drahtzieher ist es eine unentbehrliche Notwendigkeit, daß die Organisationen zum Schutz und zur Verteidigung der Menschen- und Völkerrechte der Indios ihr mutiges und anklagendes Wort sprechen und so die Hoffnung nähren, daß der beharrliche Kampf um die gemeinsame Sache gerade der am meisten geschwächten Völker zum Ziele führt.

Es ist mein sehnlichster Wunsch, daß die kommende Fünfhundertjahrfeier der sogenannten Entdeckung Amerikas für Sie und uns eine einmalige Chance für die Rückeroberung der fundamentalen Indio-Menschen- und Völkerrechte bringe, für Ecuador und ganz Amerika.

(Rede vor der deutschen Kommission Justitia et Pax, Bonn, 28. Oktober 1987)

DIE KIRCHE VON RIOBAMBA UND
DIE MENSCHENRECHTE

Die Kirche von Riobamba hat für die Respektierung der fundamentalen Menschenrechte gekämpft, die in vielen Einzelfällen verletzt wurden; sie hat sich aber mit noch größerem Eifer für die Völkerrechte eingesetzt. Die längste Zeit meines Lebens habe ich der Arbeit mit den Indios gewidmet. Die erste Sorge der Kirche von Riobamba war und ist die Evangelisierung der Indios.

Lebensrechte

Das Recht auf Leben ist erstrangig. Dieses Lebensrecht wird nicht nur durch Waffengewalt verletzt. Das Leben eines Menschen oder eines Volkes wird bedroht, wenn ihm die elementarsten Bedingungen genommen werden, um ein Leben zu führen.

Der Mensch kann nicht leben, ohne zu essen. Er kann aber nicht essen, wenn er keine Arbeit und keine ausreichend bezahlte Arbeit findet. Er kann nicht arbeiten, wenn er nicht Beteiligung an den Produktionsmitteln erlangt, wenn er keine Schulerziehung und Berufsausbildung genossen hat. Er kann nicht in die Schule gehen, wenn der Staat keine Schulhäuser baut und Lehrer einstellt. Wie wir sehen, handelt es sich um viele Glieder einer einzigen Kette oder um die Klauen derselben Hand, die das Leben strangulieren. Das unverletzliche Recht auf Freiheit des Menschen wird ebenfalls in Ketten gelegt, wie Morde, Torturen, Gefangennahme, Arbeitsausbeutung und die Marginalsituation beweisen. Es herrscht eine ständige Verletzung der Menschenrechte.

Verfolgte Kirche

Die Kirche von Riobamba hat dies am eigenen Leib erlebt in vielen Landkonflikten, Verleumdungen durch Regierungsstellen und Kirchenautoritäten, Landesverweisung von Priestern und Mitarbeitern, plötzliche Repression, widerrechtliche Gefangensetzung, Morddrohungen gegen den Bischof, Ermordung und Erschießung von Indios und Campesinos, Unterbrechung einer Bischofstagung und Inhaftierung von 56 Personen, darunter 17 Bischöfen im August 1976. Aber im großen und ganzen siegten am Schluß doch immer wieder die Wahrheit und die Gerechtigkeit.

Erziehungsarbeit

Mit der Verteidigung der Menschenrechte ging in der Kirche von Riobamba die Erziehungsarbeit einher, und zwar im Sinne einer befreienden Erziehung. Die Radioschule, das Sozialzentrum und das Bildungshaus Santa Cruz sind die sichtbaren Institutionen dieser Erziehungsarbeit. Schritte auf diesem langwierigen Erziehungsprozeß des Volkes sind viele Besuche, Kurse, Versammlungen, Treffen, Tagungen; sie alle haben geholfen, das Bewußtsein über die Wirklichkeit zu wecken und es mit dem Wort Gottes zu erleuchten. Daraus wuchs die Kraft der Veränderung. Aus dieser täglichen und reichen Erfahrung lernte die Kirche von Riobamba die Solidarität, mit dem leidenden Volk zu leben, in Ecuador und besonders in Zentralamerika.

Auf Initiative des Volkes entstand eine Solidaritätsbewegung, die sich »Solidaritätsfront von Chimborazo« nannte. Es bedeutete für mich eine ganz große Freude, in den letzten Jahren als Ergebnis der Erziehungsarbeit so vieler Jahre erfahren zu dürfen, wie das Volk anfängt, sich in das Subjekt und den Träger seiner eigenen Geschichte zu verwandeln.

Als ein Zeichen der Reife entstand 1982 ebenfalls aus Volksinitiative die »Indiobewegung Chimborazo«, die sich drei Ziele gesetzt hat: eine wirtschaftliche Befreiung aus eigenen Mitteln, die Rettung der Indiokultur und eine eigenständige Indiopolitik.

Als Präsident der Abteilung Indiopastoral (1985) verfolgte ich zwei Hauptziele: die Förderung und Unterstützung der Indioorganisation und viele Schritte zum Wachsen und zur Festigung einer Indiokirche. Wir haben uns vorgenommen, das Recht auf Selbstbestimmung und das Recht auf Identität des Indiovolkes zu verteidigen.

(Rede vor der Stiftung Bruno Kreisky in Wien anläßlich der Verleihung eines Menschenrechtspreises, 1. Juli 1988, letzte Rede Proaños, zwei Monate vor seinem Tod)

FORDERUNGEN DER SOLIDARITÄT

SOLIDARITÄTSLIED

Immer aufmerksam bleiben im Horchen
auf den Schmerzensschrei der Verlorenen
und ihren Hilferuf hören,
das ist Solidarität.

Immer besorgte Umschau halten nach dem Nächsten
und die Augen weit aufs Meer heften
auf der Suche nach einem Schiffbrüchigen,
das ist Solidarität.

Die Stimme der Kleinen aufzuwecken,
Ungerechtigkeit und Schlechtheit aufzudecken,
den Ungerechten und Bösen anzeigen,
das ist Solidarität.

Sich von einer Botschaft leiten lassen
voller Hoffnung, Liebe, Friede und ohne Hassen
und dem Bruder die Hand zu reichen,
das ist Solidarität.

Sich selbst in einen Boten zu verwandeln,
sich ehrlich und brüderlich umarmen,

dem einen wie dem anderen Volk Frieden bringen,
das ist Solidarität.

Nach Gefahren im Kampfe streben,
um in Gerechtigkeit und Freiheit zu leben,
in Liebe das Leben aufs Spiel setzen,
das ist Solidarität.

In Liebe das eigene Leben geben
ist der Freundschaft größtes Streben,
ist Leben und Sterben mit Jesus Christus,
Er ist Die Solidarität.

(Assisi, Dezember 1983)

THEOLOGIE DER SOLIDARITÄT

Solidarisch sein bedeutet dieselben Risiken und Gefahren wie der notleidende Bruder auf sich nehmen.

Es gibt verschiedene Stufen der Solidarität. Gewöhnlich zeigt sich das Volk in einem ersten Augenblick solidarisch aus einem Gefühl des Mitleids ... Auf einer zweiten Stufe erwächst Solidarität aus einem wachen Bewußtsein. Das ist das Ergebnis der Überlegung, einer Analyse, die die Gründe, und zwar nicht nur die zufälligen, sondern die ursprünglichen Gründe der Unrechtssituation entdeckt. Auf diese Weise entdeckt das Volk die sozialen, politischen und wirtschaftlichen und auch die religiösen Strukturen, die ständig fundamentale Menschenrechte verletzen. Es herrscht eine systematische Verletzung der Menschenrechte.

Ein drittes Niveau der Solidarität kommt aus dem christlichen Glauben. Der Glaube gibt der Solidarität und einem solidarischen Leben eine ganz besondere Kraft, die die Demokratisierung der Verteidigung der Menschenrechte in eine Solidarität verwandelt.

In diesem Prozeß der Solidaritätsbildung vom Mitleid zum Bewußtsein und zur Solidaritätshaltung aus Glauben wird die Verletzung der Menschenrechte nicht nur als ein Unfall der Demokratie, sondern als System aufgedeckt.

Allmählich entdecken wir auch eine eigene Theologie der Solidarität. Theologie spricht von Gott, sie erforscht die Gedanken Gottes und sein Handeln. Wenn wir die Bibel lesen, entdecken wir einen solidarischen Gott. Im Alten Testament zeigt sich Gott solidarisch mit dem leidenden Volk. Viele Zeichen dieser göttlichen Solidarität entdecken wir im Alten Testament. Gott ist gegen Unterdrückung, Ausbeutung, Leid, Hunger und Elend. Dagegen stehen die Propheten auf.

Die Aufgabe des Propheten ist, hinauszuschreien, was Gott ihm eingibt. Der Prophet ist der Sprecher von Gottes Plänen und Gedanken, er klagt über seine Ablehnung und Entwürdigung, er klagt die Beleidigung des Menschen durch andere an. Je nach Sprachgewalt und Temperament zeigt der Prophet seine Ablehnungshaltung und seine Verurteilung der Unrechtssituation und führt Anklage gegen sie. Der Weg der Befreiung des Volkes Israel aus der Sklaverei in Ägypten geht über das »Hören«, »Sehen«, und »Kennen« Gottes, kommt zu seinem Handeln des »Herabsteigens« (Ex 3), Gott erweist sich solidarisch mit seinem schreienden, wimmernden und rufenden Volk und erhört es. Moses wird der Prophet und Führer dieser Befreiung. »Ich bin mit Dir«, ist Gottes Solidaritätsversprechen.

Im Neuen Testament zeigt Gott seine Solidarität noch stärker. Das »ich bin mit Dir« wird zur Menschwerdung des Sohnes Gottes, wie sein Name Emmanuel, Gott mit uns, sagt. Gott stieg in der Person Jesu Christi herab.

Die Predigt Christi ist das Evangelium. Christus ist *der* Prophet schlechthin. »Wehe euch, ihr Reichen«, »ihr Heuchler«, »selig ihr Armen«. Die Predigt Jesu ist konsequenterweise Anklage. Seine Praxis ist Solidarität. Seine Wunderzeichen sind Ausdruck dieser Solidarität. Der höchste Ausdruck seiner Solidarität ist die Hingabe seines Lebens. Das ist die Solidarität bis zum Äußersten. Das ist »der Gott mit uns«, es ist ein Gott der Armen, ein Befreier-Gott, ein solidarischer Gott. Das Reich Gottes, das Zentrum der Botschaft Christi, das er gegen das Reich der Menschen predigt, verkündet ebenfalls die Solidarität. Das Reich Gottes ist die Utopie des Christen.

Wir sind überzeugt, daß die Macht Gottes sich im Kleinen und Unbedeutenden, im Armen zeigt. In Erfüllung unseres christlichen Auftrags der Solidarität legen wir unsere Hoffnung in diesen Machterweis Gottes.

(Vortrag vor den Christlichen Komitees der Solidarität, Riobamba – Santa Cruz, 28. Juni 1984)

FRIEDE DURCH GERECHTIGKEIT

FRIEDE UND ARMUT

Wenn wir Frieden in der Welt wollen, in unserem geliebten Ecuador und in Lateinamerika, dann müssen wir die Idee der evangelischen Armut in die Praxis umsetzen. Es ist ein Freiwerden von materiellen Gütern, von Geld, Landbesitz, Hausbesitz, von Bankaktien, von all dieser Menge Sachen, die eine Anhäufung von materiellen Gütern bedeutet. Das verlangt auch Abschied vom Stolz, vom eigenen Hochmut, vom Egoismus, vom Neid. Die Überwindung all dessen führt zu einer tiefen und echten Bescheidenheit. Dann fangen wir an, Brüder zu werden, auf diesem Weg können wir das, was Bruderliebe besagt, lernen und ausüben.

(aus La Paz se hace compartiendo, 1985, S. 4)

SOZIALER FRIEDE

Der Kampf ist noch lang, wir können den Frieden nicht durch einen bloßen Wunsch zum Frieden gewinnen; wir müssen uns anstrengen, um zu begreifen, worin zuallererst der Friede, die Harmonie, die Versöhnung unter den Menschen bestehen. Jesus sagt: »Meinen Frieden gebe ich euch, meinen Frieden hinterlasse ich euch, aber nicht, wie die Welt ihn gibt.« Der Friede der Welt ist oft ein Ersticken der Stimme des Menschen; er wird durch Terror vor Angst und Strafe und durch den Tod auferlegt. Das ist kein Friede.

Wir müssen arbeiten für den echten Frieden, indem wir uns auf den Weg machen, die soziale Gerechtigkeit in die Tat umzusetzen. Die soziale Gerechtigkeit gibt uns als ihre Frucht den Frieden; wenn alle Menschen, die durch Jahrhunderte hindurch gedemütigt wurden, deren Menschenwürde mit Füßen getreten wurde, die am eigenen Leib die Verletzungen der fundamentalen Menschenrechte erlebt haben, Wiedergutmachung erfahren, wenn die Menschenrechte respektiert werden, dann tritt die Harmonie ein, dann fühlen wir uns als Brüder, einer wie der andere, dann helfen wir uns gegenseitig, und dann stiftet jeder seinen Beitrag zum Frieden nach den Talenten, die ihm der Herr verliehen hat. Auf diese Weise leisten wir einen Beitrag, auf daß in der Welt der wahre Friede herrsche.

(Rede vor dem Verfassungsgericht, Quito, 1985)

ARMUT UND FRIEDE

Um den offenen Graben zwischen Reichen und Armen zu schließen, gibt es keinen anderen Weg als ein Leben nach der evangelischen Armut. Friede wird aus der evangelischen Armut geboren... Wenn Herrschsucht und Machtgier verschwinden, hören Ausbeutung, Ungerechtigkeit und Lebensangst auf, und es käme der Friede. Dann herrschte eine echte und tiefe Versöhnung unter den Menschen und der Menschen mit der Erde und mit Gott; denn nur eine Versöhnung bringt einen wahren Frieden in Freude. Um zu diesem Frieden zu gelangen, muß man bei der evangelischen Armut anfangen.

(Handschriftliche Botschaft für Rosner, 1985)

FRIEDE – FRUCHT DER WAHRHEIT

Was ist Friede? Besteht der Friede nur in gekreuzten Armen, im braven Sitzenbleiben, wenn wir uns unbeteiligt, unbesorgt, interesselos zeigen? Besteht der Friede im Stumm-machen von Proteststimmen? Das kann doch wohl kaum Friede genannt werden.

133

Die Bitte eines Volkes, das Hunger hat, das Gerechtigkeit und Freiheit fordert, zum Schweigen zu bringen durch Einschüchterungsmethoden und Gewalt, soll das vielleicht Friede sein?

Nein und tausendmal nein. Der Friede ist Frucht des Dynamismus, der Aktion, des Kampfes um Gerechtigkeit, auf daß die Menschen ihre Rechte zufriedengestellt sehen: ihr Recht auf Leben, auf Arbeit, auf Freiheit. Dann wird es Frieden geben.

Es kann keinen wahren Frieden geben, solange Ungerechtigkeit, Folterung und Verletzung fundamentaler Menschenrechte herrschen. Friede ist allein Frucht und Wahrheit, wenn die Wahrheit in Wort und Tat zum Sieg gelangt.

Seien wir ehrlich, auf daß die anderen sehen, was wir denken und fühlen. Bleiben wir wahrheitsliebend. Lernen wir, gerecht zu sein.

(Film »Los Arboles que sembraste«, 1985)

FRIEDENSPREIS

Wenn sie mir den Friedensnobelpreis verleihen, dann möchte ich, daß die Ehre dem ecuadorianischen Volk gebühre und nicht meiner Person; ich werde nur meinen Namen dem ecuadorianischen Volk leihen, auf daß es als armes Volk, als christliches Volk, als ein Volk, das fähig ist, den Frieden zu bauen, anerkannt und geehrt werde.

Ich habe niemals den Ehrgeiz gehabt, für einen Preis zu arbeiten. Wenn ich mich im Herzen frage, verspüre ich eine Beunruhigung, ja eine gewisse Angst vor dem Preis.

Ich danke euch für euren Enthusiasmus; aber ich möchte ihn zu gleicher Zeit auf etwas viel Dauerhafteres hinlenken. Ja, ihr habt es schon in einigen eurer Reden angedeutet... Was ich für wahrer, tiefer und dauerhafter halte, ist das Engagement für die Befreiung der Unterdrückten. Das ist der tiefe Grund, die Sache, die Aufgabe, der Auftrag, der uns alle vereinen muß. Es handelt sich um eine heilige Sache, für die es sich lohnt, Ruhe, Zeit, Sicherheit, ja selbst das Leben zu opfern.

Was bedeutet es, ob man den Nobelpreis gewinnt oder nicht?

Wenn wir ruhig nachdenken, können wir den Preis für eine Ehrung halten, als einen Akt der Gerechtigkeit verstehen, wie mir einige sagten, als eine Belohnung für geleistete Arbeit... Bei all dem frage ich mich, was ist wichtiger, daß hierher ein Preis von höchster Kategorie komme oder daß wir Baumeister des Friedens uns vermehren und die heilige Verpflichtung übernehmen, eine gerechte Gesellschaft aufzubauen?

(Rede vor Jugendlichen, Santa Cruz, Kampagne für Friedensnobelpreis, 1985)

Evangelisierung der Kirche

Proaño widmete seine ganze Kraft der Reform und der Bekehrung der Kirche. Er wollte sie nach dem Ideal des Evangeliums gestalten. Er war der große Evangelisator der Kirche.

Sein prägendes Kirchenerlebnis erfuhr er auf dem Konzil; hier entdeckte er die Kirche als Gemeinschaft. Davon sprechen seine Interventionen in der Konzilsaula. Sein Einsatz als CELAM-Bischof für die Pastoral galt der konziliaren Erneuerung in Lateinamerika.

Proaño ist ein glaubwürdiger Vertreter der »Kirche der Armen«. Von Johannes XXIII. zum Konzilsthema gemacht, wurde sie in Medellin und Puebla zum Identitätszeichen der lateinamerikanischen Kirche. Proaños Erfahrungen mit den Armen haben bis heute nichts an Aktualität eingebüßt. Das Ideal der evangelischen Armut wurde für ihn ein Weg zur Befreiung.

In den Basisgemeinden fand das arme Volk seine Form, Kirche zu sein. Und der Bischof Proaño lernte von den Armen. »Die Armen evangelisieren uns«, das ist das Bekenntnis der Bekehrung.

Proaño hat im Schoß der Kirche evangelisiert; sein Ideal war eine »lebendige Kirche«, eine »befreiende Kirche«.

Die Kirche von Riobamba bezog in der »Befreiung für den konkreten Menschen von Chimborazo« politische Position, die zum Konflikt führte. Aus der weltbekannten Konfrontation von 1976 stammt die Verkündigung des »subversiven Evangeliums« vom »subversiven Christus«, von der »subversiven Kirche« und von der »Revolution Christi«.

Proaño evangelisierte nicht nur nach innen, in die Kirche, er wußte auch, wie die Kirche nach außen, in die Gesellschaft evangelisieren konnte.

137

KONZILIARE ERNEUERUNG

BERUFUNG ZUR GEMEINSCHAFT

Der Herr hat mich im Leben entdecken lassen, welches ganz wesentlich seine Pläne sind: die Berufung zur Gemeinschaft, zu der er alle Menschen ruft. Die Sünde jedoch zerstört immer wieder Gottes Plan: Egoismus, Rivalitäten, Ambitionen, Haß, Neid, Ungerechtigkeit, Lüge, Täuschung, Verleumdung. Christi Sendung war von Grund auf orientiert an der Wiederherstellung von Gottes Plan in der Welt: Das Reich Gottes beginnt als Gemeinschaftserlebnis hier auf Erden, um im Himmel seine Vollendung zu erreichen. Die Sendung der Kirche in der Nachfolge der Mission Christi ist: Zeichen zu sein und Zeugnis zu geben von diesem Gemeinschaftserlebnis inmitten dieser zerrissenen Welt.

(Selbstbiographie, 1976, S. 93)

IDEALE: BEKEHRENDE KIRCHE, GERECHTERE GESELLSCHAFT

Wir arbeiten auf ein letztes Ziel hin, auf das Reich Gottes. Innerhalb dieses Konzeptes vom Reich Gottes arbeiten wir darauf hin, daß die Kirche sichtbares Zeichen Gottes in der Welt sei, . . . denn die Kirche muß sich auferbauen nicht als Selbstzweck, sondern für den Dienst an der Welt. Unsere Pflicht ist es also, für eine gerechtere, menschlichere, wahre Gesellschaft zu arbeiten, auf daß sie Zeichen dieses Gottesreiches werde.

(Selbstbiographie, 1976, S. 93 f)

KONZILIARE ERNEUERUNG UND BEKEHRUNG

Strukturwandel von Klerus und Kirche
Was den Wandel der Kirchenstrukturen betrifft, wäre einiges zu sagen. Bislang waren die Strukturen der Diözese charakterisiert weniger durch Pastoral als vielmehr durch reine Verwaltung; statt

dynamisch zu sein, waren sie eher juridisch und statisch; sie zeigten sich eher ängstlich, in sich verschlossen und defensiv, denn als offen, mutig und missionarisch; sie waren eher individualistisch als gemeinschaftlich ausgerichtet.

Wandel von Zielen, Methoden und Lebensstil
In Zukunft sollen sich die Ziele der Pastoral wie folgt kennzeichnen: Bevor wir Sakramente spenden, müssen wir evangelisieren; wir sollten den 99 verlorenen Schafen nachgehen, ohne das eine, das im Stall geblieben ist, zu vernachlässigen; die Formung und Erziehung christlicher Gemeinschaft hat Vorrang, um die Pfarrgemeinde lebendig zu gestalten, um eine Gemeinschaft auf Diözesanebene zu schaffen, um sie mit der weltweiten kirchlichen Gemeinschaft zu verbinden.

Bisher bestand die Pastoral im Rufen und Warten, auf daß die Gerufenen kämen, in Drohungen ausstoßen gegen die, die nicht kamen, und im Drängen auf eine Erfüllung der Kirchengebote, wie der Sonntagspflicht, der Osterpflicht und des Sakramentenempfangs.

Die Pastoral glich eher der Erwartungshaltung einer Lotterie, sie war eher auf eine gute Sterbestunde ausgerichtet als auf den festen Willen, täglich ein gutes Leben zu erreichen.

In Zukunft müssen wir selbst hinausgehen, um die Menschen vor Ort zu erreichen, wo sie leben und arbeiten. Wir müssen Liebe pflanzen, die einzige Kraft, die fähig ist, die in reiner Höflichkeit erstarrte Maske zu brechen und ein reines Gebotechristentum zu überwinden, damit der Same des Gotteswortes wachse und aufgehe. Wir müssen die Hoffnung nähren, diese theologische Tugend, die Gott allein in Fülle besitzt.

Bislang war unser Lebensstil eher statisch als dynamisch, wir waren eher Verwalter als Seelenhirten, unser Charakter glich mehr einem Kampfgeist als einer Einladung; wir waren eher große Bauherren von Gebäuden und materiellen Werten als Baumeister einer lebendigen Kirche.

Mentalitätswandel

Der aufgezeigte Wandel von Strukturen, Zielen, Methoden, einschließlich des Lebensstiles nützt überhaupt nichts, die ganze konziliare Erneuerung, sichtbares Werk des Heiligen Geistes, bleibt umsonst, wenn wir nicht unsere Mentalität und unser Tun wandeln, um die Dinge anders zu sehen, um mit Ehrlichkeit und nicht mit bloßer Fiktion zu handeln, mit Eifer und nicht mit kühler Berechnung, aus Treue und nicht aus Furcht. Mentalität und Handeln in der konziliaren Erneuerung zu wandeln, kommt einer Bekehrung gleich.

(Sog. »roter Brief« – wegen der Tinte – an die Priester von Riobamba, 15. Juni 1966, der die konziliare Reform einleitete und zum Teil auf Widerstand stieß)

SCHWIERIGKEITEN DER KONZILIAREN KIRCHENREFORMEN

Frustration

Es bedeutet eine Versuchung, in die viele Priester und Nonnen gefallen sind, ... zu meinen, es sei besser, die kirchlichen Strukturen zu verbessern und dabei zu denken, es sei leichter, als Christ von außen für die Erneuerung der kirchlichen Strukturen zu arbeiten. Für die Laien ist es ebenfalls eine Versuchung, der Kirche den Rücken zu kehren, in der Annahme, sie könnten mit einem unabhängigen christlichen Engagement kämpfen. In Wirklichkeit haben viele christliche Laien ihren Glauben abgelegt und sich fremden Ideologien ergeben.

Die Erfahrung lehrt uns, wenn Priester und Nonnen die kirchlichen Strukturen von außer her verbessern wollen, fallen sie schnell unter die Beherrschung und den Druck des gesellschaftlichen und wirtschaftlichen Systems, das sich in unseren Ländern zu einem System der Sünde verhärtet hat. Aus der simplen Notwendigkeit, einen Brotberuf zu suchen, nehmen sie einen Posten im System ein, das sie sehr schnell annulliert. Sie haben bestimmte Strukturen verlassen und sind unter die Herrschaft anderer gefallen. Sie kritisieren bestimmte Strukturen, und nachher sind sie zu Sklaven anderer, noch härterer geworden. Ihre Existenz hat sich in ein Gegenzeugnis verwandelt. Ihre Erwartungen bleiben frustriert.

Resignation
Es gibt aber auch eine andere Versuchung. Viele Priester, Nonnen und Laien, auch wenn sie nicht die kirchlichen Strukturen verlassen und der Kirche den Rücken kehren, entschließen sich – aufgerieben von einer Reihe von Fällen von Unverständnis und Verfolgungen – für eine passive und fatalistische Haltung. Sie bleiben zwar in der Kirche, aber ihre Erschlaffung ist groß, daß sie nichts mehr hinterfragen; alles nehmen sie mit Gleichgültigkeit an, sie suchen einzig und allein eine egoistische Beruhigung. Ihr Leben ist sehr mittelmäßig. Sie erhöhen nur die Zahl der apathischen, passiven und schwächlichen Christen.

Renovation von innen
Ich halte dafür, unser Glaube nimmt uns in Pflicht, von innen her zu arbeiten, um die Enttäuschungen zu überwinden. Es bleibt eine Illusion zu glauben, man würde zur Erneuerung der Kirche von außen her einen Beitrag leisten zu können.

Zweifelsohne müssen die kirchlichen Strukturen verändert werden. Ein Vergleich mit der Natur hilft uns. Wie ein Baum sich an den Jahresringen sichtbar alljährlich von innen her erneuert, so auch die Kirche . . .

Wir dürfen auch nicht vergessen, daß die Kirche in der Welt ist. Das heißt hier und heute und ganz konkret, die Kirche ist inmitten der kapitalistischen Welt, in dieser Welt der Sünde. Die Kirche besteht aus Menschen, und so neigt sie dazu, sich von der Welt anstecken zu lassen, und übernimmt die typischen Krankheiten der Welt. Der Weg der Lösung liegt in einem immer tiefergehenden Leben aus dem Glauben . . . Das Evangelium bringt eine Forderung. Erinnern wir uns, daß der nicht taugt für das Reich Gottes, der zurück will, nachdem er die Hand an den Pflug gelegt hat.

(Radioprogramm Heute und Morgen, 31. Januar 1975, Wohin steuert die Kirche?)

DREI KONZILSINTERVENTIONEN
VON 1964

Beiderseitiges Kennen von Hirt und Herde
Im gegenwärtigen Text des Schemas fehlt eine Erklärung über
die eigenen Pflichten des Bischofs und die Notwendigkeit, seine
Schafe zu kennen. Eine tiefergehende Kenntnis verschiedener
Lebensbedingungen ist notwendig. Der Bischof muß seinen eigenen Gläubigen auch in der sozialen Bewegung folgen, die unsere
Zeit kennzeichnet. Er benötigt vor allem eine eher dynamische
als statische Einstellung. Auch die Gläubigen sollen ihren Hirten
kennen und mit ihm ihre vielen Erkenntnisse teilen, die sie
durch ihre persönliche Stellung in Beruf und Leben erworben
haben, um sie für das Leben der Kirche fruchtbar zu machen.
Daher ergibt sich die Notwendigkeit, einen echten Dialog zwischen Hirten und Herde einzurichten. Die Kirche Christi ist für
alle Menschen bestimmt, und der Bischof muß daher auch hinausgehen zu den Nichtgläubigen und den Nicht-Praktizierenden,
um ihnen zu begegnen.

*(Intervention vom 22. September 1964 zum Schema über die Hirtenaufgabe der Bi-
schöfe)*

Vergleiche Nr. 16 des *Dekrets über die Hirtenaufgabe der Bischöfe:*
»Bei der Erfüllung ihrer Vater- und Hirtenaufgabe seien die Bischöfe in der Mitte der
Ihrigen wie Diener, gute Hirten, die ihre Schafe kennen und deren Schafe auch sie ken-
nen ...«

Die Durchführung des Konzils hängt vom Priester ab
Es ist zu beklagen, daß das Konzil nicht ausführlicher über die
Priester spricht. Es wäre nötig gewesen, dem Priester ein ganzes
Kapitel in der Kirchenkonstitution zu widmen. Elemente der
Theologie des Priestertums finden sich verstreut in den verschiedenen Schemata. Das vorliegende Schema bietet einige Vorschläge
ohne Koordination, und es fehlen Licht und Leben. Der Teil,
welcher das geistliche Leben der Priester behandelt, die zum pastoralen Dienst geweiht sind, weist erhebliche Lücken auf. Die

Durchführung des Konzils hängt doch vor allem vom Priester ab! Es ist notwendig, das Gleichgewicht zwischen Aktion und Kontemplation zu betonen und genau zu bestimmen, denn ohne dies wird alle apostolische Initiative starr. Zu loben ist der Vorschlag, der Einrichtungen für die pastorale Weiterbildung vorsieht; in Lateinamerika haben die Organisationen des CELAM positive Ergebnisse in diesem Vorhaben erzielt.

(Intervention vom 14. Oktober 1964 zum Schema über Dienst und Leben der Priester)

Vergleiche Nr. 19 des *Dekrets über Dienst und Leben der Priester:*
»Damit die Priester um so williger den Studien obliegen und sich gründlicher die Methoden der Evangelisation und des Apostolats aneignen, sollen ihnen in jeder Weise geeignete Hilfsmittel bereitgestellt werden. Dazu gehören, entsprechend den Bedingungen des Landes, die Veranstaltungen von Kursen oder Kongressen, die Einrichtung von Zentren für pastorale Studien, der Aufbau von Bibliotheken und eine angemessene Leitung durch geeignete Persönlichkeiten. Außerdem sollen die Bischöfe einzeln oder gemeinsam nach geeigneten Möglichkeiten suchen, daß ihre Priester... Kurse besuchen, die ihnen Gelegenheit bieten sowohl zur besseren Kenntnisnahme der Seelsorgmethoden und der theologischen Wissenschaft wie auch zur Stärkung ihres geistlichen Lebens und für einen seelsorglichen Erfahrungsaustausch mit ihren Brüdern.«
Als verantwortlicher erster CELAM-Bischof für die Pastoral hat Proaño unzählige Pastoralkurse gehalten und das IPLA, das lateinamerikanische Pastoralinstitut, zur Verwirklichung der konziliaren Erneuerung ins Leben gerufen.

Recht auf Bildung und Kultur

Es ist nowendig, dem Problem der Grunderziehung größere Aufmerksamkeit zu schenken angesichts der Plage des Analphabetentums in bestimmten Kontinenten. Unsere Epoche, welche durch die größte Verbreitung der Kultur gekennzeichnet ist, vergißt häufig die Millionen von Personen, die nicht lesen und schreiben können... Die Statistiken bieten ein beachtenswertes Bild ganzer Völker, welche die Gabe der Kultur erbitten... mit der gleichen Dringlichkeit und dem gleichen Recht wie jene, die um Brot bitten. Das Schema müßte ausdrücklich diesen lebendigen Wunsch der Völker erwähnen.

(Intervention vom 4. November 1964 zum Schema XIII über die Kirche in der Welt von heute)

Vergleiche Nr. 60 von *Gaudium et spes*:

»Da jetzt die Möglichkeit gegeben ist ,die meisten Menschen aus dem Elend der Unwissenheit zu befreien, ist dafür Sorge zu tragen, daß die Kulturgüter in ausreichendem Maße allen zugänglich sind, vor allem jene, die die genannte Grundkultur ausmachen, damit nicht weiterhin ein großer Teil der Menschheit durch Analphabetismus und Mangel an verantwortlicher Eigeninitiative von einer wahrhaft menschlichen Mitarbeit am Gemeinwohl ausgeschlossen wird.«

IMPULSE VON MEDELLÍN

Gemeinschaftspastoral und befreiende Evangelisierung

Für die Bischofskonferenz von Medellín gehörte ich zur Leitung des CELAM, ich war damals Präsident der Abteilung »Gemeinschaftspastoral« (pastoral de conjunto). In dieser Eigenschaft nahm ich an den Vorbereitungen der Konferenz von Medellín teil. Ich glaube, es ist nötig, daran zu erinnern, daß die Konferenz von Medellín zurückgeht auf eine Initiative des chilenischen Bischofs Manuel Larraín, damaliger CELAM-Präsident. Die Konferenz beabsichtigte, das Konzil auf die lateinamerikanische Wirklichkeit anzuwenden.

Der Impuls, den ich persönlich in Medellín empfing, war die Förderung der Gemeinschaftspastoral; in Medellín betonte man sehr den Gemeinschaftscharakter der Kirche; in Medellín wurden die kirchlichen Basisgemeinden aus der Taufe gehoben. Das war und ist ein erster Anstoß für meine pastorale Tätigkeit.

Der zweite Impuls ist die befreiende Evangelisation, die befreiende Erziehung. Dieser Aspekt gab mir einen tiefen Anstoß, und in gewisser Weise vereinigte er sich mit einer heilsamen Unruhe, die wir hier in der Diözese durch das Bekanntwerden und das Studium der Bücher von Paulo Freire verspürten.

Diese zwei großen Aspekte von Medellín spiegelten sich wieder in unserer Pastoralplanung, die Gemeinschaftspastoral und die befreiende Evangelisation; diese zwei Hauptziele nahmen wir uns für die Zukunft vor. Die ganzheitliche Befreiung des konkreten Menschen von Chimborazo ist das erste Ziel; das zweite der Aufbau einer Kirche als Gemeinschaft, die sich der Befreiung des Menschen verpflichtet weiß. Das waren die zwei Hauptimpulse, welche ich von der Konferenz von Medellín empfing und die dann in der

144

Pastoral der Diözese von Riobamba Gestalt annahmen in Planung und Verwirklichung.

(Interview für P. Rosner, 1983)

PROAÑOS PUEBLA-ERINNERUNG

Ringen um Treue zum Evangelium und zum Volk
Kam der befürchtete Rückschritt auf der Konferenz von Puebla zum Durchbruch? Ich glaube nicht; man tat einen Schritt nach vorn. Ein befreundeter Bischof gab zum Schluß den aufschlußreichen Kommentar: »Medellín war ein Sprung nach vorn, Puebla ein Schritt nach vorn. Die Kirche kann nicht immer Sprünge machen. Wir müssen zufrieden sein.«

Die intensive Arbeit einer Minorität von Bischöfen half viel, einen Schritt nach vorne zu tun, um Lücken zu schließen und Zweideutigkeiten zu vermeiden. Sie taten alles, was in ihrem Einfluß stand, um die Treue zum Evangelium und zum Volk zu wahren.

Was ist unsere Aufgabe nach der Puebla-Konferenz?

Die Organisatoren von Puebla konnten nicht verhindern, daß die Mystik der Befreiung von Medellín weiterhin die Dokumente von Puebla inspirierte und dynamisierte. Sie führten jedoch eine neue Leitidee der Gemeinschaft und Teilhabe (comunión y participación) ein. Diese aber kann sich nicht verwirklichen und lebendig werden, solange nicht eine authentische Befreiung errungen wird.

Puebla tat einen Schritt nach vorne in seiner bevorzugten Option für die Armen. Dieses Thema durchzieht das ganze Dokument.

Wie werden wir auf die zwei widerstrebenden Tendenzen in Puebla reagieren? Es gibt keine andere Reaktion als die Suche nach der Treue zum Evangelium. Ist das Evangelium befreiend oder nicht? Sollen wir ein lebensfremdes Evangelium verkünden oder ein lebensnahes, das Christus selbst ist, das fleischgewordene Wort Gottes, der in unsere menschliche Realität eingetaucht ist, um uns Menschen von allen Versklavungen zu erlösen.

Die Treue zum Evangelium verlangt die Treue zum Volk, weil

Christus seine Heilsmission von der Armut und vom Volk aus entfaltete.

(Vortrag in Riobamba, Mai 1979, in: Encuentro de Riobamba, Lima, 1979, S. 20 ff)

PUEBLA – GESICHTER DER ARMUT IM LEIDENSANTLITZ CHRISTI

Die äußerste allgemeine Armut nimmt im täglichen Leben sehr konkrete Züge an, in denen wir das Leidensantlitz Christi, unseres Herrn, erkennen sollten, das uns fragend und fordernd anspricht in

– den Gesichtern der Kinder,
– den Gesichtern der jungen Menschen,
– den Gesichtern der Indios,
– den Gesichtern der Campesinos,
– den Gesichtern der Arbeiter,
– den Gesichtern der Arbeitslosen,
– den Gesichtern der Marginierten,
– den Gesichtern der Alten.

(Puebla-Dokument Nr. 31–39 aus der Feder Proaños, des verantwortlichen Redakteurs, meistzitierte Stelle des Dokuments)

KIRCHE DER ARMEN

REICHE UND ARME KIRCHE IN LATEINAMERIKA

Man kann behaupten, daß es in der Kirche Lateinamerikas zwei verschiedene Verhaltensweisen gegenüber den Armen gibt: hier eine reiche Kirche, die mit den Reichen zusammenhält, und dort eine arme Kirche, die auf der Seite der Armen steht.

Eine reiche Kirche, die es mit den Reichen hält
Es gibt die Verhaltensweise einer Kirche, die konservativ ist, materielle Güter, Privilegien und Auszeichnungen sammelt, Verträge

abschließt und Beziehungen pflegt zu denen, die die wirtschaftliche und politische Macht in der Hand haben und die Prestige besitzen...

Die modernisierende Verhaltensweise, die sich für fortschrittlich hält, ist gefährlich, denn sie beruhigt sich selbst und beschwichtigt die Armen und steht dabei immer im Dienst des Status quo.

In dieser reichen Kirche zählen die Armen wenig, sie werden als Minderwertige behandelt, als Kinder, die man an der Hand führen und ständig mit mütterlicher Sorge umgeben muß. Die Autorität wird von oben nach unten ausgeübt, und die Stimme des Volkes besitzt keinen Wert und wird auch nicht gehört. Die Regierungen in Lateinamerika, die der Ideologie der Nationalen Sicherheit anhängen, lieben und begünstigen eine solche Kirche; denn sie arbeitet erfolgreich mit, das Volk unbewußt und in Abhängigkeit, als unförmige, plumpe und daher auch schweigende, passive und ungefährliche Masse zu halten.

In dieser Kirche ist »Ordnung« etwas Heiliges und Unberührbares, darf der »Friede« weder durch Worte noch durch Taten, die Gerechtigkeit fordern, gestört werden; denn sie identifiziert Frieden mit der gefestigten Ordnung. Besonders, wenn diese Kirche meint, modern zu sein, hängt sie einem Entwicklungsmodell an, das von den wirtschaftlich reichen Ländern importiert wurde, und vergißt, daß die reichen Länder auf Kosten der armen Länder reich sind. Sie versteht »Erziehung« auf zweierlei Weise. Die Erziehung der jungen Leute und Erwachsenen aus den privilegierten Schichten soll diese vorbereiten auf die Aufrechterhaltung einer Gesellschaft, in der es immer Herrschende und Beherrschte, Reiche und Arme geben wird. Geht es um das Volk, dann ist »Erziehung« ein Mittel, damit dieses Volk die herrschenden Normen verinnerlicht und sich ihnen anpaßt. Diese Kirche will den Glauben als eine Reihe von Dogmen auferlegen, denen man zu glauben hat, als eine Serie religiöser Praktiken und frommer Übungen, die einzuhalten sind, um das Heil zu erreichen. Unkritisch heißt sie jede Form der Volksfrömmigkeit gut, und sie weigert sich, in den Menschen einen Glauben zu wecken, der ein Engagement für Christus und seine Sendung, die Welt zu erneuern, sein würde. Diese Kirche mißtraut jeder Organisation des Volkes und ist ihr feindlich gesonnen. Sie verwirft sogar ihre Mitglieder, ihre Kinder, die es gewagt haben, ohne ihre Zustimmung daran teilzunehmen.

Aber die Armen haben auch ihre Haltung einer solchen konservativen und modernisierenden Kirche gegenüber. Sie ist ihnen fremd, steht ihnen fern, ist eine Institution wie so viele andere, die man bei Gelegenheit für den einen oder anderen religiösen Service in Anspruch nimmt, der man aber nicht angehört. Sie fühlen sich nicht als Mitglieder einer solchen Kirche, sie haben Angst vor ihr; denn sie wissen, daß diese Kirche reich ist und es mit den Reichen hält. Sie können in dieser Kirche keinen Christus entdecken, der arm war und Freund der Armen und Sünder. Einer solchen Kirche kehren sie schließlich den Rücken und wenden sich von ihr ab.

Eine arme Kirche, die auf der Seite der Armen steht
Wie verhält sich die Kirche in Lateinamerika heute gegenüber den Armen?

In dem Abschnitt »die vorrangige Entscheidung der Kirche für die Armen« gibt uns die Konferenz von Puebla eine Antwort auf diese Frage. Sie schreibt: »In der Kirche Lateinamerikas haben wir uns nicht genügend für die Armen eingesetzt, nicht immer waren wir um sie besorgt und mit ihnen solidarisch.«

Wenn wir uns in Lateinamerika nicht alle genügend mit den Armen identifiziert haben, dann haben doch wenigstens einige von uns das getan. Wir wollen hier die andere Seite der Medaille besehen: eine arme Kirche, die auf der Seite der Armen steht, weil sie von den Armen aus aufgebaut wird.

In Medellín legte die Kirche ein öffentliches Schuldbekenntnis ab mit den Worten: »In der Situation der Armut und des Elends, in der der größte Teil des lateinamerikanischen Volkes lebt, haben wir Bischöfe, Priester und Ordensleute das Nötige zum Leben und eine gewisse Sicherheit, während den Armen das Notwendigste fehlt und sie in Angst und Unsicherheit leben. Es gibt genügend Fälle, in denen die Armen fühlen, daß ihre Bischöfe oder ihre Pfarrer und Ordensleute sich nicht wirklich mit ihnen, mit ihren Problemen und Ängsten identifizieren und daß sie nicht immer diejenigen unterstützen, die mit den Armen arbeiten oder sich für sie einsetzen« (Armut der Kirche 27).

Als Frucht dieses Schuldbekenntnisses von Medellín entsteht in Lateinamerika eine Kirche, die unterwegs ist zur Armut und zu einem immer tieferen Engagement mit den Armen.

Man kann nicht daran zweifeln, daß viele sich wegen ihres Glaubens auf dieses gefährliche Abenteuer der Solidarität mit den Armen eingelassen haben.

Diese Kirche sieht in den Armen die bevorzugten Freunde des Herrn, die möglichen authentischen Verkündiger des Evangeliums in einer Welt voller Materialismus und Unrecht sowie diejenigen, die am meisten bereit sind, das Evangelium anzunehmen, danach zu leben und es als Licht und Zeugnis inmitten der Welt auszustrahlen.

Die etablierten Mächte aber, die sich auf die Ideologie und die Gesetze der Nationalen Sicherheit stützen, sehen Menschen mit einer solchen Auffassung von Kirche nicht nur mit Mißtrauen an, sondern reagieren ihnen gegenüber mit feindlicher Aggressivität. Eine ganze Reihe raffinierter Verfolgungsmaßnahmen haben sie in Gang gesetzt. Sehr geschickt legen sie sich nicht mit der ganzen Kirche als solcher an, sondern sie isolieren bestimmte Mitglieder der Kirche, um sie besser bezichtigen und verleumden zu können und sie auf diese Weise physisch oder moralisch zu vernichten. Es geht dann immer um Angehörige der Kirche, die sich für die Armen entschieden haben.

Puebla hat diese Tatsachen wahrgenommen: »die prophetische Anklage der Kirche und ihr konkretes Engagement für die Armen haben ihr in nicht wenigen Fällen Verfolgung und Quälereien jeder Art eingebracht. Die Armen selbst waren die ersten Opfer solcher Quälerei« (Die vorrangige Entscheidung der Kirche für die Armen Nr. 1138).

Auch die Armen bringen ihre Gedanken über eine solche Kirche, die auf ihrer Seite steht, zum Ausdruck. Unter vielen Zeugnissen erwähnen wir folgendes: »Der Arme fühlt sich als echtes Mitglied der Kirche und wirkt unmittelbar mit an den Entscheidungen, die sein soziales und religiöses Leben verbessern sollen. Die Kirche befreit den Menschen von den negativen Aspekten der Volksreligiösität und führt ihn auf den Weg zu einem Glaubensleben, das tief, stark und authentisch ist. Es entsteht ein Geist der Solidarität mit denen, die der Gerechtigkeit wegen leiden.« So lautete in Riobamba 1979 die Antwort einer Gruppe von Christen aus dem Volk (Asambleas cristianas de Cuaresma) auf die Frage: »Welche Änderung kann man in der Haltung der Kirche gegenüber den Armen feststellen?« Hier fühlen sich die Armen als Mitglieder der Kirche.

Überprüfung der Identität der Kirche
Die Kirche muß so viel wie möglich Christus ähnlich werden. Dies ist eine Pflicht der Treue, damit sie sich die Kirche Christi nennen kann und es auch tatsächlich ist. In ihrer Nachfolge darf sie keine Eigenschaft, keinen Zug der reichen Persönlichkeit Jesu auslassen, aber sie soll doch mit aller Entschiedenheit Christus in seiner Armut und in seiner Haltung gegenüber den Armen nachfolgen. Es ist sehr notwendig, daß die Kirche in Lateinamerika in dieser Hinsicht ihre Identität überprüft, um bleibend zu ihrer Bekehrung unterwegs zu sein. Eine ähnliche Überprüfung kann auch den Kirchen in anderen Gebieten dieser Erde nützlich sein, damit auch diese ernsthafter ihrer Bekehrung nachstreben.

Christus und die Armut
Man kann nicht leugnen, daß Christus die Armut auf sich nahm. Christus wurde arm, und das nicht nur in der Bedeutung, daß er die Armut, die dem menschlichen Leben im allgemeinen eigen ist, auf sich nahm, sondern an erster Stelle und vor allem wurde er arm, weil er die Armut der Armen kannte; er wurde arm unter den Armen.

Wie verhält sich jetzt in Lateinamerika die Kirche gegenüber diesem armen Christus, der der Spiegel ist, vor dem die Kirche sich betrachten muß? Ist die Kirche wirklich arm? Welche von den zwei vorgestellten Verhaltensweisen führt sie wirklich zu einer Identifikation mit dem menschgewordenen Sohn Gottes?

Christus wurde nicht nur arm mit den Armen, sondern er geriet auch in Konflikt mit den Reichen. Ausgehend von der Armut verurteilte er den Reichtum, den er ungerecht nannte und den er von der Entscheidung für Gott eindeutig abhob: »Man kann nicht zur gleichen Zeit Gott und dem Reichtum dienen« (Mt 6,24 b).

Von den Armen ausgehen . . .
Christus wurde arm. Trotzdem hätte er die Reichen gebrauchen können, um mit ihnen seine Kirche aufzubauen. Er hat es aber nicht getan: Er suchte die Armen. Die meisten seiner Jünger waren Fischer. Auch heute noch sind die meisten seiner Jünger auf der ganzen Welt arme und unwissende Leute. Und wenn jemand von ihnen nicht arm ist, dann fühlt er sich wenigstens berufen, arm zu werden.

Wenn man nicht leugnen kann, daß Christus arm wurde, kann man auch nicht leugnen, daß er es vorzog, seine Kirche von den Armen her aufzubauen. Und nicht nur dies, er wollte von den Armen her und mit ihrer Hilfe seine Sendung verwirklichen, die Welt zu retten und das Reich seines Vaters zu errichten. Zu der Erwählung der Armen zu seinen Jüngern und Aposteln kommt noch die Predigt der Frohbotschaft: »Wohl den Armen . . .« und sein Mitleid und Erbarmen mit der hungernden Menge, den Kranken, den Sündern . . . Das alles war, wie wir heute sagen würden, die Bekundung seiner effektiven Solidarität mit den Armen. Dagegen geht er hart ins Gericht mit den Reichen, um zu versuchen, wenigstens so ihr Herz von Stein aufzubrechen.

Welche Haltung der Kirche steht heute in Lateinamerika der Haltung Christi am nächsten? Oder: Welche von den beiden Haltungen, die sich in Lateinamerika heute so deutlich voneinander abgrenzen, erlaubt der Kirche eine radikalere Nachfolge Christi und Identifikation mit ihm, der arm war und der Bruder der Armen?

Wir beten, wir hoffen, daß die Kirche Gottes, die in Lateinamerika lebt, bald eine Kirche sein möge, die sich von den Armen her aufbaut, und daß sie die Antwort Christi auf die Frage Johannes des Täufers wiederholen könne: »Geht und erzählt Johannes, was ihr seht und hört: Blinde sehen, Lahme gehen, Aussätzige werden

151

rein, Taube hören, Tote stehen auf, und den Armen wird die Frohbotschaft verkündet...« (Lk 7,22).

*(Die Kirche und die Armen im heutigen Lateinamerika, Aufsatz für die Zeitschrift
Concilium Nr. 150/1979, S. 656–660).*

GLAUBWÜRDIGKEIT DER KIRCHE DER ARMEN

Die Kirche der Armen beginnt bei den Armen, geht von ihnen aus,
marschiert mit den Armen, ist selbst arm und nimmt in ihre Kirche
alle auf, die sich für die Armen engagieren. Diese Kirche hat ihre
bezeichnenden Charaktereigenschaften. Sie hat sich beim armen
Volk eingenistet, und deshalb wird sie angeklagt, Kirche zu sein,
die sich von den Reichen entferne. Ihr wird auch vorgeworfen, sie
nehme Partei für eine Klasse, für eine Option zugunsten der Armen, für einen Kampf auf seiten der Armen gegen die Reichen.

Glaubwürdigkeit der Kirche
Die verschiedenen Kirchenbilder von »konservativer« und »pro-
gressiver« Kirche bringen leider eine Polarisierung und Verwirrung
und gelegentlich auch Spaltung mit sich. Alle wollen der gleichen
Kirche Christi dienen und sind so desorientiert, daß sie nicht wissen, welche Stellung sie beziehen sollen.
   Wir müssen eine neue Glaubwürdigkeit der Kirche Christi suchen. Wenn wir das Evangelium befragen, entdecken wir, daß
Christus keine Anordnung gab: Meine Kirche soll so oder so sein.
Sicher ist aber, daß die Kirche die gleiche Mission wie Christus
empfangen hat. Und so ist die Kirche in gewisser Weise die Fort-
setzung Christi in Zeit und Raum.

Kirche des »Armen Christus«
Jesus begann sein öffentliches Leben und verkündete: »Das Reich
Gottes ist nahe, bekehret euch« (Mk 1,15). Das Thema vom Reich
Gottes ist die zentrale Botschaft Jesu. Das Reich Gottes ist verschie-
den von den Reichen dieser Welt, wo die, welche an der Macht
sind, das Volk tyrannisieren. Im Gegensatz dazu jedoch ist im

Reich, das Christus ankündigt, etwas von Gleichheit, Brüderlichkeit und Dienstbereitschaft zu spüren.

Wenn wir vom Reich Christi angetan sind, fragen wir weiter: Wer ist Christus? Diese Frage ist von Bedeutung für die Kirche; Paulus sagt, und Medellín wiederholt es: »Christus, der reich war, machte sich arm.« Das ist Evangelium! Jesus nahm das Leben eines Geschöpfes auf sich und damit dessen Elend, dessen Beschränkung und Armut. Ja, er machte sich freiwillig arm.

Christus nahm freiwillig die Armut der Armen auf sich, das bedeutet Fehlen der notwendigen Lebensgüter und eines Lebensglücks. Er wurde in Armut geboren. Maria war eine Frau aus dem Volk, Josef ebenso, er war ein Handwerker, ein einfacher Mann. Er war nicht Chef einer großen Werkstatt, er war ein Handlanger, ein Armer. Maria war Hausfrau mit allem, was das besagt. So wuchs Jesus in Nazaret in einem armen Milieu auf, und als er sich anschickte, das Evangelium zu verkünden, sehen wir ihn umgeben mit Armen, ja den Ärmsten. Es waren Fischer, nicht die Chefs eines Fischereikonzerns – diese fischen ja nicht persönlich –, die ihr tägliches Brot mit ihrer Hände Arbeit verdienen mußten. Es waren Männer, die mit dem Boot auf einen See voller Gefahren fuhren, allen Unbilden zum Trotz, sie mußten viele Risiken auf sich nehmen. Das waren die ersten Jünger »Christi, des Armen«.

Aber es gab auch einen Reichen unter den Jüngern, Matthäus. Es ist wahr, er war reich, der erste Reiche, der sich bekehrte und arm wurde. Er gab zurück, was er gestohlen hatte, und die Hälfte seines Besitzes verteilte er unter den Armen. Es blieb ihm wenig, und er machte sich so freiwillig arm.

Später verkündet Christus in der Bergpredigt die Seligpreisung der Armen: Selig ihr Armen ... Selig ihr Trauernden ... Selig ihr Hungernden ... Selig, die ihr Verfolgung leidet ... (Mt 5,1–11). Die Botschaft ist an die Armen gerichtet, mit denen er lebte, mit denen er marschierte, bei denen er geboren wurde.

Notwendigerweise müssen wir uns dem Evangelium mehr nähern, um zu beweisen, daß Christus sich arm gemacht hat. Heute würden wir sagen, er faßte eine »Option für die Armen«, er umgab sich mit den Armen.

Geist der Armut

Wollen wir glaubwürdig erscheinen, müssen wir durch unser Leben bezeugen, was es bedeutet, Kirche der Armen zu sein. Wir müssen arm sein und uns mit Armen umgeben. Bedeutet das, daß wir uns in Gegensatz zu den Reichen begeben? Nein. Aber wir müssen den Reichen sagen, daß es Bedingung des Evangeliums ist, ärmer zu sein, um mit Glaubwürdigkeit zur Kirche zu gehören. Dazu müssen wir die Sachen so gebrauchen, wie Paulus sagt, als ob wir sie nicht besäßen, mit einer großen Uneigennützigkeit. Wir brauchen materielle Dinge, um leben zu können, um uns zu ernähren, zu kleiden, um ein Dach über dem Kopf zu haben, ja selbst für apostolische Arbeit brauchen wir Mittel. Aber wir müssen den Besitz so verwalten, wie wenn er uns nicht gehörte, mit einer Uneigennützigkeit, ja mit einer großen inneren Entsagung und wirklichen Entäußerung.

Der Geist der Armut ist unser Ideal; das bedeutet, nicht stolz oder überheblich zu sein, was die große Versuchung des Menschen ist. Die Sünde bringt es fertig, daß wir uns besser dünken, über den anderen uns lustig machen und ihm das Ansehen mindern. In der Pastoral streiten und trennen wir uns, denn wir sind hochmütig, kleben an unseren Kriterien, wollen alles besser wissen. So sind wir in Gefahr, in ein neues Pharisäertum zu fallen und zu denken, ich bin besser als die übrigen Leute. Das Gleichnis vom Pharisäer und vom Zöllner zeigt, wie wir anfangen, unser eigenes Ich in den Mittelpunkt zu stellen. Wenn wir davon nicht ablassen, haben wir die Seligpreisungen noch nicht aufgenommen. Diese lehren uns, arm zu sein, uns gleich zu fühlen mit dem Nächsten und danach zu trachten, vom Nächsten zu lernen.

Arme evangelisieren uns

Wenn heute so oft der Satz wiederholt wird: »die Armen evangelisieren uns«, müssen wir diese Erfahrung in die Wirklichkeit umsetzen: In Riobamba, kann ich sagen, geben die Armen ein Beispiel, das uns dem Evangelium näherbringt. Wir kalkulieren sehr genau, was wir essen, womit wir uns kleiden, wie wir leben werden (Lk 22,22–32). Unsere Campesino- und Indio-Missionare, welche ja in echter Armut leben, arbeiten z. B. in der Zeit der Zuckerrohrernte das Doppelte, um sich Geld zu ersparen, damit sie ihre Familien ernähren können, wenn sie dann einen Monat auf Missionsreise gehen, um den Dörfern und Gemeinden kostenlos das Evangelium zu bringen. Solch uneigennütziger Dienst gibt uns ein Beispiel; sie evangelisieren uns.

Ich glaube an die Armen und Unterdrückten. Den Armen und Unterdrückten Glauben schenken heißt an den »Samen des Gotteswortes« in den Armen glauben. Ich glaube an ihre großen Fähigkeiten, im besonderen an die Kapazität, die Botschaft des Evangeliums zu verstehen, aufzunehmen und ins Leben umzusetzen. Deshalb ist es wahr, daß die Armen uns evangelisieren. Die Puebla-Konferenz sprach mit Recht vom »evangelisatorischen Potential der Armen« (P 1147). Ich glaube an die Kirche der Armen; denn Christus, der sich arm machte, lebt in der Kirche der Armen.

Sie verstehen das Evangelium schneller als wir, die wir es oft nur bei bloßen Worten bleiben lassen. Sie dagegen gehen auf den Kern zu. Darüber spürt man erneut die Freude, die Christus ausdrückte, als er sagte: »Ich preise dich, Vater, weil du all das den Weisen und Klugen verborgen, aber den Kleinen und Unmündigen offenbart hast« (Mt 11,25). Wir haben so viele dunkle Schatten in unserem Kopf, der einfache Mann aber, ja der Analphabet dringt viel leichter in das Evangelium ein, mit einem Blick nimmt er es auf und setzt es in die Tat um, und deshalb evangelisiert er uns.

Arme Kirche, Kirche der Armen, Kirche von den Armen aus, mit den Armen, das ist die Kirche Christi. Sie nimmt ihren Anfang beim gelebten Evangelium.

Kirche, Zeichen des Widerspruchs
Christus wurde zum Zeichen des Widerspruchs.

»Wehe denen, die uns hassen wegen der Sache der Gerechtigkeit, wegen der Wahrheit, wegen der Liebe zu den Armen! Wehe denen, die uns hassen, weil wir den Spuren Christi folgen. Selig seid ihr, hüpft vor Freude und tanzt, denn eure Namen sind eingeschrieben im Reich« (vgl. Lk 6,23).

Der Kampf für die Freiheit der Menschen ist Auftrag des Evangeliums; denn Gott ist Freiheit. Kämpfen, um den Frieden zu bauen, der Frucht der Gerechtigkeit ist, ist für Gott arbeiten. Nach Jesu Beispiel werden wir dabei zu Zeichen des Widerspruchs. Christus war unter dem Volk eine sehr umstrittene Persönlichkeit. Einige sagten, er sei gut, andere meinten, er sei schlecht, er sei ein Volksaufwiegler. Das war die Anschuldigung vor Pilatus: er sei ein Revolutionär, der das Volk aufwiegle. Das ist der »subversive« Christus; denn er kommt, um das Reich Gottes zu errichten, das völlig im Gegensatz zum Reich dieser Welt steht.

Deshalb ist die Kirche berufen, ebenfalls diese charakteristische Eigenschaft zu zeigen: Zeichen des Widerspruchs zu sein inmitten der Welt. Wenn wir uns für Christus, für das Evangelium engagieren, werden wir folglich lästig werden für andere.

Kirche, Zeichen der Einheit

Ein weiteres Zeichen Christi, das wir in der Kirche vorleben müssen, ist das der Einheit. Einigkeit ist das Ideal des Gottesreiches.

Hier wird die Kirche nochmals zum Zeichen des Widerspruchs. Haß und Groll, Nachtragen führen zum Tod. Ein Christ darf sich niemals mit dem Haß anfreunden, sondern er muß kämpfen für die Gerechtigkeit, erhobenen Hauptes, mit Energie und allem Mut. Christus hat uns sogar aufgetragen, die Feinde zu lieben und Gutes denen zu tun, die uns verfolgen und verleumden (Mt 5,43–48). Diese Werte müssen im Herzen eines Christen Platz finden.

Wir dürfen nicht geteilt, gespalten, eifersüchtig und mißtrauisch gegeneinander sein. Die Kirche der Armen muß leuchten durch ihre Einheit. Kirche sein heißt, Zeichen der Einheit sein.

Kirche, Zeichen der Befreiung

Ein weiteres Zeichen der Kirche der Armen ist die Befreiung. Der Kampf für die Befreiung ist Auftrag des Evangeliums, denn Paulus lehrt uns: Wir sind zur Freiheit berufen.

Christus war der freie Mensch schlechthin, frei von allem Sklaventum: frei von Geld, denn er war der Arme; frei und unabhängig von aller Beeinflussung durch Autoritäten oder Mächtige. Er brauchte nie Beziehungen, um etwas zu erreichen. Er war frei, auch dem Tod gegenüber, denn er sagte: »Ich gebe mein Leben, weil ich will« (vgl. Joh. 15,9–17). Danach handelte er auch.

Auch wir und die Kirche müssen diese letzte Freiheit bewahren. Die Kirche darf sich nicht zur Sklavin der Einflußreichen in der Politik machen, ja sie darf nicht einmal Furcht haben vor der Gefahr des Todes.

Es kann und darf nicht sein, daß diese Unrechtssituation sich mit den Wertvorstellungen des Gottesreiches verträgt. Wir müssen den Todesmächten der Gewalt widerstehen mit unserer Freude aus dem Glauben. Wenn wir als Kirche wie Christus leben, werden wir Freude zeigen. Wir nehmen das Gottesreich mit Enthusiasmus auf. Wir werden den Todesmächten die Stirn bieten. Wenn wir Gefahren auf uns nehmen, wie es die ersten Christen taten, mit Freude, kommen wir den Seligpreisungen näher, so wie sie Christus verkündet hat.

Kirche, Missionarin des Evangeliums

Die Kirche ist eine missionarische. Christus ist Missionar, der Gesandte des Vaters. Wir sind Missionare Christi, und als solche haben wir an seiner Sendung durch den Vater teil.

Wir haben eine Botschaft des Heils empfangen, und müssen sie weitertragen zu Menschen, die verloren sind, zu denen uns Christus schickt.

Wir sind Boten mit einer außerordentlichen Botschaft.

Die charakteristischen Kennzeichen Christi, die wir betrachtet haben, sind dazu bestimmt, auch die Kennzeichen der Kirche zu sein, um ihr Glaubwürdigkeit zu schenken.

In diesem Gewissensspiegel müssen wir uns sehen, wenn wir BOTEN DES EVANGELIUMS in der Kirche der Armen sein wollen.

(Vortrag in der Diözese David, Venezuela, Januar 1981, abgedruckt in: »Diócesis de David 1955–1980, Evangelicemos hoy y mañana«, Eigenverlag, 1981, S. 63–70)

ARME KIRCHE – KIRCHE DER ZUKUNFT

Eine Kirche, die auf Christus den Armen und kleine Gruppen der Armen baut, braucht keine großen Bauten oder außerordentliche Geldsummen oder ein Bündnis mit den Mächtigen, um ihre Existenz zu unterhalten. Vielmehr sollte sie diese Freiheit suchen, welche die zeugnishaft gelebte Armut des Evangeliums gibt, um ihre prophetische Stimme erheben zu können und gemeinschaftlich die Gute Nachtricht der Erlösung, die Christus brachte, verkünden zu können.

(Radiosendung Heute und Morgen, Riobamba, 11. Februar 1972)

OPTION FÜR DIE ARMEN

Wir können die Reichen evangelisiert und gerettet werden? Mir scheint, es gibt nur einen Weg, und der ist, daß die Reichen sich zu Armen bekehren...

Das Evangelium Christi ist für die Armen und Unterdrückten. Das ist eine absolut notwendige Option für die Kirche. Aus dieser Sicht ist die Option für die Armen eine politische Option. Man kann nicht zwei Herren dienen. So sagt das Evangelium. Das ist die Politik Christi.

Christus traf eine Entscheidung zugunsten der Armen. Die Kirche in der Weiterführung der Mission Christi besteht aus Armen. Aus diesem Grund ist es besser, statt von der »Kirche der Armen« von der »armen Kirche« zu sprechen. Das ist eine Kirche Christi. In Beziehung zu den Reichen heißt das, die Armen sind gerufen, die Reichen zu evangelisieren.

(Concientización, Evangelización, Política, 1974, 4. Ed. S. 175 f)

ERZIEHUNG DES ARMEN

Sensibilisierung der Armen
Wie kann man die Armen sensibilisieren? Das ist sehr schwer. Wenn wir menschliche Gemeinschaften antreffen, die durch Generationen beherrscht und erdrückt wurden, wenn in ihnen fast jegliche Hoffnung abgestorben ist und wenn die Enttäuschung zu einem Konformismus geworden ist, dann ist die Aufgabe, diese Gemeinschaften aufzuwecken, sehr schwer.

(Concientización, Evangelización, Política, 1974, 4. Ed. S. 27)

Psychologie des unterdrückten Menschen
Der Arme ist wirtschaftlich unterjocht, die Kette der Unterdrückung beginnt bei der wirtschaftlichen. Der Arme hat keinen Zugang zur Schulbildung..., zu den sozialen Kommunikationsmitteln..., der Arme hat kein Wort, keinen Zugang zur Politik... Er hat kein Recht auf Rechtsprechung, ja selbst die Religion verkündet noch einen falschen Herrscher-Gott, der sich als fürchterlicher, strafender Gott und Verteidiger der Unterdrücker zeigt. Die Riten und religiösen Praktiken nützen nur, um den Zorn des furchterregenden Gottes zu besänftigen.

Die Unterdrückungsmechanismen haben den Menschen zu einem unfähigen, konformistischen Massenmenschen erzogen; der Mensch wurde entpersönlicht, man läßt ihn nicht denken, nichts Neues erfinden, sich nicht verantwortlich fühlen, nicht frei sein. Alles macht er mechanisch, er braucht einen Aufseher, er muß nützlich gemacht werden.

Ist der unterdrückte Mensch von Natur aus fatalistisch, passiv, apathisch, systemkonform, initiativlos, sentimental und ein Massenmensch? Nein. Die Unterdrückung hat es nicht fertiggebracht, menschliche Werte zu zerstören. Der Unterdrückte bewahrt Werte, wenn auch versteckte und unter der Oberfläche liegende, die sich sogar in zivilisierten Völkern verloren haben.

(Concientización, Evangelización, Política, 1974, 4. Ed. S. 81, 82, 84)

159

Überwindung des Unterdrückungsmechanismus
Es besteht die Gefahr, daß der Mensch, der unterdrückt wurde, die
schlechte Tendenz aufweist, sich in einen neuen Unterdrücker anderer Menschen zu verwandeln. Der Prozeß der befreienden Erziehung ist aufgerufen, diese schlechte Neigung zu korrigieren.

(Concientización, Evangelización, Política, 1974, 4. Ed. S. 165)

HEILSAME ERFAHRUNG DER ARMUT

Der größte Einfluß auf die Bildung des Missionarteams kam von
den Campesinos und Indios, von den Armen selbst. Sie haben uns
ein Tor zu ihrem Leben aufgetan, sie haben uns ihr Vertrauen
geschenkt und in ihre Geschichte eingeführt, sie haben uns geführt,
und wir mußten eine erdrückende Wirklichkeit entdecken, wo die
Ungerechtigkeit dazu führte, daß Hunger und Leid sich die Hand
geben, Unsicherheit und Unterdrückung ihre ständigen Begleiter
werden und am Ende dann alles als naturgegeben erscheint, woge-
gen kein Kraut mehr gewachsen ist. Die Menschen wurden Fatalisten, sie resignierten, wurden ängstlich und mißtrauisch.

Diese Situation der Sünde, in die wir alle verwickelt sind, hat uns
angespornt, die Arbeit weiterzuführen. Sie wurde noch beseelt und
beflügelt von der großen Freude, die die Armen weitergeben durch
ihre Einfachheit, Offenheit, Großherzigkeit, ihre heilsame Unruhe,
mit der sie die Wahrheit des Evangeliums entdecken wollen. Ihr
Eifer nach mehr Kenntnis und Erkenntnis, ihr Wunsch nach mehr
Gemeinschaft, nach dem »eine Familie sein« ist groß. Diese ihre
Werte öffnen eine Welt der Hoffnung und bestärken uns in der
Meinung, daß eine Befreiung möglich ist, die uns dazu bringt, daß
wir uns im gemeinsamen Kampf eins fühlen.

(Erfahrungen des Missionarteams von Riobamba in: 25 Años Obispo, 1979, S. 160)

EVANGELISCHE ARMUT

Die evangelische Armut, d. h. die Armut Jesu, besteht aus einem grenzenlosen Vertrauen auf Gott, unseren Vater, der auch noch die Vögel ernährt; aus einer ständigen Entäußerung dessen, was wir Reichtum nennen, und aus einer Großherzigkeit, die immer bereit ist, zu teilen mit dem Nächsten, was sie hat und was sie ist.

Nach den Gedanken der Konferenz von Medellín ist diese Armut nicht das gleiche wie das Elend. Die Armen jedoch, aus dem einfachen Grund des Arm-seins, haben eine bessere Fähigkeit als die Reichen, die evangelische Armut zu lernen.

Es gibt aber auch Arme mit dem Kopf und dem Herzen der Reichen, und Eltern und Lehrer können vielen Kindern Kopf und Herz der Reichen geben. Genauso wie es Reiche geben kann, die sich bemühen, Kopf und Herz der Armen zu übernehmen...

Dieses Leben nach der evangelischen Armut hat im Volk begonnen, in den Basisgemeinden, in den Teams der Pastoralmitarbeiter, die sich für die Armen einsetzen, und so zeigt es wie in einem kleinen Senfkorn ein neues Modell einer Gesellschaft. Eine Basisgemeinde ist eine kleine Organisation, wo Ehrgeiz nach Geld, nach Gewinn und nach Herrschsucht noch keine Bedeutung haben. Die vorherrschende Rolle hat das Evangelium. Der Motor ist die Nächstenliebe. Die Praxis ist der Dienst am Nächsten. Nach diesen Gesichtspunkten weckt die Basisgemeinde weder Neid noch Rivalität. In ihrem Schoß reifen nicht die Spaltpilze der Ungerechtigkeit. Vielmehr wird die Gerechtigkeit gelebt, und man kämpft um die Gerechtigkeit.

Die Spiritualität der Armen nach dem Modell des Evangeliums ist aufgerufen, die Gerechtigkeit mit Liebe wiederherzustellen, den Frieden zu bauen und Freude zu verbreiten gemäß der Verheißung: Selig die Armen, denn ihrer ist das Himmelreich (Mt 5,3).

(Aufsatz Espiritualidad de un Pueblo, Riobamba, 3. Februar 1986)

Verschiedene Arten von Armen

Es gibt Arme durch Geburt, die Behinderten; es gibt Arme duch Unglücksfälle, wie z. B. durch Dürre oder Überschwemmungskatastrophen, die die Frucht ihrer Arbeit verloren haben. Es gibt Arme, weil sie nicht arbeiten wollen und sich in die Faulpelze der Gesellschaft verwandeln. Es gibt Arme, die Opfer der sozialen Ungerechtigkeit sind. Diese letzteren bilden die große Masse unserer lateinamerikanischen Völker. Es gibt aber auch Arme aus Engagement, die sich in den Dienst aller dieser verschiedenen Klassen von Armut stellen.

Den von Geburt aus Armen hilft die Kirche mit Hospitälern und der Caritas. Die durch Unglück Verarmten erfahren das Mitgefühl und die Solidarität unseres Volkes in Hilfsaktionen für die Notleidenden.

Um die Faulheit der Armen zu überwinden, helfen Werke der Berufsbildung und Erziehung.

Der Großteil der Armen aber sind die arm Gemachten infolge der sozialen Ungerechtigkeit durch die Schuld des Wirtschaftssystems. Wenn Christen arbeiten, um sie dieser elenden Situation zu entreißen, ist oftmals die Reaktion die Verfolgung durch die Mächtigen, und der innerkirchliche Konflikt ist vorprogrammiert.

Das Evangelium spricht klar über die Armen und Unterdrückten. Die »bevorzugte Option für die Armen« der Pueblakonferenz hat seine Wurzeln im Evangelium.

Evangelische Armut

Die Armen erlangen diese Dimension der evangelischen Armut. Die Armen sind durch ihre eigene Armut selbst befähigt, viel besser die Absichten Gottes zu verstehen. Deshalb stellen wir oft fest, die Armen sind großzügig, die Armen geben das einzige, was sie haben, wie die Witwe des Evangeliums.

Die Armen sind eher fähig, das Reich Gottes zu verstehen, zu verwirklichen, es zu leben. Die evangelische Armut halte ich für absolut notwendig für die Rettung der Welt.

162

So können wir auch verstehen, wie Jesus von der Armut und den Armen ausgehen wollte. Deshalb ist die Kirche in Lateinamerika aufgerufen, mit ihrer Evangelisation von den Armen auszugehen und sie mit den Armen zu machen.

Bekehrung der Reichen
Wenn wir Christus treu sein wollen, müssen wir den ungerechten Reichtum anklagen, müssen wir den Mißbrauch der Güter der Erde den Reichen ins Gesicht sagen, allerdings mit dem Wunsch, sie nicht zu verletzen, sondern um sie zu bekehren, ihre Gewissen wachzurütteln. So können wir wenigstens die Reue einiger weniger erreichen, wenigstens den Anfang einer Änderung einiger erhoffen.

Hoffnung setze ich dabei auf die Jugendlichen, die Söhne der Reichen, denn die Jugend hat weder die verfestigten Leitbilder der Alten im Kopf noch die Mentalität ihrer Väter in ihrem Bewußtsein. Dazu braucht es Mut; man muß ganz in Christus eindringen.

Zwei Arten der Evangelisierung
In Lateinamerika kann man zwei Arten von Evangelisierung unterscheiden. Die eine könnten wir die der Entfremdung nennen. Sie ist wirklichkeitsfremd und wird vor allem von den aus den USA kommenden Sekten praktiziert, die zweifelsohne eine politische Absicht damit verbinden. Leider gibt es auch noch in der katholischen Kirche solche Elemente, die mit der wirklichkeitsfremden Evangelisierung fortfahren, die zu nichts verpflichtet.

Die andere Art der Evangelisierung ist die der Befreiung. Das Evangelium ist seiner Art nach, wenn es authentisch gepredigt wird, befreiend; denn Christus ist gekommen, um die Menschen zu erlösen. Er befreit uns von der Sünde, und zwar nicht nur von der persönlichen Sünde, sondern er befreit uns von der Sünde in ihrer ganzen sozialen Dimension.

Laßt uns eine Option zugunsten des echten, unverfälschten Evangeliums Christi nehmen. Bleiben wir seinem Wort treu . . ., damit wir den großen Auftrag der Evangelisierung im hier und heute Lateinamerikas erfüllen können.

(Significado de la Evangelización en el actual proceso latinoamericano, Mai 1983)

BASISGEMEINDEN

BEISPIEL DER BASISGEMEINDEN

Die kirchlichen Basisgemeinden, die sich aus dem Volk durch die Armen und Kleinen gebildet haben, die Christus die Gelegenheit gaben, vor Freude zu zittern und bewegt vom Heiligen Geist dem Vater Dank zu sagen, daß er die Geheimnisse des Gottesreiches den Kleinen offenbart hat, diese Basisgemeinden sind gerufen, ihr großes Licht, das sich aus vielen kleinen Lichtern bildet, in der Dunkelheit dieser Welt leuchten zu lassen.

(aus: Espiritualidad de un pueblo, Riobamba, 3. Februar 1986)

BASISGEMEINDEN UNTER INDIOS

Die Basisgemeinden sind die Gestalt und Konkretisierung der Kirche inmitten der Armen. In den Basisgemeinden der Indios gibt es eine Besonderheit, die hervorgehoben zu werden verdient. Medellín definierte die Basisgemeinden als Kernzelle der Kirche, als Quelle der Evangelisation und als Motor der menschlichen Entwicklung. Mich hat die Erfahrung gelehrt, daß aufgrund des großen Gemeinschaftsgeistes der Indios innerhalb ihrer Gemeinde nicht noch eine weitere Kerngemeinde bestehen kann. Entweder gehört jedermann oder niemand dazu. Daher umfaßt die kirchliche Basisgemeinde bei den Indios die gesamte natürliche Gemeinschaft. Aus den Basisgemeinden erwachsen auch die kirchlichen Laienämter und die ersten Berufungen zum Priestertum.

(Interview für P. Rosner, 30. Dezember 1985)

WIRKUNG DER BASISGEMEINDEN

Früher herrschte die Haltung der Freiheit, und heute spürt man eine Haltung des Mutes und der Kühnheit. Es gab eine Haltung von Unbeständigkeit und Lustlosigkeit, was die Beteiligung an Versammlungen betraf, und heute zeigen Männer und Frauen Beständigkeit in den Versammlungen und in der Arbeit. Es herrschte eine Inkonsequenz zwischen Prinzipien und praktischer Durchführung, heute aber wird eine größere Logik erreicht zwischen dem Glauben, der bezeugt wird, und den Handlungen, die geübt werden. Es gab viel Uneinigkeit im Schoß der Familien und der Dorfgemeinden, heute aber läßt sich Einigkeit und mehr Gemeinschaftsgeist feststellen. Es waren wenige, die anfingen, und heute wächst die Gemeinschaft, und es entstehen neue Gruppen. Es herrschte eine Haltung des Egoismus und der Selbstsucht, und heute mehrt sich eine neue Haltung des Dienstes und der Hingabe an den Nächsten. Es war ein Problem, Verantwortliche aus den eigenen Reihen der Dorfgemeinschaft zu finden, und heute mehren sich die Verantwortlichen, und sie arbeiten an ihrer Bildung. Es herrschte eine totale Unkenntnis des Wortes Gottes, und heute ist man bewegt, wenn man die treffenden Kommentare zu diesem gleichen Wort Gottes aus dem Mund von einfachen Campesinos und Leuten aus dem Volk hört... Vormals wurde die Kirche nur für eine Institution unter anderen gehalten, heute aber fühlen sich die Mitglieder der Basisgemeinden selbst als Kirche; früher lebte man so dahin, und die Religion wurde wie ein Beruhigungsmittel benutzt, heute aber werden immer mehr Forderungen aus dem Evangelium entdeckt.

(aus: Evangelizazione e promozione umana nel Chimborazo, 1972, S. 200 ff)

BASISGEMEINDEN, QUELLE VON BERUFUNGEN

Was in der Diözese Riobamba sich ereignet, ist vergleichbar mit dem Bericht der Apostelgeschichte (1,15–26). Es besteht eine Übereinstimmung in der Art der Befragung und in den Kriterien der Auswahl... Ich glaube, es ist eine Frucht unserer Arbeit der Bildung von christlichen Basisgemeinden, daß diese anfangen, der Kirche ihre ersten Kandidaten als Priester zu geben.

(Selbstbiographie, 1976, S. 172)

Auf diese Weise nahm das Volk teil an der Erziehung der Priester-
kandidaten... Es waren die christlichen Basisgemeinden, die mit
Beharrlichkeit ihre Weihe erbaten. Die Gemeinden hielten Versammlungen ab, um ausführlich das Verhalten der Kandidaten zu
analysieren. Der Bischof mußte auf das Urteil der Gemeinden hören, um sein endgültiges Wort zu sprechen. Unter den geprüften
und dann gelobten Eigenschaften treten besonders hervor: die Teilnahme an einem Leben der Armut, das Engagement im Dienen,
das beispielhafte Vorleben des Evangeliums, ihre Befähigung für
ein Leben in Gemeinschaft.

(Selbstbiographie, 1976, S. 171)

NEUE LAIENÄMTER

Die Bevölkerung in Ecuador wie in Lateinamerika wächst schneller, als die Zahl der Berufungen zum Priestertum zunimmt, so daß
es unmöglich wird, an eine ausreichende Versorgung auf dem herkömmlichen Weg zu denken. In diesen Ereignissen hat sich das
Wehen des Heiligen Geistes mit einer unübersehbaren Offenkun-
digkeit wahrnehmen lassen: Das Wachsen der kirchlichen Basisgemeinden bringt bedeutende – nicht an die Priesterweihe gebundene
– kirchliche Dienstämter hervor, und sehr bald wird es Anlaß zu
geweihten Ämtern geben. So verwandeln sich die langen Schatten
schlimmer Perspektiven in eine licht- und hoffnungsvolle Zu-
kunftssicht.

(Interview für P. Rosner, 1985)

KIRCHE UND BEFREIUNG

BEFREIUNG

Die christliche Befreiung schließt alle Befreiungen ein, denn
sie berücksichtigt alle Sklavereien; so versteht sie die Befreiung
des Menschen als eine ganzheitliche. Die sogenannten entwickelten Länder sind generell nur wirtschaftlich entwickelt, während

166

bei ihnen menschliche Werte und Gemeinschaftswerte verloren gehen.

(Selbstbiographie, 1976, S. 185)

EVANGELIUM UND BEFREIUNG

Das Evangelium ist für uns Christus selbst. Er ist die Gute Nachricht der Erlösung für alle Menschen, im besonderen für die Armen. Er ist der Schrei der Befreiung für die Unterdrückten. Das Evangelium leben heißt, sich engagieren für die Aufgabe und Mission, die Christus auf Erden gebracht hat. Der Glaube ist vor allem Leben, ein Engagement, eine tägliche Praxis, ein beständiger Kampf gegen das Schlechte, die Lüge, Ungerechtigkeit, gegen den Haß in uns und in der Gesellschaft, im Kapitalismus oder im Kommunismus. Wer uns demnach einer politischen Ideologie der Rechten oder Linken zuordnen möchte, hat sich geirrt oder hat seine schlechte Absicht gezeigt, uns so hinzustellen, wie wir in Wirklichkeit gar nicht sind.

Einmal mehr erklären wir, wir wollen nur Christ sein, in der Nachfolge Christi stehen. Aber viele Personen verstehen uns nicht. Vor allem aber verstehen uns die, die einfachen Herzens sind.

(aus: El Evangelio subversivo, S. 161 ff)

POLITISCHE DIMENSION DES EVANGELIUMS

Das Evangelium hat eine politische Dimension. Wenn wir danach streben, das Evangelium als Verpflichtung des Glaubens zu leben, führt es uns zu einem Engagement für die Gerechtigkeit und für die Wahrheit, zu einem Einsatz für die Opfer der Ungerechtigkeit, zur Verteidigung des Lebens, der persönlichen Integrität, zur Verteidigung der Menschenrechte. Das Evangelium hat sicherlich eine politische Dimension, jedesmal wenn es bestätigt, daß der Friede Frucht der Gerechtigkeit ist und nichts anderes.

Das Evangelium hat als Ziel den Menschen; es will den Menschen auf den Platz setzen, auf den Gott ihn selbst gestellt hat. Gott wollte nicht, daß der Mensch durch diese seine eigenen Brüder auf einen Platz der Sklaverei verdammt werde, auf dem seine eigene Menschenwürde mit Füßen getreten wird, ganz entgegen seiner Würde, die aus der Berufung stammt, Bild und Gleichnis seines Schöpfers zu sein.

(Rede 19. Juli 1985)

KIRCHE UND POLITIK

»ICH BIN KEIN POLITIKER«

Ich habe gesagt, ich bin kein Politiker im strikten Sinne des Wortes. Ich bin kein Marxist, auch kein Kommunist. Ich bin nicht Mitglied irgendeiner Partei. Ich bin ein Mensch, der danach trachtet, das Evangelium zu leben.

Ich bin Bischof, und ich bin mir der Aufgabe bewußt, die ein Bischof erfüllen muß. Ich glaube, eine Ortskirche wie die von Riobamba oder gleich welche andere, kann und darf nicht politische Parteien oder eine politische Ideologie der Rechten oder der Linken begünstigen.

Das ist mein politisches Bekenntnis und die Definition meiner Stellung

(Rede nach der Entlassung aus der Gefangenschaft in der Staatsuniversität von Guayaquil, 3. August 1976)

»GENOSSE« ODER CHRIST PROAÑO?

Bischof Proaño sah sich von vielen Fragen bedrängt. Er beantwortete sie ruhig und klar. Man spürte eine direkte Absicht, ihn in Gegensatz zu seinen Religionsgenossen zu bringen, ihn in Widersprüche zu verwickeln. Proaño war entschieden in seinen Antworten. Er sagte, der Priester habe eine Aufgabe des Apostolates und dürfe kein politisches Wesen sein.

Die Studenten versuchten mit hitzigen Worten und extremen

Ideen den Bischof zu einer extremen marxistischen Meinung zu verleiten, Marx ist ja für sie die neue Bibel.

Der »Genosse« Proaño jedoch tappte nicht ein einziges Mal in die Falle und antwortete wie ein Christ, d. h. als ein Mann, der nur Christus und seinem Evangelium verpflichtet ist, als ein Humanist, der sich für die Menschen engagiert.

(Zeitung Expresso, Guayaquil, 5. September 1976, Echo auf Proaños Vortrag nach der Entlassung aus der Gefangenschaft in der Staatsuniversität von Guayaquil, 3. September 1976)

ANSCHULDIGUNG: SUBVERSIVE VERSAMMLUNG

Das Innenministerium und die Systeme der Nationalen Sicherheit wurden in Alarm versetzt über die Existenz einer Pastoralkonferenz. Die ecuadorianische Regierung in Ausübung ihrer Souveränitätsrechte, angesichts der festgestellten Einmischung ausländischer Priester in private Angelegenheiten der Ecuadorianer, hat diese Priester eingeladen, das Land zu verlassen, und erklärt, daß sie in keinem Augenblick in Gefangenschaft gesetzt wurden, sondern vielmehr mit der Höflichkeit und dem Ansehen, das der kirchlichen Hierarchie zukommt, als Bürger befreundeter Nachbarländer behandelt wurden.

Es existieren Dokumente, die sich in Händen der Regierung befinden. Es handelt sich um Dokumente, die Angelegenheiten behandeln, die gegen die nationalen Interessen verstoßen ...

Es standen subversive Themen zur Behandlung, die zu einer Aktion und Organisation in diesem Sinne aufhetzten ...

Es wurden Dokumente verteilt, die sich in Angelegenheiten gegen die Regierung einmischen, wie: »Der Aufbau einer Kirche als Gemeinschaft, die sich für die Befreiung des konkreten Menschen der Provinz Chimborazo engagiert ...«

(Presseerklärung des Innenministeriums vom 13. September 1976, abgedruckt in: El Evangelio subversivo, S. 95)

SUBVERSIVES EVANGELIUM

Ich glaube, die echte Revolution macht das Evangelium, aber nicht in dem mißverstandenen Sinn, als ob Christus gekommen wäre, um politische Parteien zu gründen... Das Evangelium ist *subversiv* unter diesem Gesichtspunkt: weil Christus gekommen ist, um uns vom Übel zu erlösen und um das Böse zu zerstören, damit das Reich Gottes aufgebaut werde.

Subversiver Christus

Um uns aus der Situation der Sünde zu erlösen, ist Christus gekommen... Unter diesem Gesichtspunkt sagte ich, das Evangelium ist subversiv... Christus kam auf die Erde, um die Sünde der Welt zu bekämpfen.

Er trat gegen sie auf mit seiner Lehre. Er bot diesem System der Sünde die Stirn. Er stieß mit den religiösen und zivilen Autoritäten zusammen. Er stellte die Heuchelei bloß. Er klagte den ungebührlichen, ungerechten Reichtum an. Er pries die Armen selig.

Subversive Kirche

Ist die Kirche subversiv? Ja. Aber unter einem anderen Gesichtspunkt (als ihr denkt). Die Kirche ist *subversiv* als Erbin der Mission Christi, um unsere Mentalität zu verändern, damit wir unsere Gedanken der Sünde, unsere sündhaften Kriterien, unser sündiges Tun durch die Gedanken, die Kriterien und das Tun Christi ersetzen. Damit wir Stolz und Hochmut zerstören, die Verachtung der anderen, die Manipulation der anderen durch demütigeres, bescheideneres, brüderlicheres Handeln und Dienen: »Ich bin in eure Mitte gekommen als einer, der dient.« Seien wir Diener, einer dem anderen. Wie verschieden ist das von dem, was wir Beherrschung und Abhängigkeit nennen. Als einer, der dient. Deshalb laßt uns alles sündhafte Tun bekämpfen, alle Strukturen der Sünde, wo auch immer wir sie antreffen, um sie durch andere zu ersetzen.

Dazu gründete Christus seine Kirche: damit sie ein Zeugnis, ein Sakrament des Heiles inmitten der Welt sei.

(Vortrag in der Staatsuniversität von Guayaquil, 3. September 1976)

DIE REVOLUTION CHRISTI

Wenn über Befreiung gesprochen wird, erhitzt sich die theoretische Diskussion, ob man sich von vornherein der gewaltsamen Aktion verschreiben soll oder nicht. Überall spricht man von Revolution. Sind wir Christen aufgerufen, Revolutionäre zu sein oder nicht? Der Kirche kommt es nicht zu, gewaltsame Methoden anzuwenden. Sie ist nicht aufgerufen, Kriege oder Untergrundkämpfe zu organisieren. In ihrem Kampf um Wahrheit und Gerechtigkeit muß sie immer alle Menschen lieben, die Würde der Person respektieren, auch wenn es sich um die Unterdrücker handelt.

Christus war wirklich ein Revolutionär, aber in einem ganz anderen Sinn, als wir ihn gewöhnlich gebrauchen, wenn wir von wirtschaftlichen, gesellschaftlichen und politischen Veränderungen sprechen.

Christus kam, um den Machtverhältnissen dieser Welt, der Beherrschung und der Unordnung, das Reich Gottes entgegenzustellen, dessen »Macht« die Bescheidenheit, Wahrheit, Liebe und Gerechtigkeit ist. Die »Revolution Christi« besteht in der Zerstörung der Welt der Sünde, um das Reich Gottes unter den Menschen aufzubauen.

(Selbstbiographie, 1976, S. 187 f)

POLITIK UND REICH GOTTES

Ich bin überzeugt, die Kirche ist in der Nachfolge ihres Meisters aufgerufen, das Reich Gottes zu predigen. Diese Verkündigung klagt all die Lügen, Betrügereien, Ungerechtigkeiten, alle Übel der Welt an. Dabei bleibt sie nicht bei der Anklage stehen, sondern sie versucht, das Schlechte zu zerstören, denn dazu kam Jesus Christus. Zu gleicher Zeit wie sie diese Anklagen erhebt und diesen Kampf gegen die Vernichtung des Bösen entfacht, verkündet sie das Reich Gottes, und dieses Reich ist ein Reich der Wahrheit, was die Beziehungen zu Gott und den Menschen betrifft, ein Reich der Gerechtigkeit, ein Reich der Liebe und der Brüderlichkeit, das

Interesse für die gemeinsame heilige Sache, ein Reich des Friedens, der Frucht der Gerechtigkeit ist.

(Fernsehinterview, Kanal 8, Quito, September 1976, in: El Evangelio subversivo, 1977, S. 163)

POLITISCHE POSITION EINER KIRCHLICHEN GEMEINSCHAFT

Trotz eines märchenhaften natürlichen Reichtums gibt es in Ecuador einen Gelähmten: und der ist das Volk. 3 Prozent gehören zu den Reichen, der Rest, die Mehrheit, fristet ein Leben in Armut und Elend.

Unter Angst und Geburtswehen entsteht die Gemeinschaft der Ortskirche in Riobamba. Eine dynamische Sicht der Kirche schafft eine Haltung des Glaubens, der Risikobereitschaft und des Engagements und inspiriert eine Pastoral des Wechsels in den Mentalitätsstrukturen und in den Sozialstrukturen, die mit dem Laster der Sünde bedeckt sind. Sie sucht die Treue zum Evangelium und seinen Forderungen.

Unsere Gesellschaft ist gekennzeichnet durch drei große Widersprüche: wenige Reiche – zahllose Arme; wenige Privilegierte mit Erziehung und Wissen – ein Heer von Analphabeten mit einem naiven Gewissen; wenige Machthaber in der Politik – Massen von Betrogenen und Marginalisierten. Die Dokumente von Medellín nennen diese Situation der Wirklichkeit »Situation der Sünde«, die herrschende Gesellschaftsschicht nennt sie »etablierte Ordnung«. Dieses Establishment verstößt gegen die Gerechtigkeit und begünstigt einige wenige mit dem Überfluß, während die große Mehrheit im Elend versinkt. Selbstkritisch müssen wir bekennen, die Kirche in Ecuador hat sich als Folge ihres historischen Erbes zum großen Teil in einen Stabilitätsfaktor des Systems verwandelt und ist zur Mitschuldigen am System geworden, das zu einer »Situation der Sünde« wurde.

Die Kirche ist herausgefordert, die drei großen Widersprüche unserer Gesellschaft zu überwinden:

172

1. Wir müssen bekennen, die Kirche von Riobamba war Großgrundbesitzerin; auch wenn sie daraus praktisch nie wirtschaftlichen Gewinn erzielte wegen der schlechten Verwaltung, kam sie doch beim Volk in den Ruf einer reichen Kirche, die zusammen mit anderen Kirchen einmal mehr die Strukturen der Usurpation und der Beherrschung durch das Establishment verteidigte.

2. Wir müssen bekennen, die Kirche von Riobamba setzt qualifiziertes Lehrpersonal und auch finanzielle Mittel in ihren kircheneigenen Gymnasien ein, nur um die Söhne und Töchter reicher Familien zu erziehen; somit trägt sie bei zur Erhaltung einer kapitalistischen Mentalität. Sie hat keine größeren Anstrengungen unternommen, um die Indios, die generell gesehen ein unterdrücktes Volk sind, zur Freiheit zu erziehen.

3. Wir müssen bekennen, die Kirche von Riobamba hat nicht genügend beigetragen, um das Volk zu einer verantwortlichen Mitbestimmung in der Politik zu erziehen. Ihre Orientierung zielte eher auf eine Begünstigung zum Sieg der herrschenden Klasse in der Politik. Wir sind nicht damit einverstanden, daß die Kirche diese Politik favorisiert, die parteiisch mit den Reichen ist.

Die kirchliche Gemeinschaft von Riobamba macht Anstrengungen, um dem Evangelium die Treue zu halten, und hat seine Option für die Befreiung der Unterdrückten übernommen.

1. Sie hat sich als Großgrundbesitzerin selbst enteignet und eine kirchliche Landreform auf ihrem Besitzgut durchgeführt. Mit diesem Schritt hat sie ihre Absicht gezeigt, mit den Armen eine Allianz einzugehen.

2. Sie widmet sich der Weckung eines Gewissens für die Gerechtigkeit und den Gemeinschaftssinn.

3. Sie hat angefangen, zu einer befreienden Erziehung zu führen.

4. Sie hat Mißbräuche und Ungerechtigkeiten zur Anzeige gebracht.

5. Sie formt ein kritisches Gewissen des Volkes und bereitet es auf diese Weise vor, Verantwortung und Beteiligung an der Politik zu übernehmen.

Dieses Tun hat einige in Alarm versetzt, andere mit Hoffnung erfüllt. Allen Angriffen, Ermahnungen, Drohungen, Repressalien zum Trotz... stellt sich das unterdrückte Volk auf die Füße, und wir fahren mit unserer Verkündigung der Befreiung in Christus fort.

(aus: Politische Stellung einer kirchlichen Gemeinschaft, Concilium 1971, S. 99–100, Toma de posición política de una comunidad)

Im Zeichen des Widerspruchs

Die Option für die Armen führte Proaño in unausweichliche Konflikte. Der Prophet Proaño war ein friedliebender Mensch. Die Zusammenstöße legen aber einmal mehr die eigentliche Ursache der Auseinandersetzungen offen: Kirche und Gesellschaft stehen im Konflikt mit dem Evangelium. Eine weitere Ursache liegt in den verschiedenen Mentalitäten und Kirchenauffassungen.

Der gesellschaftliche Konflikt in der Stadt Riobamba entzündete sich am Bau einer neuen Kathedrale, er schwelte von 1964 bis 1972 und fand eigentlich erst 1985 mit der Einweihung seine Versöhnung.

Der innerkirchliche Konflikt fand seinen Höhepunkt 1973 in der Entsendung eines Apostolischen Visitators. Proaño und die von ihm entfachte konziliare Erneuerung gingen aus ihm nicht nur rehabilitiert, sondern sogar gestärkt hervor.

Die Treue zu den Armen verwickelte Proaño und die Kirche von Riobamba in 150 Landkonflikte; der schwerste ereignete sich 1974 in Toctezinín. Der Vorfall erlangte großes Presseecho auch in Madrid, Paris und Rom. Der ermordete Lázaro Condo fand unter dem 27. September seinen Ehrenplatz im lateinamerikanischen Martyrologium.

Der politische Konflikt brach am 12. August 1976 aus, als die damalige Militärdiktatur 17 in Riobamba tagende Bischöfe unter dem Vorwand einer subversiven Versammlung ins Polizeigefängnis warf. Damals entstand das Wort vom »subversiven Evangelium«, und Proaño ging als Sieger aus dem Konflikt hervor.

Einen Dauerkonflikt bedeutet die Tätigkeit nordamerikanischer Sekten. Ihre Spaltungstendenzen sind gegen die indianische Volksorganisation gerichtet, und ihr »Evangelium der Zivilisation« bringt eine schwere kulturelle Entfremdung und bedroht die Identität des Volkes. Den Streit um die Theologie der Befreiung sieht Proaño im selben Fahrwasser. Der Entmündigung des Volkes durch ein Bündnis der Machthaber in Kirche und Gesellschaft wirkt die Bewegung der Befreiung entgegen. Proaño

175

sieht anti-evangelische Interessen im Spiel und verteidigt die Theologie der Befreiung, weil sie ihre Wurzeln im Evangelium hat.

1984 zog Proaño es vor, wie Jesus mit Schweigen auf falsche Anschuldigungen zu reagieren.

Alle Konflikte, die Proaño durchzustehen hatte, lassen sich auf einen konzentrieren: Es ging und geht um die Verwirklichung des Evangeliums in Kirche und Gesellschaft. Dort stößt es aber auf Widerstand. So wurde der Evangelisator Leonidas Proaño zum Zeichen des Widerspruchs aus Liebe zum Evangelium.

KONFLIKTGRÜNDE

FRIEDLIEBENDER MENSCH

Mein ganzes Leben war voller Kämpfe und Konflikte. Ich selbst halte mich nicht für eine konfliktive Person. Ich bin eher ein friedliebender Mensch. Aber ich werde auch zu einem unnachgiebigen Menschen, wenn es darum geht, wesentliche Werte zu verteidigen, ich meine nicht spekulative, sondern Werte, welche die Existenz des Menschen verkörpern. Ich war unnachgiebig in der Verteidigung der Wahrheit, ich war unversöhnlich in der Verteidigung der Gerechtigkeit, ich war ungeduldig in der Verteidigung der Liebe und der Freundschaft.

(Selbstbiographie, 1976 S. 298)

VERFOLGUNG

Auch ihr werdet meine leidvolle Erfahrung machen. Mich trafen Unverständnis, Anschuldigungen, Beleidigungen, Verfolgung und Bedrohung; aber das alles zählt kaum, wenn es für eine heilige Sache erduldet wird, die vom Evangelium inspiriert ist. Was bedeuten schon Unverständnis, Anschuldigungen und Bedrohungen, was wiegt dagegen der Einsatz und sogar der Verlust des Lebens, wenn es sich um eine große und heilige Sache handelt.

(Film, Los Arboles que sembraste, 1988)

176

Leonidas Proaño, Bischof der Indios und Kirchenvater Lateinamerikas

Bischof Proaño hatte immer ein offenes Ohr für die Sorgen des Volkes, lernte von den Indios und wurde zum »Bruder der Menschen im Poncho«.

◁ Indiofrauen bieten auf dem Markt ihre Ernte, ein paar Pfund Bohnen, feil. Leid und Resignation ihres Volkes stehen ihnen ins Gesicht geschrieben.

Indios – Lastenträger seit Generationen, auf deren Rücken die sozialen
Konflikte ausgetragen werden.

Proaño als Initiator und Förderer der Alphabetisierung ▽

Indiomissionare im Indiozentrum Santa Cruz
Proaño gründete 1968 die Radioschule ERPE, um die weitverstreuten Gemeinden zu erreichen.

Strohhutflechten – dieses Handwerk der armen Leute war dem Bischof von klein auf vertraut.

Kommunion – im Gottesdienst mit Indios bedeutet dies wirklich Gemein-schaft.

Proaño beim Tischtennis
1984 in Santa Cruz

Nach der Ansprache auf der
Friedensdemonstration in
Portoviejo 1986

Proaño, Prediger der Seligpreisungen der Armen

»Wir streben nach der Geburt und dem Wachsen einer gemeinschaftlichen Kirche.«

Mit dem argentinischen Friedensnobelpreisträger Adolfo Pérez Esquivel
verband Proaño eine enge Freundschaft.

»Das Engagement für die Befreiung der Unterdrückten ist eine heilige Sache.« Friedensmarsch in Portoviejo 1986

»Gegen die nordamerikanische Interventionspolitik, für den Frieden und das Selbstbestimmungsrecht der Völker«

»Mons. L. Proaño, Bischof der Indios für immer« verkündet ein Transparent beim Papstbesuch in Latacunga am 31. Januar 1985.

Der Passionsweg der lateinamerikanischen Kirche – Gemälde von A. Esquivel für die neue Kathedrale von Riobamba (vgl. Einweihungsrede S. 259–261). Zu Füßen des Indiochristus im Poncho der Märtyrerbischof Oscar Romero in den Armen der Schmerzensmutter und der verfolgten Kirche; links unter dem Kreuz die argentinischen Mütter der Verschwun-

denen von der Plaza de Mayo, ganz links die (namenlosen) Märtyrer der
lateinamerikanischen Kirche; rechts ihre Propheten: Dom Antonio Fragoso, Dom Helder Camara, Mons. Leonidas Proaño, Ernesto Cardenal,
Dom Pedro Casaldáliga. Im Hintergrund rechts die Fassade der alten Kathedrale am Fuße des Chimborazo, links das Indiozentrum Santa Cruz.

Quelle seines prophetischen Wirkens war Proaños tiefverwurzelter Glaube
an das Evangelium Jesu Christi.   ▷

GEWALT

Wir leben in einer ständigen Situation der Verletzung der Menschenrechte.

Wir erleiden Gewalttätigkeiten wie diese:

Drohungen, üble Kommentare, Kritik, Gefangennahme, Verdrehung der Wahrheit, Prestigeverlust, Lähmung der Gerichtsbarkeit, Diffamierung und Mißkredit gegen Personen und Gruppen, die aus dem Evangelium eine Lebensanschauung machen. Es gibt Verhaftungen, Hausfriedensbruch, Mord, physische und moralische Torturen, Verstümmelungen, Spionage, Briefkontrolle, auf mysteriöse Weise Verschwundene, Landvertreibung, Gefangennahmen, rassische Diskriminierung, Erpressungen.

(aus: Proaño: Menschenrechte und ihre Verbreitung in Elendszonen, Dezember 1978, Vortrag zum 30. Jahrestag der Menschenrechtserklärung)

KONFLIKTURSACHE: VERSCHIEDENE MENTALITÄTEN

Häufig sind zwei verschiedene, unversöhnliche Mentalitäten aufgetreten: Die eine ist die Sicht des Menschen von der Seite der Reichen und vieler Priester, die andere meine, die des Bischofs. Für die ersteren ist der Mensch, im besonderen der Arme, der Indio, eine Sache, ein Objekt der Ausbeutung gewesen, schlicht gesagt, ein Tragtier. Für mich verdient er Mitleid, Chancengleichheit und die Rechte aller übrigen Menschen, er ist ein Kind Gottes, erlöst durch das Blut Christi. Für die ersteren ist der Priester mit dem Dorfbürgermeister der Initiator materieller Bauten gewesen, für mich ist er wesentlich Bote des Evangeliums und der Former der christlichen Gemeinschaft. Für die ersteren ist der Priester der Verbündete der Großgrundbesitzer, des Dorfschulzen, des Festwirts, des Schnapsverkäufers gewesen, um das Indiovolk auszubeuten und zu erniedrigen; auf mich wirkt diese Gestalt des Pfarrers abstoßend und beschämend. Für die Großen war der Bischof eine Zierde der Stadt, für ihre hohe Gesellschaft, einer, der Sachen segnete und Ereignisse versakralisierte.

Nach meinem Konzept ist der Bischof der Diener des armen

Volkes, der Vorkämpfer der wirklichen Befreiung des Menschen, der erste Verkünder des Evangeliums seiner Diözese, Kontaktmann der Gläubigen zu Christus, der erste Erbauer der »Lebendigen Kirche«. Für sie ist die Kriche eine Institution, für alle Zeiten die gleiche, unbeweglich, traditionell, Verbündete aller Privilegierten, Verteidigerin der etablierten Ordnung; für mich ist die Kirche ein Geheimnis, eine Gemeinschaft des Glaubens, der Liebe und der Hoffnung, ein Volk auf der Wanderschaft, immer im Wandel begriffen, immer auf der Suche nach der Antwort, die sie der Welt geben soll.

Diese Verschiedenheit der Mentalitäten ist die Ursache vieler Schwierigkeiten, Konflikte und Probleme geworden, sei es mit einigen Priestern, sei es mit den Privilegierten oder mit den Ausbeutern und zivilen Autoritäten.

Allein die bloße Tatsache, daß ich die Indios bevorzugt behandle, hat mir Kritik, Murren und Haß der Großgrundbesitzer eingebracht. Die gebräuchlichste Art, mich zu bekämpfen, ist die Verleumdung gewesen. Man hat mich als Kommunist angeklagt. Man hat mich beschuldigt, die Gelder der Diözese zu veruntreuen ... Man behauptet, das Exerzitienhaus Santa Cruz sei ein kirchliches Kabarett. Es wurde weithin verbreitet, die Versammlungen in diesem Haus würden Terroristen trainieren und ich selbst würde mich mit der Herstellung von Bomben beschäftigen.

Diese absurden und verleumderischen Beschuldigungen hat man mit Nachdruck bis zu höchsten Regierungsstellen lanciert und möglicherweise sogar bis zum Heiligen Stuhl getragen.

(25 Años Obispo, 1979, S. 172)

GESELLSCHAFTLICHER KONFLIKT

GESELLSCHAFTLICHER KONFLIKT, DER KATHEDRALBAU

Solange wir eine Volksmasse haben, die unter den Bedingungen der Armut und des Elends lebt, meine ich, daß es nicht von größter Bedeutung sei, ein Monument wie eine Kathedrale zu konstruieren, sondern alle Kräfte einzusetzen, um diesem geliebten, leidenden Volk sozial und kulturell aufzuhelfen.

(Erklärung vom 27. November 1964)

CHRISTUS, FUNDAMENT DER KATHEDRALE

Mit Freude erfüllt es mich, hier diese Menschenmenge versammelt zu sehen, das Volk von Chimborazo. Ich umarme euch alle mit der Kraft meiner Liebe, denn das hier ist die bessere Kathedrale, das ist die Kathedrale, die der Herr sucht (»Esa es la Cathedral mejor, esa es la Chathedral que busca el Señor«). Christus ist das Fundament dieser lebendigen Kathedrale auf Wanderschaft bis zu seiner Wiederkunft.

(Abschiedspredigt zur Amtsübergabe und Kathedralweihe, 19. April 1985)

KATHEDRALE AUS LEBENDIGEN MENSCHEN, NICHT AUS TOTEN STEINEN

Bischof, Baumeister oder Verkünder
Meine Aufgabe ist es nicht, den materiellen Fortschritt der Stadt Riobamba zu fördern. Dafür sind die zivilen Autoritäten da, wie der Bürgermeister, der Präfekt und die Zentralregierung. Ich glaube, es ist eine große Verwechslung, zu meinen, der Bischof müßte so etwas wie ein Ingenieur, Architekt oder Unternehmer sein. Die Aufgabe des Bischofs ist es, auf jegliche Art und Weise die Gute Nachricht der Befreiung der Armen zu verkünden, das Evangelium, in seiner Diözese und dort, wo sich ihm die Türen öffnen.

Kirche ohne Kathedrale
Wenn wir im Evangelium nachlesen, dann sehen wir: Christus hat keine Bauwerke errichtet, im Gegenteil, er verkündete sogar die Zerstörung des Tempels, derart, daß kein Stein auf dem anderen bleiben wird. Er beauftragte auch seine Apostel, weder Tempel

noch Städte zu bauen. Er sandte sie aus, um das Evangelium zu verkünden. Das ist der evangelische Auftrag, den er ihnen gab. Die Kirche hatte in ihren ersten Jahren, ja drei Jahrhunderte lang, keine Tempel oder Kathedralen. Der Tempel ist heidnischen Ursprungs. Später, in der konstantinischen Ära, als die Kirche aus den Katakomben stieg, benützte sie die ehemaligen Tempel. Dreihundert Jahre funktionierte die Kirche in reiner Form, eine Kirche, die die Welt verändert hat, eine Kirche, die den Weisungen und dem Weg Christi, ihres Gründers, gefolgt war.

Kirche aus Menschen, statt aus Steinen

Was sind nun die Gründe, warum die Kathedrale nicht gebaut wird? 1. Es fehlt an Geld. 2. Ich will in dieses Bauwerk nicht die Gutscheine der Agrarreform investieren. 3. Wegen der Enttäuschung und fehlenden Hilfe der reichen Schichten von Riobamba. 4. Weil ich es vorziehe, frei und ungebunden gegenüber den Regierungen zu bleiben. 5. Weil ich gerechterweise nicht die Arbeitsleistung des armen Volkes ausnützen will. 6. Meine Hauptaufgabe ist nicht, Tempel oder Kathedralen zu bauen, sondern Menschen aufzubauen und das Evangelium den Armen zu verkünden.

Ich frage mich, womit hat die reiche Schicht von Riobamba zum Bau der Kathedrale beigetragen? Die Reichen und Einflußreichen verlangen ihren Bau mehr als andere, aber sie sind die letzten im Beitragzahlen. Warum wünschen sie eine Kathedrale? Aus Glauben und christlichem Geist? Das bezweifle ich. Es sind eigennützige und vordergründige Interessen, die einen Kirchenbau nur als Schmuckstück der Stadt betrachten.

Wenn es um eine echte zivile Aktion für die Bürgerschaft geht, bin ich nicht abwesend. Ich bin präsent, wo die Unterdrückten und Marginierten sind, wo das Volk leidet, wo Ungerechtigkeit herrscht, wo ein Ausbeutersystem verewigt wird, dort bin ich anwesend. Ich bin enttäuscht von den Reichen, die eine Kathedrale nur als Schmuckstück der Stadt wollen. Ihnen bedeutet der andere lebendige Tempel gar nichts, der der Mensch ist, der Mensch um den es heute geht, der ausgebeutete Mensch.

Es ist eine Schande, den Schweiß der Armen zu mißbrauchen,

um einen Dom zu bauen, der nur ein Luxus und ein Schmuckstück sein wird. Man sagt, eine Kathedrale ist der Ausdruck des Glaubens eines Volkes. Mir scheint eher das Gegenteil sich zu bewahrheiten, sie ist im konkreten Fall ein Ausdruck von fehlendem Glauben. Wenn wir Tempel wünschen, ist der einzige Tempel Christus. Der Glaube sagt: Der Mensch ist lebendiger Tempel Gottes. Und wenn man ihn schlecht behandelt, so wie man ihn in der Provinz Chimborazo mißbraucht, ist es eine Schande, eine Kathedrale als Schmuckstück zu haben, solange der erdrückte Mensch die klaffende Wunde unserer Gesellschaft offenlegt.

Befreiung der Armen

Es gibt gegenwärtig Campesinos und Indios, die fähig sind zu sprechen, vor wem auch immer. Campesinos und Indios sind Personen, die gelernt haben, aus eigener Kraft zu denken. Die Indios werden ihnen selbst antworten, daß der Mensch langsam aus seiner Unterdrückung befreit wird, daß er Abschied nimmt von der Sklaverei der Unwissenheit, daß er aus der Sklaverei des Inferioritätskomplexes ausbricht, den ihm die Weißen aufoktroiert haben, daß er eine Religiosität verläßt, die nur zu seiner Entfremdung geführt hat; er fühlt sich heute fähig, seine eigene Entwicklung und Förderung in die Hand zu nehmen.

Auf diese Art fühle ich Stolz über das Werk, das ich in der Provinz Chimborazo aufgebaut habe, es ist ein nicht mehr rückgängig zu machendes Werk, ob sie es nun anerkennen wollen oder nicht, mit Gefallen sehen oder nicht.

(Presseerklärung zum Gesellschaftskonflikt in Riobamba, 21. Januar 1972)

DIE KATHEDRALE, ZEICHEN DER EINHEIT

Die Kathedrale vereinigt die Geschichte der Diözese. Aus den vom Erdbeben von 1797 gebliebenen Ruinen, das die Stadt Riobamba zerstörte, schleppten die Gläubigen die Steine in die neue Stadt und erbauten die Hauptkirche als Zeichen ihrer Katholizität. Der Zahn der Zeit hat diese wieder zur Ruine werden lassen. Sie wurde abge-

brochen. Was blieb, war die Fassade als Zeichen unserer indianischen und spanischen Herkunft und als Zeuge eines bitteren Streits
zweier Parteien, wobei die einen dieses kunsthistorische Relikt erhalten wollten und die anderen für ein architektonisches Monument stritten, das nur eine Kopie eines eleganten Stiles geworden
wäre, der uns und unserem Volk fremd ist.

Jahrelang wurde diese Auseinandersetzung zum Anlaß für Em-
pörung und Kritik genommen. Man wollte nicht gelten lassen, daß
die pastorale Aktivität sich am Aufbau des Menschen orientiere,
der lebendiger Tempel des Heiligen Geistes ist, und an der Kirche,
die Gemeinschaft der Gläubigen ist.

Wir möchten es aber nicht nur bei der Erinnerung an die jüngste
leidvolle Vergangenheit belassen. Vielmehr freuen wir uns heute,
weil die neue Kathedrale sich in ihrem schlichten Schmuck erhebt.
Wir sehen in ihr nicht so sehr ein Zeichen des Glaubens, das an
keinem anderen Ort sein kann als im engagierten Leben eines jeden
Christen, als vielmehr ein Zeichen der Einheit der Kirche, für
gestern, heute und morgen. Wir sehen in ihr die Anstrengung eines
Bischofs, des Volkes und der Handwerker, die mit jedem Ziegel,
mit jedem Balken, jedem Arbeitstag ihren Wunsch bewiesen haben, der Diözese einen Ort zu geben, der uns im Namen des Herrn
versammelt.

Herr Bischof weihen Sie den Dom dem Herrn als bleibendes Symbol der Einheit.

*(Rede zur Einweihung der neuen Kathedrale von Luz Luzurriaga, Leiterin der Ra-
dioschule von Riobamba, 19. April 1986, am letzten Tag Proaños als Bischof von
Riobamba, am Tag der Amtsübergabe an seinen Nachfolger, Bischof Victor Corral)*

INNERKIRCHLICHER KONFLIKT

UNTERSUCHUNG DURCH EINEN APOSTOLISCHEN VISITATOR

Der Heilige Stuhl hat das Recht, einen apostolischen Visitator zu benennen, um die objektive Wirklichkeit jeder Diözese kennenzulernen. Aber auch ich habe das Recht, wenn Beschuldigungen gegen meine Person vorliegen, diese kennenzulernen; denn ich habe ein Recht auf meine legitime Verteidigung. Ab sofort fordere ich dieses Recht ein. Darüber hinaus habe ich die Pflicht, eine Ortskirche zu verteidigen, die sich dem Evangelium verpflichtet hat, ebenso wie dem II. Vatikanischen Konzil und der Konferenz von Medellin; eine Kirche, die sich für den armen und ausgebeuteten Menschen der Provinz Chimborazo engagiert hat und sich deshalb in ein Zeichen des Widerspruchs und einen Gegenstand der Verleumdungen verwandelt hat ... Ein Bischof und eine Diözese haben wegen ihres Engagements das Recht, auf die Rückendeckung ihrer hierarchischen Oberen zu hoffen. Wir können Fehler und Mißerfolge erleiden. Nur wer kein Risiko eingeht, kann sich frei von Irrtum und Fiasko halten. Aber um der Gerechtigkeit willen muß man auch alle Arbeit und alles Erreichte für den Aufbau einer Kirche als Gemeinschaft bewerten; denn diese wird zum Heil für ganz konkrete Menschen, die immer unterdrückt und ständig vergessen waren ...

Nichts wird dem apostolischen Visitator verborgen bleiben; denn ich meine, wenn ich der Gerechtigkeit und Wahrheit Verehrung zolle, erweise ich Verehrung dem, der die Wahrheit und die Gerechtigkeit in Person ist, dem Herrn, für den ich kämpfe, den ich liebe, dem ich diene, wenn ich für die Armen kämpfe, wenn ich die Armen liebe und ihnen diene.

(Brief an den Nuntius, 31. Januar 1973, Selbstbiographie, 1976 S. 34)

Es ist notwendig, daß ich Ihnen erkläre, wie ich den Vorschlag eines »Übergangsbischofs« als »Brückenbauer« sehe. Ich bin einverstanden mit ihrer Erklärung bezüglich des Bischofs als Pontifex-Brückenbauer. Ein Bischof muß danach trachten, sich der Person Christi ähnlich zu machen und mit Ihm und wie Er Brücke über einem Abgrund zu sein, um die Versöhnung (*reconciliación*) des Menschen mit Gott zu erreichen. Aber wie ist es möglich, daß derselbe Christus auch Zeichen des Widerspruchs wurde, für die einen zur Verdammung und für andere zur Rettung? Christus ist der große Versöhner und Vermittler (*reconciliador*). Aber Christus ist nicht diplomatisch oder kompromißbereit (*conciliador*). Er macht keine Zugeständnisse oder einen Pakt mit der Sünde.

Sie schreiben: »Es gibt Situationen, in der die Persönlichkeit dessen, der eine Institution leitet, zu einer Entscheidungssituation führt: entweder mit mir oder gegen mich.« Aber abgesehen einmal vom Charakter der Persönlichkeit, müßte man nicht zu einer klaren Überzeugung kommen, ob hier Werte des Evangeliums aufs Spiel gesetzt werden oder nicht? Ich beziehe mich auf objektive, evangelische Werte. Ganz konkret: das Evangelium wird mit Füßen getreten in der totalen Elendssituation der Indios, durch ihre Demütigung, ihre erbarmungslose Mißhandlung. Gehören zur Verteidigung des Evangeliums etwa nicht die Verteidigung der Indios, der Kampf um Gerechtigkeit, die Forderung nach Achtung vor ihrer Personenwürde, eine echte Förderung dieser Menschen, das Engagement für ihre Befreiung von jedweder Unterdrückung und Ausbeutung? Ist das evangeliengemäß oder nicht?

Wenn dieses Engagement konsequenterweise Zusammenstöße mit der Mentalität und den Interessen derer hervorruft, die dem Evangelium Widerstand leisten, ... helfen keine Versöhnungsversuche oder Zugeständnisse. In diesem Fall würde ein kompromißbereiter Bischof Mitschuldiger, ein Verräter am Evangelium.

(Aus dem Brief an Kardinal Pablo Muñoz Vega in Quito, 4. Juli 1972, zur Frage eines Amtsverzichts und eines Koadjutors, auf der Höhe der Intrigenkampagne)

In einem Klima absoluter Freiheit, Herzlichkeit und Offenheit fand die apostolische Visitation durch Padre Jorge Casanova vom 3. bis 11. April 1973 statt.

Die von P. Casanova geleistete Arbeit bestand kurzgefaßt in folgendem. Er empfing den Besuch von 26 Indiokommunitäten, gab 24 Audienzen für Priester, Ordensleute und Seminaristen, hatte Kontakt in 12 Versammlungen mit allen Ordensgemeinschaften. Er empfing 24 Delegationen von verschiedenen Gruppen und Institutionen, besuchte 21 Basisgemeinden und gab 15 Audienzen für Einzelpersonen. Nach eigenen Angaben machte P. Casanova in diesen kurzen 9 Tagen 145 Besuche, im ganzen empfing er an die 2000 Personen ...

Der päpstliche Visitator überreichte mir nach dem Anhören meiner Gegner einen Fragebogen mit 21 Fragen. Erst durch diesen konnte ich klar die Beschuldigungen und deren Herkunft ersehen. Es handelte sich z. T. um gutgemeinte Vorwürfe, aber auch um absurde Anklagen, z. B. ich sei Kommunist.

Die nationale und internationale Presse verfolgte die Vorgänge mit breiter Aufmerksamkeit.

Ich empfing viele Solidaritätsbriefe von den Gemeinden, von Indios und Campesinos, von Freunden aus dem In- und Ausland. Ein Brief von Jugendlichen sagt u. a.: »Deine Pastoral ist nicht demagogisch, sondern evangelisch.« Ein Brief von Indios schreibt: »Wir meinen, daß einer, der nur Gutes denkt und tut, ohne sich nach dem Dünkel der sozialen Klassen und Rassen zu richten, niemals so feige beschimpft und verleumdet werden dürfte.«

In diesem Sinne fällte das Volk sein Urteil. Aber Rom kam nicht dazu, das seinige zu veröffentlichen, aus Gründen, die es niemals klarlegen wollte.

(Radiosendung vom 13. April 1973, vgl. Selbstbiographie, S. 233 f)

Quito, Ecuador, 13. August 1976

Heiliger Vater!

Wir sind siebzehn Bischöfe der katholischen Kirche, die in der Stadt Quito von den ecuadorianischen Behörden gefangengehalten werden. Die Erklärung der Vorfälle können Ihre Heiligkeit aus dem Brief an den Innenminister Ecuadors entnehmen, den wir beifügen.

Durch diesen Brief, den wir im Polizeihauptquartier schreiben, möchten wir Ihnen unsere brüderliche Anhänglichkeit und Treue versichern. Wir teilen Ihnen mit, daß die Bischofskongregation rechtzeitig über unsere Bischofsversammlung in Riobamba unterrichtet worden war, ebenso wie der Kardinalpräsident der ecuadorianischen Bischofskonferenz; außerdem besaß sie die volle Genehmigung des Kardinalpräsidenten des CELAM. Wir versichern Ihnen, daß sich auf unserem Treffen nichts ereignet hätte, was gegen unser Gewissen als Bischöfe der Kirche verstoßen hätte. Unser brüderliches Treffen trug ausschließlich pastoralen Charakter. Unsere gemeinsame Reflexion behandelte Probleme, welche die Evangelisierung unserer Diözesen betreffen und sie in einen Zusammenhang mit dem gegenwärtigen historischen Kontext ganz Amerikas stellen.

Weil wir befürchten, daß Verleumdungen und falsche Anschuldigungen gegen Monseñor Proaño, Bischof von Riobamba, gegen uns und die weiteren Teilnehmer erhoben werden, geben wir folgende Erklärung ab: Bei unserem Ehrenwort als Bischöfe versichern wir Eurer Heiligkeit, daß in dieser Studienwoche keinerlei Handlungen, Reden oder Erörterungen stattgefunden haben, die Themen behandelt hätten, die unserer Mission als Hirten fremd gewesen wären.

Wir beenden diesen Brief in Frieden und mit Vertrauen auf das Evangelium, denn wir wissen, »der Schüler steht nicht über dem

186

Meister«. Wir teilen mit den Aposteln die Freude, für den Herrn leiden zu dürfen.

Enrique Alvear, Weihbischof von Santiago de Chile
Antonio Fragoso, Bischof von Crateús, Brasilien
Mariano Parra, Bischof von Cumaná, Venezuela
Samuel Ruiz, Bischof von San Cristobal, Mexico
Robert Sánchez, Erzbischof von Santa Fe, USA
Pablo Rovalo, Alt-Bischof von Zacatecas, Mexico
Fernando Ariztia, Bischof von Capiapó, Chile
Sergio Méndez, Bischof von Cuernavaca, Mexico
Victor Garaygordóbil, Bischof von Los Rios, Ecuador
Gilbert Chaves, Weihbischof von San Diego, USA
Vicente Zaspe, Erzbischof von Santa Fe, Argentinien
Patricio Flores, Bischof von San Antonio, USA
Ramón Pastor Bogarín, Bischof von San Juan Bautista
de las Missiones, Paraguay
Cándido Padin, Bischof von Bauru, Brasilien
Juan Arzube, Weihbischof von Los Angeles, USA
Carlos González, Bischolf von Talca, Chile
Leonidas Proaño, Bischof von Riobamba, Ecuador

POLITISCHER KONFLIKT

LANDKONFLIKTE

Bei einem anderen Landkonflikt – in Toctezinín – gab es einen Toten und 30 Schwerverletzte. Acht Prieser und pastorale Mitarbeiter, einschließlich meines Generalvikars, wurden ins Gefängnis gesteckt. Man lancierte eine fürchterliche Pressekampagne gegen uns. In den vielen Landkonflikten gingen die Provokationen nie von uns aus. Wir handelten aus der Verteidigung unserer Rechte und zogen es vor, eher Gewalt zu erleiden, als Gewalt zu provozieren. Wir haben nichts anderes getan, als uns mit den Indios zu solidarisieren, die der Grausamkeit und Tyrannei der Landbarone ausgeliefert waren.

(Interview für P. Rosner, 31. Dezember 1985)

Das Treffen der Bischöfe war ein privates, persönliches und nicht offizielles Treffen von Freunden. Es hatte als Ziel, erstens einmal einen pastoralen Erfahrungsaustausch unter alten Freunden, Kollegen vom CELAM oder vom Konzil zu ermöglichen; es war, als ob wir die Notwendigkeit fühlten, uns wieder zu sehen und miteinander zu sprechen.

Das zweite Ziel war das einer Diagnose der lateinamerikanischen Realität unter der Teilnahme von Bischöfen verschiedener Länder, und das dritte Ziel war das Finden einer engagierten erneuerten Pastoral als Zeichen der Treue zum Evangelium und zur Kirche.

Aber es geschah durch Pressionen und Verleumdungen, daß wir angeklagt wurden, oder zumindest unterstellt bekamen, eine subversive Versammlung zu halten, die von politischem Charakter sei, und aus diesem Grund wurde sie gewaltsam unterbrochen, und wir wurden als Gefangene ins Polizeihauptquartier nach Quito abgeführt.

Wenn sie uns erlaubt hätten, die Versammlung in Frieden abzuhalten, würde sie in der Öffentlichkeit nicht so bekannt geworden sein, da sie ja privat war, zu unserem persönlichen Nutzen; aber weil nun dieser Gewaltakt sich ereignete, fand das Ereignis ein ungeheures internationales Echo, und dies verschaffte mir persönlich eine einmalige Gelegenheit zur Verkündigung des Evangeliums in verschiedenen Mileus, in denen viele der Kirche entfremdet waren.

Ich erinnere mich, nachdem ich aus der Gefangenschaft entlassen wurde, hatte ich nicht einmal Zeit zum Schlafen, ich mußte nach Guayaquil und Quito reisen, in andere Städte, weil ich von Universitäten oder auch anderen Organisationen eingeladen wurde, um Themen zu behandeln, die im Zusammenhang mit diesem Ereignis standen. Diese Einladungen boten mir die Gelegenheit, das Evangelium zu verkünden, wo auch immer ich das Wort ergriff. Im besonderen erinnere ich mich an die Einladung der staatlichen laizistischen Universität in Guayaquil, die kaum ein Priester betreten kann, aber wegen der erlittenen Umstände luden Sie mich ein. Es

kamen so viele Studenten, daß die Aula Magna zum Bersten voll
war. Und hier verkündete ich in aller Offenheit den Namen Christi
unseres Erlösers. Das wurde für mich ein Motiv tiefer Genugtuung.
Darüber hinaus wurde der Name Christi nicht nur in diesen Versammlungen verkündet, sondern auch in Veröffentlichungen internationaler Zeitungen, die ausführlich berichteten. Schließlich und
endlich möchte ich die Stunde glücklich preisen, in der sie uns
gefangen nahmen, aus persönlichen Motiven, um es deutlich zu
sagen, wenn auch unter falschen Anschuldigungen: Sie schenkte
uns die Gelegenheit, vor der ganzen Welt unseren Glauben an Jesus
Christus zu bezeugen.

(Interview für P. Rosner, 1983)

UND JESUS SCHWIEG

Nach dem Beispiel Jesu habe ich es vorgezogen zu schweigen ...,
denn die Anschuldigung ist falsch ... Das Schweigen in diesen
Fällen ist beredter als viele Worte. Das Schweigen ist auch eine
Antwort; Jesus schwieg ... Der Hohepriester fragte Jesus: »Ant-
wortest du nichts auf das, was diese gegen dich vortragen?« Er aber
schwieg und gab keine Antwort. Da fragte ihn der Hohepriester
nochmals: »Bist du der Messias?« Jesus antwortete: »Ich bin es«
(Mk 14,60–62). Die Anschuldigungen aus Anlaß des 14. Januar 1984 stellten meine Identität und meine Glaubwürdigkeit in
Abrede ... Deshalb antwortete ich nach Jesu Beispiel: Ich bin
Christ. Dazu wurde ich am Tag meiner Taufe geboren. Ich bin
Priester und Bischof der katholischen Kirche. Daher empfing ich
die Mission, die Frohe Botschaft vom Reich Gottes den Armen zu
verkünden. Ich habe mich für die Armen entschieden ... Ich habe
gekämpft und kämpfe auf Seiten der Armen mit den Armen, um
Zeuge des Gottes zu sein, der das Leben, die Wahrheit, die Liebe,
die Freiheit, die Gerechtigkeit, der Friede und die Freude ist.

*(Erklärung vom 30. Januar 1984, Antwort auf Anschuldigungen politischer Unruhe-
stiftung)*

189

DAUERKONFLIKT SEKTEN

In den letzten Jahren haben die Sekten einen wahrhaftigen Einbruch erreicht. Nach meiner Beobachtung hat die Arbeit der Sekten folgende negative Eigenschaften: Erstens predigen sie ein lebensfremdes Evangelium, fern jeder Realität. Sie propagieren in der Christusnachfolge einen geistigen Menschen und bestehen derart darauf, daß sie die konkrete Problematik, in welcher der Indio-Campesino der Provinz Chimborazo lebt, außer acht lassen. Und so haben sie ein gänzliches Desinteresse des Indio an seinen Lebensproblemen erreicht.

Zweitens ist ihr Evangelisationswerk, wie ja schon ihr Name sagt, sektiererisch, der katholischen Kirche gegenüber feindlich eingestellt. Während einiger Jahre bemühte ich mich, einen Dialog zu führen, Gespräche für eine praktische Ökumene zu suchen, aber niemals erhielt ich eine Antwort, nicht einmal eine Bestätigung auf meine Einladungen oder eine Gesprächsbereitschaft, immer haben sie sich eher feindlich gezeigt, ausfällig gegen die katholische Kirche, gelegentlich mit falschen Argumenten.

Und drittens schließlich ist auch ihre Evangelienverkündigung konformistisch und desarrollistisch, d. h. ausschließlich am Entwicklungsmodell orientiert. Es läßt sich nicht leugnen, daß sie denen wirtschaftlich helfen, die ihren Predigten zustimmen. Sie tragen zu einer Verbesserung der Lebensbedingungen bei, wie durch Kleiderspenden oder Haushaltshilfen. Aber die Hilfe führt nicht weiter, ihre Absicht ist eher, die Menschen in einem Stand des Konformismus zu belassen gegenüber ungeheuerlichen Ungerechtigkeiten, die in unserer Gesellschaft begangen werden.

Schließlich muß ich noch anfügen, daß wir Stück um Stück entdecken mußten, daß die nordamerikanischen Sekten nicht allein mit der lauteren Absicht kommen, das Evangelium zu predigen (wenn auch auf ihre Art und Weise), sondern daß sie politische Ziele verfolgen. Wenn auch einige Missionare diese politische Absicht nicht durchschauen, sind sich die Direktoren dieses Missionswerkes wohl sehr bewußt, daß ihre Mission darauf abzielt, die nordamerikanische Vorherrschaft aufrechtzuerhalten.

Ich möchte aus der Erfahrung ein Beispiel nennen: In einer Unterhaltung, die ich mit einem Nordamerikaner hatte, der eine Untersuchung über die Arbeit der Sekten und im besonderen über die Arbeit des Linguistischen Sommer-Institutes machte, sagte er mir folgendes: Wo die Vereinigten Staaten ihre ökonomischen Schlüsselpositionen haben, schicken sie ihre Sekten voraus, damit sie Zustimmung und Sympathie für ihr Land und die nordamerikanischen Interessen gewinnen.

So sehe ich die Arbeit der Sekten auch hier in der Provinz Chimborazo, die nach dem gleichen strategischen Plan wie im ganzen Land und überall in Lateinamerika vorgehen.

(Interview für P. Rosner, 1985)

POLITIK DER SEKTEN: SPALTUNGSTENDENZEN

Die protestantischen Sekten aus Nordamerika, die nicht zur evangelischen Kirche gehören, mit der wir engen Kontakt pflegen, kommen unter einer politischen Flagge nach Ecuador. Sie gebrauchen die Religion, um auf diesem Wege die nordamerikanische Vorherrschaft über unsere Länder aufrechtzuerhalten. Sie besitzen viel Geld und die Unterstützung durch reiche Organisationen in ihrer Heimat. Sie kommen, um das Gewissen der Leute zu kaufen, und betreiben billige Bekehrungskampagnen. Ihre Vorhaben spalten das Volk und säen Neid in den Gemeinden. Sie bestimmen alles nach ihrem vorgefaßten Konzept. Ein authentischer Kontakt zum Volk geht ihnen abhanden, ja sie verachten unsere Kultur. Statt des urspünglichen Evangeliums bringen sie das Evangelium der amerikanischen Zivilisation. Die Sekten wurden in unsere Provinz geschickt, damit sie unsere Arbeit der Befreiung und der Einigung des Indiovolkes stören.

Die Sekten betreiben also Politik. Können wir uns denn der Politik enthalten? Die katholische Kirche darf keine politische Abstinenz üben. Als Kirche nehmen wir am gesellschaftlichen Leben teil. Wenn wir die Situation der Ungerechtigkeit anklagen, treiben wir Politik. Beziehen wir keine Stellung, so verhalten wir uns ebenfalls politisch. Denn wir lassen zu, daß die Ungerechtigkeit weiterhin bestehen bleibt. In Erfüllung ihrer prophetischen Sendung muß die Kirche einerseits Anklage erheben und andererseits das Kommen des Reiches Gottes verkünden. So kann sich die Kirche politischer Stellungnahmen nicht enthalten.

Die Politik der Sekten ist eindeutig zu verurteilen. Sie mißbrauchen das Evangelium, um den nordamerikanischen Imperialismus der Unterdrückung und der Ausbeutung der Völker in der Dritten Welt aufrechtzuerhalten. Wir haben die konkreten Fälle politischer Ausnützung der Armen durch die Sekten denunziert und unter anderem auch die Ausweisung des »Übersetzungsunternehmens« Summer-Institute of Linguistics erreicht.

(Interview für P. Rosner, 31. Dezember 1985)

SEKTEN, HANDLANGER DES NORDAMERIKANISCHEN IMPERIALISMUS

Das Problem der Sekten wirft die schwerwiegende Frage auf: Bringen die Missionare der »Evangelisten« aus den USA die Ideologie der Beherrschung durch den Kapitalismus und Imperialismus mit?

Die Geschichte lehrt uns, wenn ein Imperium verschiedene Völker unter seine Herrschaft gebracht hat, suchen die neuen Herrscher mit ihrer Militärmacht auch ihre Gesetzgebung, Sprache und Kultur und zuletzt auch ihre eigene Religionsvorstellung den Unterworfenen aufzuzwingen, wobei sie das Religionsverständnis der besiegten Völker zerstören. Die Manipulation der Religion ist wichtig im System der Konquistadoren, Beherrscher und Imperialisten. Das ist die Logik der Herrschaft. Die Religion kann als Kanal einer Ideologie benützt werden, durch den endlich erreicht wird, daß die unterworfenen Völker ein Bild von Gott, dem Menschen und der Welt haben, das die Aufrechterhaltung des Herrschaftssystems garantiert. Ein Bild vom Herrschergott ist die beste Bestätigung für die menschlichen Herrscher über ihre Berherrschten.

Der nordamerikanische Imperialismus hat das sog. Gesetz der »Nationalen Sicherheit« eingeführt. Das große Land im Norden hat seine Sprache, seine kulturellen Werte und Lebensanschauungen unter den Völkern Lateinamerikas verbreitet. Wie könnte es dabei die Propaganda seiner Religionsanschauung vergessen?

Früher galt die katholische Kirche als Stabilitätsfaktor der herrschenden Klasse und wirkte als »Schlafmittel« für die Volksinteressen, und so hat auch sie die Vorstellung von einem Herrschergott verbreitet, der straft und zu fürchten ist. Somit hat sie Komplizendienste für ein System der Beherrschung und Gewalt geleistet. . . .

Ihre Kehrtwendung auf die Seite der Armen seit dem Konzil und Medellin aber hat die Politiker und Wirtschaftler der Beherrscher in Alarm versetzt.

Der nordamerikanische Imperialismus bezog Stellung, er organisierte die Reise von Nelson Rockefeller durch Lateinamerika. Das amerikanische Außenministerium ließ durch die Rand Corporation eine eingehende Untersuchung über die katholische Kirche anfertigen. Der CIA mischte sich ein und benützte auch Mitglieder des Friedenskorps und naive nordamerikanische Priester.

Der nordamerikanische Imperialismus schritt vom Plan zur Verwirklichung. In alle Länder wurde die Doktrin der Nationalen Sicherheit eingeführt. Der »Plan Banzer« verfolgt Bischöfe, Priester und Ordensleute, die als »gefährlich« eingestuft werden. Die katholische Kirche zahlt teuer für ihren »sündhaften« Fehler, für die Armen optiert zu haben. Sie wurde zum Opfer einer Verfolgungswelle.

Sind sich die Missionare der nordamerikanischen »Evangelisten« bewußt, daß sie für diese Imperialismuspolitik benützt werden? Verstehen sie nicht, daß der Kampf um Gerechtigkeit aus dem Evangelium und aus dem Glauben an Jesus Christus erwächst? Sie beschimpfen und verleumden die Katholiken, die sich für die Armen einsetzten als Marxisten und Kommunisten. Ist vielleicht der Kampf um Gerechtigkeit ein alleiniges Privileg der Kommunisten? Ist nicht vielmehr die Gerechtigkeit ein Wert des Gottesreiches? Haben sie in der Bibel etwa nicht die Anklagen der Propheten gegen die Ausbeuter der Armen und Unterdrücker der Völker bemerkt?

Welches Evangelium predigen die Sektenpastoren?

Sie folgen einer Tendenz zur Moralisierung, zu Wohltätigkeitswerken (asistencialismo) und zum Projektdenken (desarollismo). Ihr Evangelium ist wirklichkeitsfremd. Sie sprechen nur von der individuellen Freiheit. Sie kennen nur eine persönliche Sünde und verkennen die soziale Dimension der Sünde. Sie sehen z. B. nicht den Raub der natürlichen Ressourcen, die Beraubung eines ganzen Volkes. Was ist denn die soziale Ungerechtigkeit anderes als ein ständiger Raub in ungeheuren Dimensionen? Wie anders soll man denn die Ausbeutung der sog. unterentwickelten Länder durch die entwickelten nennen? Es handelt sich um einen gigantischen Raub.

Die Wohlfahrtswerke der Sekten sind nicht die Lösung des sozialen Problems. Sie bringen keinen Beitrag zur Veränderung der ungerechten Gesellschaft. In dieser Wohltätigkeitsorganisation arbeiten z. B. der Plan Padrino, der Plan International und Vision Mundial. In der Situation der extremen Armut der Indios bedeuten diese Werke nur eine Proselytenmacherei und verhindern jeden Prozeß einer an die Wurzeln gehenden Transformation der sozialen Gesellschaft. Sie sind nichts anderes als eine Zementierung der Beherrschung und Abhängigkeit in der Interessenpolitik des nordamerikanischen Imperialismus.

Unter Ausnützung des Verfassungsartikels der Kultusfreiheit und durch spezielle Regierungsverträge genießen die Sekten Freiheit für ihre Tätigkeit und somit auch für ihre Aggressivität gegen die katholische Kirche. Die »evangelischen Brüder« sind nichts anderes als eine Hilfstruppe zur Aufrechterhaltung des nordamerikanischen Imperialismus.

(Erklärung vor dem Pressezirkel von Chimborazo, 10. Juni 1983)

STREIT UM DIE THEOLOGIE DER BEFREIUNG

DIE THEOLOGIE DER BEFREIUNG WURZELT IM EVANGELIUM

Die Theologie der Befreiung ist meiner Meinung nach eine Reflexion im Lichte des Wortes Gottes auf die Wirklichkeit, in der das Volk lebt. Diese Realität offenbart sich im Lichte des Wortes Gottes als eine Situation der Sünde. So hat es auch die Konferenz von Medellín gesehen. Als Sünde erweist sich ein System, das dem Leben der Menschen mit Verachtung begegnet und auf Lüge, Heuchelei, Täuschung sowie institutionalisierter Ungerechtigkeit, Beherrschung und Unterdrückung beruht. Christen und Theologen haben aus dem Glauben an das Evangelium erkannt, daß eine derartige Situation nicht dem Willen Gottes entspricht und daß es darauf ankommt, sie durch den Prozeß der Befreiung zu überwinden.

Eine Theologie wie die lateinamerikanische Theologie der Befreiung, die ihre Wurzeln im Evangelium hat, muß von denjenigen bekämpft werden, die antievangelische Interessen verfolgen. Nur so kann ich es mir erklären, daß die Wahlmanager von Ronald Reagan einen Kreuzzug gegen die Theologie der Befreiung eröffneten. Wer dank einer Situation der Sünde die Welt beherrscht und wirtschaftliche Vorteile genießt, der muß in der Theologie der Befreiung einen Gegner sehen.

Die lateinamerikanischen Theologen der Befreiung sind tiefgläubige Christen. Sie stehen auf der Seite der Kirche und des Volkes. Es sind Menschen, welche aus dem Brunnen des Volkes trinken und die Gedankenwelt des Volkes systematisieren und erweitern. Ich habe immer Theologen wie Gustavo Gutiérrez und Leonardo Boff unterstützt. Es ist schade, daß das Dokument der Glaubenskongregation »über einige Aspekte der Theologie der Befreiung« von 1984 die positiven Bemühungen dieser Theologie und ihre Funktion für die lateinamerikanische Kirche nicht anerkannt hat. Die Kirche darf durch ihre Stellungnahmen und Dokumente den Machthabern, welche an der Aufrechterhaltung der Situation der

Sünde interessiert sind, keinen Vorwand zur Bekämpfung der Theologie der Befreiung liefern.

(Interview für P. Rosner, 29. Dezember 1985)

DIE THEOLOGIE DER BEFREIUNG IST GELEBTE THEOLOGIE

Die Wirklichkeit, die Lateinamerika erlebt und erleidet, ist gegen den Plan Gottes. Zu diesem Bewußtsein kommt das Volk immer mehr. Es stellt sich auf eigene Füße, erhebt sich aus seiner Erniedrigung und Unkenntnis. Das ist auch ein Faktor der Entstehung der Theologie der Befreiung.

Vor 20 oder 25 Jahren studierten ausschließlich Priester Theologie. Es war eine von Europa aus »vor-gedachte« Theologie. Sie war schlecht gedacht; denn die Texte, die wir besaßen, waren nichts anderes als eine Wiederholung dessen, was man in Europa in früheren Zeiten gedacht hat. Auf diese Weise hatten wir eine Theologie, die auf doktrinären Prinzipien fußt, deren Theorie sich schwer auf die Praxis anwenden läßt und aus diesem Grund in Diskrepanz zu ihr steht, wie die fehlende Logik zwischen Prinzipien und Leben, zwischen Lehre und Praxis zeigt.

Die Theologie der Befreiung benützt einen anderen Erkenntnisweg: Er geht von der Analyse der Realität aus. Die Wirklichkeit wird vom Wort Gottes aus betrachtet, und sie führt uns zu einem Engagement des Glaubens.

(Rede vom 28. Juni 1984, Riobamba, Treffen der Christlichen Solidaritäts-Komitees)

Befreiung der Indios

Proaño wurde zum großen Propheten der Indiobefreiung. Die Liebe zu den Indios wurde ihm schon im Elternhaus eingepflanzt. Ergriffen zunächst von der Melancholie der Indios, wie sein Jugendgedicht von 1930 zeigt, erschüttert von ihrer Armseligkeit, wie der junge Bischof in seinem ersten Brief 1954 über die Indiomisere schreibt, stellt sich der große Analytiker der Indiorealität mutig der Herausforderung der Probleme, erkennt als den wunden Punkt die Identitätskrise der Indios und profiliert sich zum großen Bischof der Indios.

Er begleitet die Indiobewegung, ja enthusiastisch ist er von der Mission der Indios für die Veränderung der herrschenden Gesellschaft überzeugt, leistet Hebammendienste zur Geburt einer Indiokirche und bekennt sich gegen Ende seines Lebens als Schüler der Indios.

In seinen alten Tagen wird er zum Lehrmeister der Indiophilosophie, zum Bewunderer ihrer Liebe zur Erde; er erkennt die Werte der Indioreligion, sein Lebenswerk gilt der Inkulturation des Evangeliums in die Indiowelt und dem Erwachen einer Indiokirche. Voll Freude darf er noch das Ergebnis seiner über 30jährigen Erziehungsarbeit mit den Indios miterleben, wie sie ihre Sprache und ihre Stimme zurückzuerobern beginnen.

Sein Vortrag in der Universität von Loja 1987 gilt ganz der Wiedergewinnung der Indioidentität, wobei er die unversöhnlichen Gegensätze des Kapitalismus mit der Indiogesellschaft scharf analysiert. Seine Vorlesung anläßlich der Verleihung der Ehrendoktorwürde in Saarbrücken 1987 stellt den Eurpäern die Schönheit und Harmonie der Indioweltanschauung vor.

Sein letztes Schriftstück, drei Monate vor seinem Tod verfaßt, ist der Befreiung der Indios aus ihrer Randexistenz gewidmet. Es wurde zu einem Musterbeispiel seiner befreienden Evangelisierung. Bei aller Verteidigung der Rechte der Indios, bei aller Option für die Armen war Proaño mit seiner sensiblen Wachsamkeit für die Werte der Indiokultur und -religion ein Schrittmacher der neuen Option für die Anderen, die kulturell Anderen. Das wird eine Lebensaufgabe für die Kirche, die ihr an der Schwelle zum dritten Jahrtausend die Wahrhaftigkeitsfrage stellt.

Proaño war in jeder Hinsicht ein Prophet in Kirche und Gesellschaft, ein Gottesmann unserer Tage, ein Wegbereiter für eine neue Zukunft.

SCHÜLER DER INDIOS

INDIOMELANCHOLIE

Sohn der Berge und Hügel
Blume, die auf weiten Hochebenen blüht,
Traurigkeit spricht aus seinem Gesicht
und tiefe Melancholie aus seinem Blick.

Wie eine Taube aus der Saat verscheucht
und durch verräterische Hand verletzt,
lebt er hier, weit von Menschen versetzt.

Wie sie, die ihre Klage versteckt,
ist er voller Mißtrauen
und spielt nie seine Flöte auf den Auen,
sobald einer lauscht.

(16. April 1930, Gedicht aus der Seminarzeit)

INDIOPROBLEM

Was soll ich sagen über die Situation in Chimborazo. Es ist zum Weinen. Sie kleiden sich in Schwarz oder Grau. Sie zeigen nicht die Farbenfreudigkeit der Indios von Imbabura. Sie haben ein schmutziges, widerliches Aussehen. Sie waschen sich nie; ihre Haartracht ist unordentlich. In ihrer Stimme liegt ein Klageton. Sie haben einen Blick wie schlechtbehandelte Hunde. Wie sie leben! In Hütten von der Größe eines Zeltes, wie in Maulwurfshügeln, in Erdhöhlen. Erbarmungslos ausgebeutet von den großen Millionären der Provinz, die, nachdem sie ihre Ernte verkauft haben, Urlaub in Nordamerika oder Europa machen können, um das Geld durchzubringen, das sie diesem unbrauchbaren und elenden Menschen des Indio von Chimborazo in seiner schlecht bezahlten Arbeit ausgepreßt haben ... Die Indios der Provinz Imbabura sind Herren im Vergleich zu diesen Indiosklaven von Chimborazo.

Wenn ich den Indio sehe, bedrückt es mich im Herzen, und ich ahne, wie gewaltig und groß das Problem seiner Erlösung ist ... Dem Indio möchte ich geben: ein Bewußtsein seiner Würde als Mensch und Person, Land, Freiheit, Kultur, Religion. Wie aber das erreichen? Ich zerbreche mir den Kopf darüber, aber ich will mich nicht entmutigen lassen. Mit einer gut geplanten Arbeit, die auf allen Ebenen in die Praxis überführt wird, mit einer Zielstrebigkeit, die keine Mutlosigkeit oder Schwäche erlaubt, wird es trotzdem noch viel Zeit brauchen, und es werden Generationen vergehen, bis man einen einigermaßen heilsamen Erfolg sehen wird ...

Das Problem des Indio ist sehr komplex, und man kann nicht – und ich will schon gar nicht – mit Teillösungen anfangen ... Wenn man nichts unternimmt, wird dieser Indio langsam, aber sicher verschwinden, erdrückt vom physischen, wirtschaftlichen, geistigen, moralischen und religiösen Elend.

(Brief vom 10. Oktober 1954, im ersten Bischofsjahr an Prof. Roberto Morales Almeida)

INDIO-REALITÄT

Im Jahre 1954 kam ich in die Diözese Riobamba. Als erstes bemühte ich mich, eine Vorstellung von der Realität zu gewinnen, um das Leben des Menschen in der Provinz Chimborazo kennenzulernen. Ich machte Pastoralbesuche in der ganzen Diözese, kam in entlegene Pfarreien und lernte viele Campesinogemeinden kennen. Das Ergebnis dieser ersten Realitätsstudie war, daß ich mir Rechenschaft gab über die Existenz großer Probleme. Eines war das gravierende Landproblem, das besonders den Campesino und Indio in seiner beklagenswerten Situation traf. Ein anderes Problem war die große Unwissenheit. Der Indio verharrte in seinem Unwissen, in das er gestoßen wurde, und so blieb er um so leichter ein Objekt der Ausbeutung. Der unwissende Mensch protestiert nicht, er macht den Mund nicht auf, er hält vieles aus, gehorcht blind und zeigt sich unterwürfig.

Ein drittes Problem war das Fehlen von Führergestalten unter den Campesinos; sie sind derart zur Masse degradiert, daß sie buchstäblich wie eine getriebene Herde daherlaufen.

An vierter Stelle entdeckte ich auch das Versagen der Kirche; ihre eigentliche Aufgabe, die Evangelisation, war sehr vernachläßigt. In jener Zeit kam ja der Pfarrer nur ein- oder zweimal im Jahr in die Dorfgemeinden, um fast ausschließlich nur Feste zu feiern und die Sakramente zu spenden. Das war die Realität, die ich antraf bei meinen Anfangsbesuchen.

(Vortrag an der Universität Loja, 5. Februar 1987)

IDENTITÄTSVERLUST

Die Indios befinden sich in schwerer Gefahr, ihre Identität zu verlieren, denn alles spielt zusammen, um ihre Kultur zu zerstören: die kapitalistische Gesellschaft, die Regierungspläne, die Spaltungstendenz der Sekten und die Entwicklungshilfe-Organisationen.

(Bericht der Indiopastoral für CELAM, September 1985)

BISCHOF DER INDIOS

Die Ernennung zum Leiter des Referats Indiopastoral hat mich mit Freude und Begeisterung erfüllt. All meine Arbeit während der Jahre als Bischof von Riobamba habe ich den Indios gewidmet. Sie waren für mich ein ständiger Ansporn in der Pastoral, und zu meiner großen Genugtuung haben sie wirklich erstaunlich mitgemacht. Die Bezeichnung Bischof der Indios ist für mich mehr als bloß ein Titel, sie stellt für mich eine Art Fahne dar, die ich mit viel

Enthusiasmus und voller Überzeugung erhebe. Aus Titeln selbst mache ich mir wenig. Die Ernennung ist ein Grund mehr, die Arbeit mit den Indios fortzusetzen.

Wie verstehe ich meine Mission als Bischof der Indios?

Mission bedeutet Sendung, und ich weiß mich gesandt, inmitten der Indios zu arbeiten, von ihrem Denken auszugehen und zusammen mit ihnen – in tiefem Respekt vor ihrer Kultur – das Evangelium zu bringen, damit sie selber die Vorkämpfer ihrer eigenen, bereits im Entstehen begriffenen Indiokirche werden. So sehe ich als Arbeitsschwerpunkt die Heranbildung von Gemeindevorstehern, Katecheten und Missionaren. Diese sollen selber eine lebendige, dynamische Kirche verkünden, die sich ständig auf den Weg zum Reiche Gottes macht. Die Verkündigung des Evangeliums bringt eine ungeheure Kraft der Belebung mit sich. Auf eine derartige Veränderungskraft setzte ich meine Hoffnung.

In gewisser Weise gilt es, das aufzuholen und wiedergutzumachen, was wir in den vergangenen Jahrhunderten versäumt haben. Persönlich versuche ich, soweit als möglich, die Gemeinschaften zu besuchen, den vielen Einladungen Folge zu leisten, Ausbildungskurse zu halten und den Indios durch meine Präsenz Mut zu machen, damit sie in erster Linie lernen, für ihre eigene Kirche Verantwortung zu übernehmen.

(Interview für P. Rosner, 30. Dezember 1985)

INDIOBEWEGUNG DER PROVINZ CHIMBORAZO

Im Jahre 1982, auf Initiative der eigenen Indios, wurde die Indiobewegung Chimborazo geboren. Für mich war das ein Trost und eine große Genugtuung, ein Jugendtraum hat sich verwirklicht, ich sehe weit voraus in die Zukunft. Diese Bewegung hat sich zum Ziel gesetzt, zu einer »Neuen Nation« zu gelangen.

Ihre Nahziele sind: die Suche nach einer wirtschaftlichen Befreiung aus eigener Kraft; die Rettung ihrer eigenen Kultur und die Durchsetzung einer eigenen Politik im Alltag und im politischen Leben.

(Film »Los Arboles que sembraste«, 1988)

Die Indios waren äußerst beunruhigt über die Spaltungen, die ihre Gemeinschaften erlitten. Sie erkannten die Notwendigkeit einer eigenen Organisation. Nach langem Hin und Her luden wir die Führer der Indiogemeinschaften zu einer Tagung ein. Der Erfahrungsaustausch des ersten Tages brachte die Ursachen der Spaltungen ans Lickt. Erwähnt seien die Sekten, welche die nordamerikanische Zivilisation predigen, internationale Organisationen, die unser Land weiterhin in Abhängigkeit halten wollen, Organisationen des Staates, welche die gesamte Arbeit zu ihrem politischen Vorteil kanalisieren, Parteien, die um die Sympathie der Indios buhlen. Alle diese Aktivitäten säten Uneinigkeit unter den Indios. Am zweiten Tag gewannen sie aufgrund der Betrachtung eines Paulus-Textes die Sicht der Kirche als Leib Christi, wo alle Glieder der Einheit dienen. Schließlich fanden sie auch eine ihren Zielen adäquate Organisationsform.

Folgende Ziele kristallisierten sich heraus: die Befreiung aus der wirtschaftlichen Abhängigkeit durch eigene Mittel, die Bildung einer indianischen politischen Plattform und die Wiederbelebung der Volkskultur.

Die wirtschaftliche Befreiung aus eigener Anstrengung erwies sich als sehr wichtig. Die Indios mußten nämlich öfters erleben, daß finanzielle Mittel, die von ausländischen Organisationen kamen, zu großen Spaltungen führten und Neid hervorriefen. Einen Anfang auf dem Weg zur wirtschaftlichen Unabhängigkeit bildete die Gemeinschaftskasse. Im Unterschied zur Bank dient sie nicht individuellen Zwecken. Die einzelnen Gemeinden zahlen die Gelder ein. Ebenso erhalten nur Gemeinschaftsprojekte Kredite.

Ein weiteres Ziel ist die Wiederbelebung der eigenen Kultur. Schließlich soll die Schaffung einer indianischen politischen Plattform die politische Manipulation beenden. Die Indios sagen: Auch wir besitzen einen klaren Kopf und können denken. Deshalb arbeiten wir eine selbständige Politik aus.

Am Ende der Tagung wurden fünfzehn Vertreter aus den verschiedenen Zonen der Provinz Chimborazo beauftragt, die gegenseitige Verbindung aufrechtzuerhalten und sich regelmäßig zu versammeln. Sie baten mich außerdem, daß ich sie begleiten möge. Auf diese Weise entstand die »Bewegung der Indios der Provinz Chimborazo«. In vielen Zusammenkünften erreichte das Volk so eine stets wachsende Einmütigkeit.

(Interview für P. Rosner, 30. Dezember 1985)

INDIOS WEISEN DEN WEG ZU EINER NEUEN GESELLSCHAFT

Von einigen Gruppierungen wurde die Befürchtung geäußert, die Indiobewegung reduziere sich auf eine rein rassistische. Bevor noch diese Sichtweise aufkam, bezeugten die Indioführer, daß sie nicht alleine marschieren wollten. Sie bekräftigten, daß sie sich selbst zuerst organisieren müßten, um mit anderen Volksorganisationen auf der Ebene der Gleichberechtigung sprechen zu können.

Ich bin davon überzeugt, daß die Indios außerordentliche Werte bewahren. Wenn es gelingt, diese ins Bewußtsein zu rufen und sie im praktischen und organisierten Leben zu verwirklichen, sind sie berufen, eine Gesellschaft zu erlösen, die jeden Tag individualistischer und konfliktiver wird. Ich meine schließlich, eine Anstrengung in dieser Richtung kann einen Beitrag leisten zur Rettung der westlichen und kapitalistischen Welt.

Deshalb träume ich von einer neuen Gesellschaft. Ich sehe auch, wie notwendig es ist, in den städtischen Volksorganisationen eine Einsicht zu schaffen, für eine Praxis der Wirtschaft, Erziehung und Politik, die mit dem Weg der Indiobefreiung in Einklang steht, auf daß sich nicht Konkurrenz und Konflikte entwickeln, sondern viel besser eine ergänzende Zusammenarbeit.

Die arme Stadtbevölkerung wie die Campesinos sind Christen. Die Lebendigkeit des Glaubens führt mit sich ein Licht und eine Kraft, die fähig ist, die Menschen zusammenzuschweißen und sie in Erbauer einer neuen Gesellschaft zu verwandeln, die die großen Werte des Gottesreiches Wirklichkeit werden läßt.

(Selbstbiographie, 1976, S. 227, 229 f)

MISSION LATEINAMERIKAS

Dieses Lateinamerika erleidet Geburtswehen, denn es wird einen neuen Menschen zur Welt bringen, einen starken Menschen, einen Menschen, der seine Stimme erheben kann und der vor aller Welt sagt, dieses Lateinamerika wird von heute an eines sein, das sich an die Spitze einer Welt und einer neuen Geschichte stellt. Aus diesem Lateinamerika wird die Rettung der Welt kommen, die sich aus vielen althergebrachten Gründen in eine korrupte und zerstörerische Welt deformiert hat.

(Vortrag an der Universität in Loja, 5. Februar 1987)

BEFREIUNG DER FRAU

Die Indio-Frau ist am meisten unterdrückt, unterdrückt vom Mann und von der Gesellschaft. Sie wird behandelt, als wäre sie eine Sache, ausgenützt als Propagandaobjekt für die Massenmedien, ausgenützt auch durch die politischen Führer, verzweckt in allen Bereichen.

In dieser bedauernswerten Situation für die Frau wird es Zeit, daß die Frauen selbst Initiative ergreifen in eigener Sache und ihre authentische Befreiung suchen. Ich glaube, es ist notwendig, daß die Frau ihre Situation erkenne, darüber nachdenke und sich selbst erkenne, ihre Fähigkeiten entdecke und zur Vorkämpferin auf dem Weg zu einer neuen Gesellschaft werde und darin mutig ihren Platz einnehme.

(Film »Los Arboles que sembraste«, 1988)

SCHÜLER DER ARMEN

Ich wurde ein Schüler der Universität des Volkes, dieser Lebensschule, wo die Armen leiden, kämpfen und singen inmitten der Bitternis und wo die Hoffnung auf eine bessere Zukunft sich am Leben erhält.

Ich bin bei den Indios in die Schule gegangen; ich habe von den

204

Armen gelernt. Dieses Volk hat mich gelehrt, Tag für Tag, Schritt für Schritt, in Versammlungen, im persönlichen Kontakt und bei Besuchen, wie ich ein Christ vor allen sein sollte, wie ich ihr Bischof, Hirte und Vater sein sollte.

(Mai 1985, Dankesrede zum Dr. h. c. des Polytechnikums Riobamba)

INDIO-LIEBE ZUR ERDE

Seine Kultur kann das Volk grundsätzlich nur selber entdecken. In einer Atmosphäre des Vertrauens lassen sie ihre Seele sprechen, und so entdecken sie viele Eigenarten, die mit ihrer Kultur zusammenhängen. Seit langem habe auch ich entdeckt, daß für den Indio die Erde viel mehr bedeutet als etwa für einen Stadtmenschen. Der Indio betrachtet die Erde als seine Mutter. Er liebt sie, mit Herz und Verstand. Die Erde bedeutet für ihn mehr als nur ein Stück Land. In der Mutter Erde fühlt er sein Wesen ausgedrückt. Deshalb raubt man dem Indio sein Leben, wenn man ihm die Erde wegnimmt. Nach der Auffassung des Indio ist die Erde nicht so sehr für den einzelnen als vielmehr für die ganze Gemeinschaft da. Wie die Mutter für ihre Söhne und Töchter da ist, so ist die Erde für alle Menschen da, damit sie auf ihr wohnen und sie pflegen können. Die Landarbeit besitzt deshalb einen großen kulturellen Wert. Aus der gemeinschaftsorientierten Beziehung zur Erde und zum Mitmenschen erwächst auch die indianische Religion. Diese wiederum manifestiert sich in der Achtung vor der Erde, in den Gemeinschaftsfeiern und im Kult, der Gott dargebracht wird.

(Interview für P. Rosner, 30. Dezember 1985)

INDIO-RELIGION UND INDIO-GOTTESBILD

Wenn die ersten Missionare vor bald 500 Jahren sich in den Dienst der Sache des Evangeliums gestellt hätten, dann hätten sie wohl auch den Wert der Indio-Religion entdeckt und schätzen gelernt und hätten sie nicht als Götzendienst oder Aberglaube verachtet und abqualifiziert.

Hätten sich die Missionare auf die Gottesvorstellung der Indios eingelassen, z. B. auf ihren Gott Pachacamac, dann hätten sie eine Ähnlichkeit und Verwandtschaft mit dem Schöpfergott der Bibel entdeckt.

Denn Pachacamac ist Schöpfergott, Lebensspender der ganzen Welt, Hüter und Beschützer aller Menschen und Lebewesen, der Tiere und Pflanzen und des ganzen Kosmos.

Wären die Missionare mit einer evangeliengemäßen Sicht der Welt nach Lateinamerika gekommen, hätten sie auch Pachacamac entdecken können als die Vorsehung, als unsichtbaren Gott, der keineswegs im Materiellen aufgeht und dem Christengott ähnlich ist.

Die weißen Theologen hätten Gemeinsamkeiten der Indio-Religion mit der biblischen Schöpfungstheologie entdecken können.

Die göttliche Schöpferkraft wird für die Indios sichtbar im Sonnengott Inti. In ihm hat sich Gott kreatürlich, menschlich und ganz konkret gemacht und den Menschen zugewandt. Der Inti zeigte uns die Liebe des Schöpfergottes zu den Menschen, seine Schönheit und Macht, das Großartige seines Gottesplanes, seine Zuneigung und seine lebensspendende Kraft. Der Sonnengott ist ein Gott des Lichtes und des Lebens.

Der Same des Gotteswortes war auch in der Indio-Religion gegenwärtig. Wird doch auch Christus im Johannesevangelium das »Licht der Welt« genannt. Derjenige, der von sich sagt: »Ich bin das Licht, der Weg, die Wahrheit und das Leben«, war den Indios niemals fremd.

Die Indios kannten auch Gott als »Heiligen Geist« und gaben ihm den Namen Huiracocha.

Den Reichtum des indianischen Gottesglaubens entdecken wir heute, viel zu spät.

(Interview, Oktober 1987)

Auf der letzten Tagung des CELAM zur Indiopastoral vom September 1985 in Bogotá haben wir eine Antwort auf das schwerwiegende Problem der Indiokulturen gesucht. Die Evangelisationsarbeit der Kirche, die aus Spanien kam, vollzog sich von außen, ohne die Eigenart und die Kultur der Indios von innen zu verstehen. Das ist einer der Gründe, weshalb keine selbständige Indiokirche entstehen konnte. Das Dokument von Bogotá spricht von einer Verdrängung der Kultur, gelegentlich sogar von einer Vernichtung der Kultur, die ihrerseits die Identität der Indios zu zerstören vermochte. Nach meinem Verständnis geschah dies nicht ausdrücklich schuldhaft, sondern eher ungewollt. Die Geschichte der Entdeckung Amerikas und seiner ersten Evangelisierung zeigt uns, wie die Soldaten und die Priester – das Schwert und das Kreuz – gleichzeitig kamen. Das Kreuz war dem Schwert, dem König zu Diensten. Der Indienrat des spanischen Königs war dem Schwert, dem König zu Diensten. Der Indienrat des spanischen Königs besaß mehr Macht und Einfluß als die Missionskongregation des Vatikans. Darin ist ein weiterer Grund zu sehen, weshalb man keine einheimische Kirche aufkommen ließ.

Viele Fehler ergaben sich aus der Verachtung der Kultur der Indios. Erst neuerdings entdecken wir die Bedeutung und den Wert des Zusammenhangs von Kultur und Religion. Das Konzil hat hier neue Horizonte eröffnet, als es an die Vätertheologie erinnerte, nach der in jeder Kultur »Samen des Wortes« oder Wahrheiten des Evangeliums verborgen schlummern. Viele Versammlungen der Missionsabteilung des CELAM haben das Thema der Kultur behandelt. Puebla widmete der Frage von Evangelisation und Kultur ein eigenes Kapitel, und in Bogotá versuchten wir, den Problemkomplex aus einer neuen Perspektive anzugehen. Deshalb glaube ich sagen zu können, daß wir erst jetzt einen Weg beschreiten, der zur Entstehung einer einheimischen Kirche führt. Eine solche Kirche lebt in der Gemeinschaft mit anderen Kirchen und mit dem Nachfolger des heiligen Petrus. Es ist aber eine Kirche mit besonderen Merkmalen. Sie besitzt eine eigene indianische Philosophie, eine indianische Theologie und eine eigene Liturgie, die auf der Symbolwelt des Volkes beruht. Während die frühere Evangelisation von außen kam, sind heute die Indios die Missionare des Evangeliums. Unter dem Wehen des Geistes entstehen Laienämter und bildet sich – ausgehend von den Basisgemeinden – eine neue, lebendige Kirche.

(Interview für P. Rosner, 31. Dezember 1985)

TREUE ZUM VOLK UND ZUM EVANGELIUM

Ich bin ganz sicher, mir ist die Kraft aus zwei Quellen zugeströmt: aus dem Evangelium und aus der Treue zum Volk, zu den Armen. Es sind zwei Treue-Haltungen, die sich in eine einzige verwandeln; denn wer dem Volk, dem Armen treu ist, findet zugleich die Treue zum Evangelium; und wer die Treue zum Evangelium findet, muß sich notwendigerweise auch für Treue zum Armen, zum Marginierten, zum Verachteten engagieren, für den Menschen, der jahrhundertelang Opfer der Ungerechtigkeit, Unterdrückung, ja manchmal der physischen Tyrannei war.

(Rede 19. Juli 1985 in Riobamba, Antwort an den Parlamentspräsidenten zur Kandidatur für den Friedensnobelpreis)

DAS EVANGELIUM VERSTEHEN HABE ICH VON DEN INDIOS GELERNT

Ich habe von den Indios so viel gelernt, daß mir die Worte fehlen, alles zu sagen.

Zuerst dachte ich, daß ich den Indios das Evangelium verkünden soll. Später lernte ich, daß nicht ich, sondern vielmehr sie mir das Evangelium gepredigt haben. Ich verdanke den Indios viel für mein eigenes Glaubensleben.

Die Indios haben von Natur aus ein große Fähigkeit, die Botschaft des Evangeliums von innen heraus zu verstehen. Wir, die wir in der westlichen Kultur erzogen worden sind, verlieren in unserer

Bibelauslegung gar oft den roten Faden. Wir rationalisieren, treiben viel wissenschaftliche Exegese, wir diskutieren, haben Meinungen und Gegenmeinungen, und dieser ganze lange Weg der westlich Gebildeten verbaut uns den direkten Zugang zur Wahrheit des Evangeliums. Die Indios dagegen bahnen sich einen unmittelbaren Zugang zum Evangelium, ohne vorher große Gedankengerüste aufzustellen und ohne viel unnütze Zeit mit Diskussionen zu verlieren.

Die Indios haben eine große Begabung, die Wahrheit, den Kern des Evangeliums klar auszudrücken und sofort zur Mitte der Botschaft zu kommen. Sie leiden nicht unter der Trennung von Glauben und Leben wie wir abendländisch Erzogene. Die Indios erfassen das Evangelium weniger mit dem Kopf, vielmehr mit dem Herzen. Sie hören und praktizieren das Evangelium zugleich.

Bei ihnen erfüllt sich die Seligpreisung des Evangeliums: »Selig, die das Wort Gottes hören und es befolgen. Für sie ist das Reich Gottes.«

(Interview, Oktober 1987)

WACHSEN EINER INDIOKIRCHE

Aus den Versammlungen mit den Indios habe ich immer wieder gelernt, was eine Indiokirche sein soll und sein könnte. Die CELAM-Tagung zur Indiopastoral gelangte zur Einsicht, daß die Apostel am Anfang ihrer Evangelisation nicht eigentlich Kirchen mit festen, einheitlichen Strukturen einrichteten. Ihre Missionstätigkeit führte zur Gründung einer Reihe von Ortskirchen. Für Lateinamerika würde dies besagen: Die Großkirche wirkt an der Entstehung von selbständigen Indiokirchen mit, so daß dadurch eine wirklich katholische und glaubwürdige Kirche entsteht, die in vielen Kulturen beheimatet sein kann.

Wir erhoffen eine Indiokirche, die keine Parallel- oder Protestkirche ist, aber dafür eine authentische und unverwechselbare Indiokirche, die in Gemeinschaft mit der Ortskirche in Ecuador und mit dem Nachfolger des Petrus in Rom steht. Ich wage zu behaupten, eine Indiokirche könnte die anderen Kirchen bekehren und verlebendigen.

Nach diesen Grundideen über die Entstehung einer Indiokirche kann ich erst von einem Programm reden, wie dieses Ziel in Ecuador zu erreichen wäre. Zunächst einmal liegt die Organisation der Abteilung für Indiopastoral in den Händen der Indios, die als Sekretäre, Übersetzer und Missionare aktiv die Arbeit mitgestalten. Sodann existieren Schulungskurse für jene, die ein kirchliches Laienamt wahrnehmen. Wir haben ein Indioseminar; und Indiofrauen bereiten sich auf ein Gott und der Gemeinde geweihtes Leben vor. Ihr Ordensleben wollen sie nach ihrer indianischen Art selbst gestalten. So kann sich die Evangelisation von den Indios aus entwickeln, mit ihnen und für sie. Ich hoffe, daß so langsam eine Indiokirche heranwächst.

(Interview für P. Rosner, 31. Dezember 1985)

ERGEBNIS DER ERZIEHUNGSARBEIT

Ich sehe als ein erstes Ergebnis meiner langen Erziehungsarbeit die Tatsache, daß der unterdrückte Mensch, den ich vor dreißig Jahren kannte, der Mensch ohne Worte, der sich nicht vor dem Patron oder Pfarrer und erst recht nicht vor dem Bischof oder Gouverneur der Provinz auch nur ein Wort zu sagen traute, heute fähig ist, ein Wort zu sagen, vor eine Autorität hinzutreten, ein Mikrophon zu ergreifen, vor einer Menschenmenge eine Rede zu halten, ohne sich seiner Sprache des Quichua zu schämen.

Wie freue ich mich, wie springt mein Herz vor Freue und erfüllt sich mit Hoffnung, wenn ich nach so vielen Jahren feststellen kann, daß die Situation nicht die gleiche ist, wie ich sie anno dazumal angetroffen habe. Sie hat sich zum Besseren verändert.

Viele haben beigetragen zu diesem Wandel der Situation und dieser positiven Veränderung der Indios, auch zum Verhalten der Nicht-Indios, man fühlt eine Bruderschaft unter Indio- und Campesinovolk. Das alles gibt Anlaß zu tiefer Freude.

Solange mir Gott Gesundheit und Kraft gibt, werde ich alles tun, was in meinen Kräften steht, um dem Volk zu dienen. Wenn es sich notwendig erweist, ein Wort der Anklage zu sagen, werde ich es tun; wenn es erforderlich ist, daß ich wieder wie früher von einem Ort zum anderen wandere, um eine Botschaft zu überbringen, werde ich gehen.

Ich wünschte, meine Tage verzehrten sich im Dienst an den Armen und an den Indios meiner Heimat Ecuador.

(Rede 19. Juli 1985, Riobamba)

DER INDIO EROBERT SEINE STIMME ZURÜCK

Ich habe ganz konkret gekämpft, damit die Gerechtigkeit Wirklichkeit werde, auf daß der Indio aus dieser Erniedrigung der Jahrhunderte auferstehe. Heute kommt der Indio dazu, das Bewußtsein seiner Menschenwürde zu entdecken, er gewinnt sein Wort wieder zurück und weiß uns zu sagen, was sein Denken ist, was seine Gefühle und welches seine Erwartungen sind.

Darin besteht die *Wiederherstellung des Menschen*, seine Rettung: Der Indio, der in früheren Jahren nicht fähig war, ein Wort zu sprechen, kann sich heute sogar vor einer großen Menschenversammlung präsentieren, um nicht nur einen Gedanken auszusprechen, der ihm von einem anderen aufgesetzt worden wäre, sondern vielmehr kann er heute *sein eigenes Denken* vortragen, um zu sagen, welches seine Rechte und was seine Erwartungen sind. Er hat sich aufgemacht, um sich zu organisieren und vorwärtszudrängen, um seine Rechte zu erobern. Das ist nicht mein Werk, ich bin nichts anderes als nur ein Werkzeug, das ist das *Werk des Evangeliums*, des Christus des Auferstandenen, der fortfährt zu handeln durch die Bescheidenen, Einfachen, Kleinen, mit armen Mitteln wie ich, damit die Armen aufs neue die Frohe Botschaft hören, die *ganzheitliche Befreiung* des Menschen.

In diesem Evangelisierungsprozeß hat man dem Volk das Wort wieder zurückzugeben gewußt, dem man es genommen hat. Man hört aufs Volk. Die Armen gewinnen ihr Wort durch das Wort Gottes wieder zurück.

(Rede 19. Juli 1985, Riobamba)

ZWEI WELTEN: INDIOGESELLSCHAFT UND KAPITALISMUS

Entdeckung der Indiowelt

Als ich noch ein Kind war, haben meine Eltern mich die Liebe zum Indio gelehrt, in Wort und Beispiel. Wenn man mich heute fragt: Wie ist es möglich, daß Sie sich mit solchem Eifer der Arbeit für die Indios von Chimborazo hingeben?, finde ich dazu die Erklärung aus meinen Anfängen.

Meine Entdeckung der Welt der Indios ist die Frucht einer Erfahrung, eines langsamen und geduldigen Lernprozesses, der öfter hart war, wenn es galt, die Indiowelt zu entdecken. Ich glaube nicht, daß ich sie schon vollkommen kennengelernt habe; sie bleibt immer noch diese wunderbare Welt, um sie wieder zu entdecken.

Wenn wir von den 500 Jahren der Entdeckung Amerikas sprechen, müssen wir wohl sagen, daß es sich eigentlich nur um eine geographische Entdeckung des Kontinents handelte; die Entdeckung des Menschen, des Bewohners, seines Lebens und dessen Organisation fehlt noch, es fehlt noch vieles, um sie zu vollenden.

Zwei Weltanschauungen

Es besteht in der Auffassung von der Erde ein wesentlicher Unterschied zwischen der Vorstellung der Indios und dem kapitalistischen Konzept, ein Gegensatz in der Praxis und Anschauung von Natur und ökologischem Gleichgewicht.

Der Indio tritt in eine tiefe gefühlsmäßige Beziehung zur Erde. Er betrachtet sie mehr unter sentimentalen Gesichtspunkten als nur unter rein produktiven ... Für den Indio ist die Erde seine Mutter. Für den Kapitalisten ist die Erde ein Handelsobjekt, eine Sache für Kauf und Verkauf, die damit jeweils einen höheren Preis erzielt; die Erde ist ein Gegenstand der Ausbeutung, aus ihrem Inneren müssen viele Bodenschätze herausgeholt und angehäuft werden. Die beiden Vorstellungen sind sehr gegensätzlich; denn sie entstammen gänzlich entgegengesetzten Kulturen.

Der Indio leitet aus dem Verständnis der Erde als Mutter eine ganze Folge von Beziehungen ab. Wie eine Mutter ihre Kinder versorgt, so betrachtet der Indio die Erde in Funktion zur Gemeinschaft, im Dienst an allen Menschen, die Gemeinschaft zu formen. Diskriminierung und Individualismus haben hier keinen Platz.

Ihre Weltanschauung der Nächstenliebe habe ich im Kontakt mit den Indios entdeckt, wie z. B. ihre gemeinschaftliche Organisation, ihre Gemeinschaftsarbeit, ihre Sorge, daß niemand in der Gemeinschaft Hunger leidet, ihre Vorsorge, die einen prozentualen Anteil an der Frucht der Arbeit, an der Ernte, für die Alten und Kranken und die Kinder festsetzt. Die Erde hat die Funktion einer Mutter für die ganze Gemeinschaft.

Zwei Gesellschaften

Es besteht ein gewaltiger Unterschied und ein großer Gegensatz zwischen der Auffassung der Indiokultur und der des Kapitalismus über die Gesellschaft.

Die Gemeinschaftsorganisation ist ein Wert, der nach meinem Dafürhalten den Kern der Indiokultur ausmacht, der sie identifiziert und von anderen unterscheidet. Das kapitalistische System auf der anderen Seite nützt die Organisation aus, begünstigt den Betrieb, besonders auch die Kooperative, die doch nur einen Teil der Dorfgemeinschaft erreicht.

Das Privatunternehmen wie auch der Staatsbetrieb entstammen einem individualistischen, egoistischen Konzept.

Ein staatlicher oder privater Betrieb erstrebt den Gewinn zum Vorteil der Direktoren, der Aktionäre. Immer wird das gleiche gesucht, und die Situation der anderen spielt keine Rolle. Sie werden vergessen und ausgebeutet zugunsten des wirtschaftlichen Wachstums einiger weniger. Auf diese Weise entstehen die Diskriminierung und die sozialen Klassen, wird der Graben zwischen Reich und Arm immer breiter, wie die Konferenz von Medellín und Puebla es genannt haben.

Eine große Gefahr für unsere Gesellschaftsordnung bringen die Sekten. Was bedeutet die Präsenz so vieler Sekten aus den USA? Sie möchten uns nach dem Bild und Gleichnis des nordamerikanischen Volkes machen, in dem man mehr als 600 Sekten zählt; sie wollen die bestehende Einheit im ecuadorianischen Volk zerstören.

Deshalb gibt es so viele Aktivitäten protestantischer nordamerikanischer Sekten, die keinen Dialog zulassen, die uns feindlich sind, die wie Spaltpilze wirken.

Zwei Religionen

Die Sekten, genauso wie eine europäische Kirche, zerstören unsere Religion und damit die Kraft unserer Einheit. Aus dem Verständnis der Erde als Mutter und seiner Gemeinschaftskultur findet der Indio seinen Bezug zu Gott. Wir müssen in Erinnerung rufen, was die Indiotheologie und die Indioreligion z. B. im Inkareich waren. Wir müssen uns erinnern an den fast in Vergessenheit geratenen Namen: *Pachacamac*. Er bedeutet viel. Es ist ein unsichtbares Wesen, vor dem sich die Indios jeweils tief verneigten, wenn sein Name in der Versammlung ausgesprochen wurde; dieser Gottheit bauten sie keine Tempel, denn sie verstanden nicht, wie ein unsichtbares Wesen einen Tempel zu seiner Ehre haben könnte.

Die Indios glaubten an den Sonnengott, den *Inti*, der als sichtbarer Gott verstanden wurde, als Gott, der Licht und Wärme spendet, der der Erde, dem Menschen und allem auf der Erde das Leben mitteilt. Auch die Erde selbst wurde als eine Gottheit angesehen. Diese Auffassungen hatten ihren Platz in der religiösen Weltanschauung der Indios, die ich mir erlaube, Theologie zu nennen.

Die katholische Kirche brachte in Erfüllung ihrer Evangelisationsaufgabe in diesen lateinamerikanischen Kontinent den Glauben an Gott, den reinen Geist, Schöpfer und Erhalter aller Dinge, den Glauben an Jesus Christus, Gottes Sohn, der sich selbst als das »Licht der Welt« bezeichnet. Sie brachte den Glauben an den Heiligen Geist, den die Indios im Inkareich unter dem Namen *Huiracocha* kannten.

Aus dem Mund eines Otavalo-Indios, der einen Studienabschluß als Anthropologe gemacht hat, hörte ich folgende Bestätigung: »Wir haben die katholische Religion angenommen, den Glauben an diesen Gott, an Jesus Christus, an den Heiligen Geist, denn wir haben eine große Ähnlichkeit entdeckt zwischen dem Glauben unserer Vorfahren und dem, was die katholische Kirche lehrt.«

Liebe zur Erde – Beweis der indianischen Identität
Der höchste Wert der Indiokultur ist seine Liebe zur Mutter Erde in Zusammenklang mit der Funktion der Erde für die ganze Gemeinschaft und der Gottesverehrung. Auf diese Weise erklären sich ihre Riten in Verbindung zur Erde und zur Gemeinschaft. Ihre Feste sind zuinnerst bezogen auf *Gott, Gemeinschaft* und *Erde.*

Dies ist nach meinem Dafürhalten das Herzstück der Indiokultur, woraus die verschiedenartigsten Äußerungen ihrer Kultur erwachsen: ihre Sprache, ihre eigene Ernährungsweise und Natur-Medizin, ihre autochtone Kunst. Ich meine, darin zeigt sich sehr klar das Profil der Indioidentität. Aus diesem Grund kennen wir den Indio als einen Menschen, der ganz an die Erde gebunden ist, sozusagen an ihr klebt. So erkennen wir den Indio als zutiefst gemeinschaftlichen Menschen, als zuinnerst religiösen Menschen.

Identitätskrise durch kapitalistische Entfremdung
Es stellt sich uns die entscheidende Frage: Was ist unsere ecuadorianische Identität? Wie charakterisieren wir uns Ecuadorianer, die wir zwar keine Idios sind, jedoch Indioblut in unseren Adern haben? Haben wir nicht indianische Werte in unsere eigene Kultur aufgenommen neben anderen vielschichtigen Einflüssen ausländischer Kulturen? Wir haben vor allem Einflüsse der spanischen Kultur aufgenommen, dann der französischen und englischen und schließlich der imperialistischen, nordamerikanischen, vor allem kapitalistischen Zivilisation. Was macht nach diesem Assimilationsprozeß denn eigentlich unsere ecuadorianische Identität aus?

Ich meine – doch schön wäre es, wenn ich mich hierin täuschte – generell gesehen sind wir Ecuadorianer von der derzeitigen nordamerikanischen Kultur praktisch aufgesogen und vereinnahmt worden. Wir sind dabei, eine Denkart zu übernehmen, die individualistisch, kapitalistisch und egoistisch ist und zu »Ellenbogenmenschen« anstatt zu Brüdern erzieht. Ohne es zu fühlen, ohne uns Rechenschaft zu geben, haben wir beschlossen, die Erde zu kommerzialisieren; wir treiben Handel mit ihr, wir kaufen und verkaufen und kalkulieren ihren materiellen Wert. So begünstigen wir die

Ausbeutung reicher Bodenschätze, wobei die Reichen unseres Landes ihren Vorteil suchen im Geschäft mit den multinationalen Gesellschaften. Wir lassen uns von dieser egoistischen Kultur, die die Erde verachtet, erobern. Es ist eine Kultur, die den Betrieb als privilegierte Organisationsform sucht, die den persönlichen Aufstieg anpeilt, anstatt das Wohl der Familie zu fördern. Sie schafft einen Typ von Menschen, der sich den Menschen, der Familie und dem Gemeinschaftsleben verschließt.

Auch wenn es in Ecuador viele alternative Kräfte der Linken gibt, auch wenn viele revolutionäre Ideen eingedrungen sind, sind wir doch vom Sog des nordamerikanischen »way of life« erfaßt.

Deshalb ist die Frage angebracht: Was ist unsere Identität als Ecuadorianer? Wir sind ein Volk, das, auch wenn es vom Individualismus überfallen ist, sich doch zu gemeinschaftlichem Handeln fähig erweist, zu Solidarität mit den Menschen, den Familien und den leidenden Völkern, Opfern der internationalen und eigenen Ungerechtigkeit, wie seine wirksame Solidarität mit den Leiden der zentralamerikanischen Völker beweist.

Identitätsfindung – Selbstentdeckung
Ich glaube, und hier komme ich ins Träumen, die Werte, die das Indiovolk von Ecuador kennzeichnen, sind aufgerufen, um unser Vaterland zu erlösen, wozu es noch den Beitrag und die Hilfe der nichtindianischen Völker braucht.

Für den Aufbau einer neuen Gesellschaft wollen wir aber nicht die Augen verschließen vor den Fortschritten der Wissenschaft und Technik, vor den wirklichen Werten der Errungenschaften des Menschen in der ganzen Welt.

Dieser Prozeß aber ist gebunden an eine Selbstentdeckung unserer eigenen Identität, die man nicht für Geld verkauft, für Dollars, die man nicht an eine Kultur verschleudert, die uns weiterhin unterdrückt und ausbeutet, die uns als Volk annullieren will, die uns nicht als eigenständiges Volk anerkennt.

Bauen wir eine neue Gesellschaft auf, eine, die sich von der gegenwärtigen unterscheidet. Suchen wir unsere Identität, und öffnen wir Wege in eine neue und bessere Zukunft aus einer Neu-Entdeckung Amerikas.

(Aus dem Vortrag an der Universität Loja, 5. Februar 1987)

ERDE, GEMEINSCHAFT, GOTT

Indio-Philosophie aus der Universität des Volkes
Für die Verleihung der Ehrendoktorwürde der Universität des Saarlandes möchte ich meinen aufrichtigen Dank aussprechen ...

Aus diesem Anlaß darf ich ehrlich und einfach ein Bekenntnis ablegen: Was ich in meinem Leben gelernt habe, habe ich nicht von den Universitäten meines Vaterlandes oder des Auslandes gelernt, sondern vom Volk; denn ich bin in die Universität des Volkes gegangen, und meine besten Lehrer waren die Armen und im besonderen die Indios von Ecuador und Lateinamerika. Als Gegengeschenk für die mir zuteilgewordene Ehrung möchte ich aus dem Schatz der Indio-Philosophie schöpfen und Ihnen kurz ihr Denken und ihre Lehre vorstellen. Ich möchte denen Ehre und Gerechtigkeit erweisen, die mir ihr Vertrauen schenkten, indem sie mir ihre kulturelle Identität offenbarten und mir darüber hinaus noch zeigten, wie das Evangelium gelebt wird.

Meine Eltern mit ihrer Pädagogik der Armen lehrten mich seit meinen Kindertagen die Liebe zu den Indios. Mein Jugendtraum, einmal Indiopfarrer zu werden, ging reichlich in Erfüllung in den 34 Jahren meiner Tätigkeit als Bischof der Indios in Riobamba und Ecuador.

Elende Indio-Situation
Die Situation der Indios war in jeder Hinsicht beklagenswert. Die Indios waren in Elend und Misere gestürzt: wirtschaftlich gesehen, ausgebeutet und ihrer Länder beraubt; sozial gesehen, an den Rand der Gesellschaft gestoßen und mit Mißachtung gestraft; kulturell gesehen, verdammt zu Ignoranz und Analphabetentum; politisch betrachtet, eine Null, nicht-existent; denn als Analphabeten besaßen sie kein Wahlrecht und damit keine politische Entscheidungs-

möglichkeit. Religiös gesehen, waren sie fast völlig vernächlässigt, psychologisch gesehen, waren sie Opfer vieler verhängnisvoller Minderwertigkeitskomplexe, wie Unwissenheit, Furchtsamkeit, Mißtrauen, Passivität und Fatalismus.

Befreiendes Evangelium

In diesem entmutigenden Panorama in einer Situation von Elend und Misere bin ich mehr als 30 Jahre lang Zeuge der befreienden Kraft des Evangeliums geworden. Ich durfte es erleben, wie die Zeichen, mit denen Christus die Verkündigung der Guten Nachricht für die Armen begleitete, aufs neue Wirklichkeit wurden: Blindgemachte sehen heute; durch Unterdrückung zur Sprachlosigkeit Verdammte, ehemals Stummgemachte sprechen heute; einst durch jahrhundertelange Mißhandlungen zu Hinkenden und Gelähmten Degradierte gehen heute aufrecht und organisieren sich als Volk.

Neu-Entdeckung von Indio-Amerika

Wir nähern uns dem Jahr 1992, in dem es 500 Jahre werden, daß Amerika »entdeckt« wurde und die erste Evangelisation der Indios begann. In dieser historischen Stunde unserer Geschichte haben die Indios einen Neu-Anfang gemacht. Sie haben begonnen, ihre Augen zu öffnen und neu zu sehen, ihr Selbstbewußtsein zu entfalten, ihre Sprache zu entdecken, ihr Wort zu finden und es mit Kraft und Mut vorzutragen. Sie haben begonnen, sich zu erheben, auf eigene Füße zu stellen und haben sich auf den Weg gemacht, sich zu organisieren. Sie sind zu einem Handeln gekommen, das von weitreichender Bedeutung für sie und die Länder Amerikas sein wird. Sie weisen jede pompöse und triumphalistische Art der 500-Jahr-Feier der sogenannten »Entdeckung« Amerikas zurück.

Denn mehr als eine Entdeckung wurde die Ankunft der Europäer eine Invasion von fatalen Wirkungen: Ausrottung von mehr als 75 Millionen Indios, Besetzung ihrer angestammten Länder, Zerstörung ihrer politischen Organisation und Kultur, Aufoktroierung der fremden Ideologie und Religion. Seit der spanischen Eroberung hat sich eine ständige Verletzung fundamentaler Menschenrechte etabliert. Die katholische Kirche und andere Kirchen, in letzter Zeit besonders die Sekten, haben sich zu Kollaborateuren der westlichen Macht hergegeben, um die Indiovölker zu unterwerfen.

Selbst-Entdeckung der Indios
Die Indios von Ecuador und Amerika haben begonnen, eine Selbst-Entdeckung voranzutreiben, die – jenseits aller Folklore – den Kern ihrer eigenen Orginalität trifft, ihre eigene historische und kulturelle Identität erreicht. Diese Selbst-Entdeckung holt aus der Tiefe ihres Seins das Charakteristische hervor, was die Art ihrer Weltansicht ausmacht wie ihr Verständnis von Arbeit, Zeit, Geld, Familie, Gemeinschaft, Organisation, Erziehung, Nationalität, Selbstbestimmung, Gottesbeziehung, Echtheit des Evangeliums und Glaubwürdigkeit der Kirche Christi.

Mutter Erde der Indios
Die Indios Lateinamerikas unterhalten mit der Erde eine mystische Beziehung.

Ihre Vorstellung der Erde ist verwurzelt mit der biblischen Erzählung der Schöpfung von Welt und Mensch. Es ist leicht, in ihr den »Samen des Gotteswortes« zu entdecken.

Lebendiges Echo auf die Schönheit des Schöpfungshymnus ist die Emotion und Tiefe, mit der der Indio sich von der Erde, seiner Mutter, empfangen fühlt, denn aus ihr wurde er geboren und sie ist seine große Ernährerin.

Wie ist es möglich, daß der Mensch vergaß, daß er von der Erde ist, wenn er in einer solch vitalen und engen Beziehung zur Erde steht? Der Indio-Mensch hat sie nicht vergessen, er sagt: ». . . nicht wir sind es, die die Erde besitzen, sondern die Erde ist es, die uns besitzt; denn die Indios sind Söhne der Erde.«

Zerstörungs-Gefahr der Erde
Diese Denkart steht in offenem Gegensatz zur Gedankenwelt der herrschenden westlichen, rein wirtschaftlich orientierten Kultur. Viele Leute können denken, diese Vorstellung von Erde sei primi-

tiv, veraltet und stünde im Gegensatz zum Fortschrittsglauben, der
den modernen Menschen beseelt.

Ich glaube jedoch, wir befinden uns in der letzten Stunde, die es
uns erlaubt, anzuhalten und nachzudenken, um zu prüfen, ob das,
was wir Fortschritt nennen, nicht ein irrsinniges Rennen zur Zerstörung und zum Tode ist und ob wir nicht in diesem Fall auch die
Pflicht hätten, zurückzukehren zu den Quellen, um das Leben zu
retten.

Ökologisches Gewissen

Diese harmonische Sicht des Indiovolkes von der Schöpfung und
der Bewahrung der natürlichen Ressourcen könnte unser ökologisches Gewissen erziehen, auf daß wir der zerstörerischen Ausbeutung der natürlichen Ressourcen Einhalt gebieten. Unsere Indionationalitäten im Amazonas-Tiefland Ecuadors sind von der Agres-
sion multinationaler Erdölfirmen bedroht, die ihnen sozusagen eine
»Chronik eines angekündigten Todes« bereiten durch Ethnozid
und Genozid, den »Holocaust« im Urwald. Der ständige Landraub
verdammt sie zu einem langsamen, aber sicheren Tod. Die 75 Lanzen eines Indiostammes, welche im vergangenen Juli auf tragische
Weise unseren Bischof-Martyrer Alexander Labaca im Urwald
Ecuadors ermordeten, waren in Wirklichkeit gegen die Erdölboh-
rer gerichtet.

Kann man den wirtschaftlichen Fortschritt mit der Zerstörung
des Lebens unschuldiger Menschen und der Ur-Natur bezahlen?

Ich hoffe, auf meiner Deutschlandreise Solidarität zu finden für
die von der Ausrottung bedrohten Amazonas-Urwald-Indiostämme
und ebenso für die von Zerstörung heimgesuchte Natur. Ich bin
auf der Suche nach Mitstreitern für den Frieden, bevor es zu spät
ist und der Mensch unseren Erdball in einen leblosen Mond verwandelt hat.

An diesem Scheideweg unserer schmerzhaft erlittenen Geschichte
fühle ich mich gedrängt, die apokalyptischen Worte des Propheten
Jesaja zu wiederholen: »Die Erde ist in Trauer; die Erde wurde
entweiht, profaniert« (Jes 24,5). Das ist der Protestschrei und die

Klage unserer Indios, die sich in Verteidigung und Widerstand gegen die Konquistadoren von einst und heute organisiert haben ...

Gemeinschaftsland

Für den Indio ist die Erde seine Mutter. Diese religiöse Beziehung zur Erde ist das Herz seiner Kultur, gleichsam der Ehering seiner Vertrautheit zur Erde. Darauf erwächst seine Lebenshaltung einer weiten Brüderlichkeit, der Großfamilie und der Gleichheit aller. Wenn die Erde die Mutter aller Menschen ist, sind sie ihre Söhne und untereinander Brüder, gerufen, eine große Familie zu bilden. Wie eine gute Mutter keine Unterschiede unter ihren Kindern macht, ist die Erde für alle da, und alle haben gleiche Rechte. Das realisierte sich im Stamm, »ayllu« genannt, der die Familienorganisation der Indios vor der Eroberung durch die Inkas war (auch die Agrarpolitik der Inkas sicherte das Leben des Volkes).

Dieser Geist der Brüderlichkeit und Gleichheit ist nicht dem Verschwinden anheimgefallen, obwohl schon fünf Jahrhunderte seit der spanischen Eroberung vergangen sind. Die Indios bleiben in ihrer Gemeinschaftsorganisation, der »Comuna«, und diese erhält sich am Leben durch viele Gemeinschaftsaktivitäten. Für die Indio-Gemeinschaften hat die Erd-Arbeit einen tiefen, vermenschlichten Sinn. Durch diese Arbeit errichtet, unterhält und entwikkelt sich nicht nur die Gemeinschaft, sondern es werden auch der tiefe Rhythmus des Lebens sowie das Gleichgewicht der Ökologie respektiert, das ihnen ihr Überleben garantiert. Das alles ist eine eigene Art, das Gebot des Schöpfers zu erfüllen: »Macht euch die Erde untertan.«

Gemeinschaftsleben

Der »Same des Gotteswortes« ging auch im Gemeinschaftsleben der Indios auf. »Laßt uns den Menschen machen nach unserem Bild und Gleichnis.« Aufgrund dieses Wortes von der Erschaffung des Menschen sagen die Theologen, Gott ist Gemeinschaft. Im Gegensatz zu einem System der Gesellschaft, Wirtschaft und Politik, in dem der Individualismus tonangebend ist, bleibt es eine Genugtu-

221

ung und ein Hoffnungszeichen, Menschen anzutreffen, die der Berufung zur Gemeinschaft entsprechen, wenn sie ihr Leben gemeinschaftlich organisieren, denn dann hat der Same des Gotteswortes seine Kraft noch nicht verloren.

Nach ihrem Verständnis der Erde als Mutter haben die Indios eine Vorstellung von der Arbeit, die nicht verheerend, sondern liebevoll sein soll, ähnlich dem Versuch eines kleinen Kindes, wenn es die Mutterbrust nimmt.

Aus diesem Verständnis der Schonung der Erde ergibt sich für sie eine Vorstellung von Zeit, die harmonisch benützt werden soll, ohne Hetze, im Einklang mit dem Rhythmus und der Bewegung der Natur, mit dem Ablauf von Tag und Nacht und den Jahreszeiten. So entsteht auch eine Vorstellung von Geld, dessen Gewinn kein Endziel ihres Lebenskampfes darstellt, sondern nur ein einfaches Tauschmittel bedeutet.

Aus der Sicht der Mutter Erde leiten die Indios ihre von der westlichen Welt verschiedene Bewertung der Medizin ab; denn die Mutter Erde hat mit ihrer Fülle von Heilkräutern vorgesorgt, entsprechend den Krankheiten.

Aus ihrer andersartigen Lebenshaltung wünschen sie eine andere Erziehung als die verschulte, eine, die mehr in Einklang mit ihrer Denkwelt und ihren Bräuchen steht.

Gottesbild

Ihrem Weltbild und ihrer Liebe zur Erde gemäß, zeigen sich die Indios tief religiös und spüren, der unsichtbare Gott ihrer Vorfahren, Pachacamac, ist in Wahrheit der Gott der Bibel. Jesus Christus als Sonnenchristus ist der sichtbare Gott ihrer Vorfahren, »das wahre Licht, das jeden Menschen erleuchtet, der in die Welt kam« (Joh 1,9). Wunderbarerweise verstehen sie die Botschaft des Evangeliums, und vor allem setzen sie diese in die Tat um, ohne ermüdende und unnütze Diskussionen und egoistische Berechnungen.

Indiopastoral

Das ist ein Volk, das im Werden begriffen ist und dem ich meinen Dienst widme als Präsident der Abteilung Indiopastoral der Ecuadorianischen Bischofskonferenz, seitdem der Heilige Vater meinen Rücktritt aus Altersgründen als Bischof der Diözese Riobamba angenommen hat. Zwei Ziele hat sich die Indiopastoral gesetzt: Unterstützung und Begleitung der Organisation des Indiovolkes und »Hebammendienste« für das Entstehen der Indio-Kirche.

Als bescheidenen Akt einer Wiedergutmachung jahrhundertelanger Ungerechtigkeit will die ecuadorianische Kirche durch ihre Indiopastoral die Erziehung von Indiopriestern in Seminarien, die ihre Kultur respektieren; ebenso will sie die Heranbildung von Indiononnen, die selbstverständlich in ihrer Kultur erzogen werden und dort beheimatet bleiben; schließlich und endlich will sie Indiobischöfe, wie es Papst Johannes Paul II. bei seinem Pastoralbesuch in Ecuador Ende Januar 1985 ausdrücklich betonte.

Dank

Zum Schluß möchte ich nochmals meinen Dank ausdrücken, daß ich in meinen alten Tagen noch diese Reise nach Deutschland unternehmen konnte.

Ich bin wieder Wanderbischof geworden auf der Suche nach Solidarität für den Frieden.

Ich glaube, mein Ehrendoktor erweist auch der Universität, die ihn vergibt, Ehre, öffnet ihren Horizont für den Völkerfrieden und die Völkerverständigung, ganz besonders mit den Indios. Er bringt aber auch für Professoren und Studenten eine Verpflichtung, den Armen zu dienen, Solidarität zu zeigen. Schließlich und endlich ermuntert er zum Zeugnis für das, was Gott durch die Armen in der Philosophie Jesu sagen wollte: »Ich preise dich, Vater, Herr des Himmels und der Erde, daß du dies vor Weisen und Klugen verborgen, Kleinen aber geoffenbart hast« (Mt 11,25).

(Aus der Vorlesung anläßlich der Verleihung der Ehrendoktorwürde der Universität des Saarlandes, 26. Oktober 1987)

ERWACHEN DER INDIOS

500 Jahre Margination der Indios

Am 12. Oktober 1992 werden es 500 Jahre, daß Christoph Kolumbus in einem Land ankam, das später dann Amerika genannt werden sollte.

Wie die Geschichte erzählt, kam Christoph Kolumbus in diesen Kontinent aufgrund eines Irrtums: Was er suchte, war ein kürzerer Weg, um das asiatische Indien zu erreichen. Dieser Verwechslung ist es zu verdanken, daß man die Bewohner dieses weiten Kontinents Indios nennt. Völker wie die Mayas, die Azteken, die Inkas hatten damals bereits ein hohes kulturelles Niveau erreicht.

Was geschah mit den Indios Amerikas durch die Ankunft der Spanier, Portugiesen und der Engländer? Es ist der Mühe wert, diese Frage zu stellen, wenn wir uns dem halben Jahrtausend dieses Ereignisses nähern.

Zweifelsohne gibt es viele Antworten auf diese Frage. Ich greife eine heraus:

»Die Indios sind 500 Jahre lang zu Randexistenzen verurteilt worden.«

Soziologen, Politiker, Entwicklungshelfer, kirchliche Mitarbeiter sprechen von der Margination. Die Indios selbst haben das Wort gelernt, und sie gefallen sich selbst, wenn sie sagen: »Wir Arme leben am Rand der Gesellschaft.« Was bedeutet dieses Am-Rand-Dasein?

Die Indios sind an den Rand der Gesellschaft gedrängt worden, während das Volk der Weißen und der Mischlinge, die Erben der Konquistadoren, sich in Bewegung gesetzt hat; die Indios sind Randexistenzen geblieben, währenddessen die Völker Europas und ihre Nachkommen in Nordamerika einen schwindelerregend großen Abstand auf dem Weg der Eroberung und der Herrschaft über die Welt zurückgelegt haben.

Margination bedeutet ganz konkret: Die Indios erhalten von den zuständigen Regierungsstellen keine Beachtung ihrer elementarsten Notwendigkeiten oder bestenfalls nur eine sehr mangelhafte Aufmerksamkeit und Sorgfalt. Die Grundbedürfnisse der Indios sind: Land, Arbeit, Erziehung, Organisation, Kenntnis von Gott und seines Gesandten Jesus Christus.

Wenn den Indios die Sorge um ihre Bedürfnisse vorenthalten wurde und immer noch wird, was soll man dann sagen über die großen modernen Fortschritte der Wissenschaft und der Technik?

Politische Sicht: Ausrottung

Ohne das geringste Zögern ist zu antworten: Die Indios sind an den Rand der Geschichte gedrängt worden, und sie erleiden eine schlimme Verzögerung von Jahrhunderten. In der politischen Realität sind sie nicht einmal als Volk anerkannt, als ein Volk mit einer eigenen Geschichte, mit eigenständigen Erwartungen und Zielen. Es wird ihnen die Fähigkeit zur Selbstbestimmung und zu einer eigenen Regierung aberkannt. Noch weniger besteht die Möglichkeit, daß die Indios für ein Volk gehalten werden, das im politischen Sinne die Entwicklung der Nation beeinflussen könnte. Von ihnen wird keine Einwirkung auf Fortschritt und Entwicklung erwartet. Sie werden als ein Hemmschuh betrachtet.

Und wenn jüngst einige Indios in Erscheinung getreten sind, die Anzeichen von Begabung, Intelligenz, Phantasie, von handwerklichem Können und von Führungsqualitäten gezeigt haben, dann wird dieses Ereignis als eine Entdeckung gewertet, die man schnell ausnützen muß, damit die Indios aufhören, Indios zu sein, und sich den Weißen und Mischlingen anzugleichen, was soviel wie die Übernahme der europäischen Zivilisation mit ihren herrschenden Ideologien von Rechts und Links bedeutet. Es gab Zeiten, in denen die Indios ermordet und ausgerottet wurden; ja ganze Völker sind verschwunden. Auch heute noch wird diese Barbarei verübt; nur die Methoden haben sich verfeinert, um die Identität der Indios zu zerstören und zu vernichten. Das geschieht heute durch enorme Geldgeschenke, durch Schmeicheleien und Lobreden und das Anbieten von bezahlten Posten, durch die Ausführung von sog. Entwicklungsprojekten, die einseitig nur zum Erhalt eines Gesellschaftsmodells beitragen, in dem notwendigerweise Herrscher und Beherrschte, Ausbeuter und Ausgebeutete, Unterdrücker und Unterdrückte existieren.

225

Religiöse Sicht: Kein Erwachsen-Werden einer Indiokirche

Was nun den religiösen Gesichtspunkt (oder besser gesagt, die Anschauung der katholischen Kirche) betrifft, sind die Indios niemals und auch heute noch nicht für fähig gehalten worden, eine eigene Indiokirche zu bilden. Es wurde ihnen nicht zugestanden, Priester und Nonnen auszubilden, die nicht nur aus ihrer eigenen Rasse stammen, sondern auch innerhalb ihrer eigenen kulturellen Werte erzogen werden dürfen, als da sind: der Reichtum einer Indiotheologie und ihrer eigenen Liturgie, indianisches Denken über Gott, den Menschen und die Welt.

Die Art der Evangelisierung – abgesehen von einigen rühmlichen Ausnahmen – hat es in 500 Jahren nicht fertiggebracht, in das Herz der Indiokultur einzudringen; sie brachte keinen Anreiz zu einer authentischen Entdeckung der Inkarnation Jesu Christi, des menschgewordenen Gottessohnes, in den Indios. Bei vielen Indiovölkern begünstigte sie leider nicht das Wachsen eines Glaubens, der als Bekehrung, Leben und Verpflichtung verstanden worden wäre. Diese mangelhafte Evangelisation ist der Grund dafür, daß bis zum heutigen Tag noch keine Indiokirche erwachsen ist. So muß sich die Großkirche bis heute den Vorwurf gefallen lassen, die ungerechte Beherrschung der Indiokultur begünstigt zu haben.

Anstatt fragwürdiger triumphalistischer Feiern der 500jährigen Wiederkehr der sog. »Entdeckung Amerikas« durch Bischofskonferenzen, den Vatikan und die Regierungen von Spanien und Amerika wäre ein Akt der Wiedergutmachung der ungeheuren Ungerechtigkeiten einer schuldbeladenen Geschichte angebracht.

Biblische Sicht: Aufwachen aus der Blindheit

Das Markusevangelium berichtet folgende Geschichte (Mk 10,46–52):

»Sie kamen nach Jericho. Als er mit seinen Jüngern und einer großen Menschenmenge Jericho wieder verließ, saß an der Straße ein blinder Bettler, Bartimäus, der Sohn des Timäus. Sobald er hörte, daß es Jesus von Nazaret war, rief er laut: Sohn Davids, Jesus, hab Erbarmen mit mir! Viele wurden ärgerlich und befahlen ihm zu schweigen. Er aber schrie noch viel lauter: Sohn Davids, hab Erbarmen mit mir! Jesus blieb stehen und sagte: Ruft ihn her! Sie riefen den Blinden und sagten zu ihm: Hab nur Mut, steh auf, er ruft dich. Da warf er seinen Mantel weg, sprang auf und lief auf Jesus zu. Und Jesus fragte ihn: Was soll ich dir tun? Der Blinde antwortete: Rabbuni, ich möchte wieder sehen können. Da sagte Jesus zu ihm: Geh! Dein Glaube hat dir geholfen. Im gleichen Augenblick konnte er wieder sehen, und er folgte Jesus auf seinem Weg.«

Die Anwendungen des Textes sind leicht zu finden und sehr klar:

Ein Mensch

Im Evangelium erscheint ein Mensch:

blind,

Bettler,

der dasitzt

am Rand des Weges (also marginiert).

Nach 500 Jahren der Entdeckung Amerikas begegnet uns in den Indios ein blindes, bettelndes, statisches, unbewegliches und marginiertes Volk.

Es ist blind, das will heißen, vollkommen verlassen in seiner Ignoranz. Es ist zum Bettler degradiert, weil das schlechte Gewissen der reichen Länder es mit ihrer Wirtschaftshilfe und technischen Assistenz dazu verdammt hat. Verschiedene Ursachen haben zu diesem Bettelelend der Indiovölker beigetragen: die Taktiken der eigenen und vom Ausland abhängigen Regierungen; eine bewußte oder unbewußte Sklavenmentalität gewisser sektiererischer Religionen, die sich obwohl sie sich selbst christlich nennen, dem Kauf von Gewissen durch Geld widmen; die Blindheit, mit der zu einem Teil die Hierarchie der eigenen katholischen Kirche geschlagen ist, wenn sie eine nur sehr oberflächliche Betrachtung der Indioproblematik hat. Das Indiovolk ist statisch, es sitzt wie der Bettler des Evangeliums da, unbeweglich, rückständig, unfähig, eigene Initiative zu übernehmen, um einen Beitrag zur Rückeroberung einer echten Fortentwicklung zu verlangen.

Die Indios sind zu Randexistenzen verdammt, sie sind ausgeschlossen im Prozeß, vom langen Marsch, der in Richtung auf die

Konstruktion eines neuen Menschen, einer neuen Welt, einer neuen Gesellschaft führt.

Das Evangelium erzählt von: *Bartimäus*,
wie er wußte, daß Jesus vorbeikam;
wie er anfing zu schreien;
wie einige versuchten, ihn zum Schweigen zu bringen;
wie Jesus ihn von der Blindheit heilte;
und wie Bartimäus anfing, mit Jesus zu ziehen.

500 Jahre nach der Entdeckung Amerikas sind wir Zeugen folgender Ereignisse im Indiovolk: Es kommt zur Entdeckung, daß Jesus, der Befreier und Erlöser, im Vorbeigehen ist, gefolgt von seinen Jüngern und dem »gläubigen, aber unterdrückten« Volk Lateinamerikas. Die gute Nachricht verbreitet sich, das Indiovolk hat seine Stimme wiedergefunden, es erhebt seinen Schrei voller Angst und Hoffnung. In diesem »gläubigen, aber unterdrückten« Volk gibt es natürlich einige, die eher daran interssiert sind, daß der Blinde blind bleibe, oder andere, die der Meinung sind, daß jeder Aufschrei ein Zeichen schlechter Erziehung und somit unangebracht sei.

Jesus jedoch hält inne und bittet, daß das Indiovolk zu ihm geführt werde, denn er ist gekommen und kommt weiterhin, um »den Armen die Heilsbotschaft zu bringen, um den Gefangenen die Befreiung und den Blinden das Augenlicht zu künden und die Zerschlagenen in Freiheit zu setzen« (Lk 4, 18–19).

Das *Indiovolk* ist dabei, mit der Kraft des Gotteswortes sein Leben wiederzuerlangen; es macht sich mit Jesus auf den Weg, um das Reich Gottes herbeizuführen, das Reich der Gnade, des Lebens, der Liebe, der Wahrheit und der Gerechtigkeit.

Marsch in die Befreiung

Wer könnte die Erinnerung an all das wachrufen und den Regierungen Spaniens und Europas und ebenfalls den christlichen Kirchen, erst recht der katholischen, weitersagen, und das gerade jetzt in der Vorbereitungszeit der 500-Jahre-Gedächtnisfeier der ersten Ankunft von Kolumbus in amerikanischen Landen und der ersten Gelegenheit der Verkündigung des Gottesreiches dort? Wer könnte eine mutige Berichtigung der Geschichte erreichen für die fürchterlichen Ungerechtigkeiten, die gegen die ersten Besitzer amerikanischen Territoriums begangen worden sind?

Es gibt eine Antwort: Ich wage zu behaupten, es ist die einzige. Wie nämlich Bartimäus, voller Glauben an die Macht Jesu, aus dem Bewußtsein seiner Armut fähig war, ein Vorbeigehen aufzuhalten, das zudem noch wegen einiger oder vieler der Begleiter Jesu triumphal und unaufhaltsam erschien, so kann auch das Indiovolk von Ecuador, Perú, Kolumbien, Bolivien, Venezuela, Chile, Panamá, Argentinien, Guatemala, Paraguay, Brasilien, Mexico und Nordamerika diesen triumphalistischen Marsch aufhalten, wenn es vom Licht und der Kraft des Evangeliums inspiriert und gestärkt ist und zudem sich gut organisiert und entschlossen erweist. Dann wird es erreichen, daß man ihm seine Rechte auf eigene Identität zurückgibt; dann wird es mit Jesus und begleitet von den Gruppen des »gläubigen, aber unterdrückten« Volkes sich auf den langen Marsch machen, der zur ganzheitlichen Befreiung, zum Aufbau einer neuen, gerechten, menschlichen, harmonischen und brüderlichen Gesellschaft führt.

Genau das ist das große Ereignis. Die Indios Amerikas haben bei gegebenem Anlaß, wie in Quito und Mailand, bereits begonnen, ihren Protestschrei zu erheben gegen den allzu simplen und kostspieligen Jubel der Feiern; denn in Wirklichkeit waren die 500 Jahre der »Begegnung« zweier Welten nichts anderes als Beraubung und Zerstörung eines Volkes mit großen Werten. In Ecuador sind die »500 Jahre Widerstand der Indios« proklamiert worden, um zu beweisen, daß – trotz jahrhundertelangen Genozids und Ethnozids – die Indios sagen: »Hier sind wir. Weder die Waffen noch die Betrügereien haben uns umbringen können.«

(Aufsatz, Pucahuaico, Mai 1988, drei Monate vor dem Tod Proaños)

DIE FRÜCHTE

Proaños Wirkung

Es wird ein Wald von Bäumen,
die Früchte geben
und fruchtbare Samen spenden.

Der Same brachte reiche Frucht.
Selig seid ihr, denn eure Augen sehen
und eure Ohren hören,
wonach sich viele Propheten
und Gerechte gesehnt haben.
(Mt 13,8.16f.)

Pro und Contra Proaño

Proaño ist Programm, das seinen Tod überdauert. Es ist aufschlußreich, ihn im Spiegel des Pro und Contra seiner Zeitgenossen zu sehen. Persönlich ein friedliebender Mensch, sah er sich zeitlebens vielen Konflikten ausgesetzt. Er wurde zum Zeichen des Widerspruchs. Er erfuhr das Wechselbad von begeisterter Annahme und feindlicher Ablehnung. Die einen sprachen ihn heilig, andere verdammten ihn. Das Echo, das seine Person und sein Werk gefunden haben, ist der beste Beweis für seine über den Tod hinausreichende Bedeutung.

Lernen wir Proaño kennen im Urteil des Volkes, seiner Freunde und Feinde, um uns selbst ein Urteil zu bilden.

PROAÑO IM URTEIL DES VOLKES

Charakterbild

Bischof Proaño hat einen strengen Gesichtsausdruck, aber sein Herz öffnet sich in Freundschaft den Armen. Die Soutane verleiht einen höheren Grad. Unser Bischof trägt sie nicht. Er trägt den Poncho. Er will wie wir Armen sein. Er ist arm wie wir. Man sagt, er hat nicht ein Stück Land, kein eigenes Haus für sich. Unser Bischof schaut nicht auf die Hautfarbe der Rasse. Für ihn sind alle gleich, er macht keine Unterschiede. Er will eine einige Kirche.

Bischof Proaño ist ein Mann, dem klare gerade Sachen gefallen. Er gebraucht keine Ausreden und macht keine Umschweife.

Verfolgter Bischof

Unser Bischof ist arm, und er fühlt die Armut der Nächsten, er spürt die Unterdrückung in eigener Person. Bischof Proaño organisiert die Campesinogemeinden und befreit sie von Sünde und Unterdrückung, um eine gemeinschaftlsiche Kirche zu formen. Er

233

vergißt sich oft selbst, ohne auf die Verleumdungen und das Risiko für sein Leben zu achten. Wir haben erlebt, wie er sich dem Dienst der Indiogemeinden gewidmet hat, ohne Furcht, sein Leben zu verlieren, und ohne Verfolgung und Kritik in Betracht zu ziehen. Er überwindet alle Verfolgungen in Tapferkeit und Kraft mit dem Schwert des Gotteswortes. So beängstigen ihn weder Todesdrohungen noch Gefangenschaft.

Der Erzieher und Befreier
Wenn es Probleme der Ungerechtigkeit mit den Großen gibt, stellt er sich immer auf die Seite des Kleinen und Armen. Durch sein Beispiel lehrt er uns, keine Angst zu haben, nicht einmal vor dem Gefängnis. Er hat uns aufgeweckt, denn dank des Lichtes des Evangeliums erkennen wir jetzt die Unterdrückung, in der wir leben. Er ist eine Führernatur, ein Kämpfer, ein Wegbereiter für uns; er ist Hirte, dynamisch, gütig, geduldig, mitfühlend mit den Armen. Sein Werk ist: alphabetisieren, erziehen, evangelisieren, uns aus der Sklaverei holen. Dabei ahmt er in Taten und persönlichem Beispiel, mit Engagement für sein Volk, mit Hingabe und Liebe, das Beispiel Jesu nach.

Die Gerechtigkeit ist das große Werk, das unser Bischof vollbracht hat; denn er hat uns gelehrt, daß wir Propheten sind.

In diesem Licht, das uns unser Bischof brachte, sehen wir, daß wir die Ungerechtigkeiten anklagen müssen, auch wenn wir im Panzerwagen zum Polizeigefängnis abgeführt werden.

Bischof Proaño lehrte die Stummen reden, weil er ihnen Kraft durch das Wort Gottes gab.

Unser Bischof versammelt das Volk auf dem Land, um mit ihm zu sprechen. Wir suchen gemeinsam, was der Ruf Gottes zur Bekehrung aller ist. Wir denken gemeinsam nach, wie wir uns befreien und von welchen Dingen wir uns befreien werden, was wir tun werden, um der Sünde zu sterben und um uns zur Gemeinschaft zu retten. Bischof Proaño handelt gemeinschaftlich.

Seine Predigt versteht man. Er weiß Worte wie wir. Er kennt unsere Gebräuche. Er predigt nicht wie andere, die – wenn sie hierherkommen – wie in der Stadt Riobamba sprechen, und die folglich das Volk nicht versteht. Das Werk Bischof Proaños besteht nicht in Bauten und Kirchenkonstruktionen. Er hat am Menschen gebaut, er hat aus ihnen Personen gemacht.

Der Evangelisator
Unser Bischof gleicht Jesus Christus.

Unser Bischof hat in seinem Leben leuchtendes Zeugnis für Christus abgelegt mit seiner Tapferkeit und Spiritualität. Er bekennt Christus inmitten der Verfolgungen durch seine Freude.

Während einige ihn lieben, sehen andere ihn schlecht an. So verstehe ich, wer wahrhaft Christus nachfolgt, muß verfolgt werden ... So wurde er als Kommunist verleumdet ... In gleicher Weise behandelten sie Jesus, und deshalb brachten sie ihn um.

Das Werk Bischof Proaños ist: Blinde sehen, Taube hören, Kranke sehen sich geheilt, Stumme sprechen, Unterdrückte und Sklaven sind in Freiheit, wer kein Land hatte, besitzt heute sein Stück Land, wer kein Häuschen hatte, besitzt heute eines, wir, die wir keine Erziehung hatten, haben heute eine, und wir können Verantwortung tragen für unser persönliches Leben und das der Gemeinschaft, wir haben gelernt als Personen in Christus und als Söhne Gottes zu gehen.

(Dem päpstlichen Visitator Pater Jorge Casanova sagte eine alte Frau: Seitdem ich Väterchen Bischof sehe, beginnen meine Augen zu sehen, mein Mund zu sprechen und meine Füße zu gehen, wohin ich vorher nicht gehen konnte.)

(Reportage von Angélica Buffi, aus: 25 Años Obispo, 1979, S. 15–28)

PROAÑO IM URTEIL SEINER FREUNDE

Wegbereiter

Du mußtest kommen, Leonidas Proaño!
Glaubender Wanderer,
im Suchen bist du selbst Weg geworden.

Von der hohen Kanzel des Chimborazo
hast du die Begeisterung verkündet:
Heiliges Volk Gottes, unterdrücktes Volk;
steh auf und mach dich auf den Weg!
Gott selbst weist das Ziel mit seinem Arm.

Du mußtest kommen, Leonidas Proaño!
Du bist im Kommen, Jahr für Jahr,
wie Christus, der ewige Wanderer der Zeiten.

Dein Weg geht nie zu Ende.
Du öffnest einen Weg, der weiterführt.
Viele Christen folgen deinen Spuren.
Viel Blut Christi leuchtet auf ihnen.

(Gedicht von P. Augustín Bravo, 1954)

Entdecker von Gottes Wegen
Bischof Proaño ist ein Mann, der das Handeln Gottes in der Geschichte, die wir erleben, zu interpretieren weiß. Wie erklärt sich
das? Ich sage nichts anderes, als was mir die Erfahrung im Kontakt
mit ihm gelehrt hat: Ich habe ihn in vielen Sachen nicht verstanden, aber dann später konnte ich Gott in seinem Tun entdecken, als
mir das Licht aufging. Er hatte die Erleuchtung schon viel früher.

*(P. Jorge Moreno, 1979, heute Generalvikar von Riobamba, in: 25 Años Obispo
1979, S. 100)*

236

Der große Glaubende

Ich entdeckte ihn als Glaubenden an die Menschen, als Gläubigen an Jesus Christus, als Glaubenden an die Geschichte, als Glaubenden an das unterdrückte Volk und seine Befreiung; und bei allem hatte er ohne viel Aufhebens und ohne viele Worte eine Schau aus der Tiefe der Lauterkeit seines Wesens.

(Juan Carmelo Garcia, in: 25 Años Obispo 1979, S. 96)

Christusliebe

Das Geheimnis seiner Liebe zur Armut und zu den Armen, das Geheimnis seiner Fähigkeit, aus der Einsamkeit eine fruchtbare Furche zu ziehen, gründet in seiner ehrlichen und glühenden Liebe zu Christus.

(Carlos Suarez Vintimilla, in: 25 Años Obispo 1979, S. 87)

Der Evangelisator

Einunddreißig Jahre hat Bischof Proaño Furchen gezogen und in sie den Samen des Wortes Gottes gesät ... Ein Wort, das zur Tat führte. Ein Wort, das aus der Wirklichkeit des Armen entstand und in gemeinsamer Reflexion wuchs, ausgehend vom Armen und erarbeitet mit den Armen, um so mitzuwirken am Aufbau einer neuen Gesellschaft, die als Ziel das Reich Gottes hat und zu einer Vorausgabe dieses Reiches auf Erden wird.

(Luz Luzuriaga, Leiterin der Radioschule von Riobamba, zur Einweihung der Kathedrale am 19. April 1985)

Proaño ist Programm

Proaño ist Fahne, die Persönlichkeit Proaños ist ein Programm; sein Name steht für ein Programm.

(Bischof José M. Ruiz N., Latacunga)

Proaño zog die Fahne des kirchlichen Progressismus hoch.

(Zeitung EL COMERCIO, Quito)

237

Proaño, der vieldiskutierte Bischof, wurde zu einem Zeichen des Widerspruchs.

(Kardinal Pablo Muñoz Vega, Quito)

Proaño ist ein Prophet der Taten, weniger der Proteste.

(Bischof Pedro Casaldáliga, Brasilien)

Proaño ist der Kirchenvater Lateinamerikas.

(José Comblin, Recife)

Proaño ist Kirchenvater für unsere Zeit.

(Bischof Pedro Casaldáliga, Brasilien)

Die Kirche von Riobamba und Bischof Leonidas Proaño sind in diesen dreißig Jahren ein und dieselbe Sache gewesen: Pilger und Zeichen von Gottes Befreiung.

(Bischof Victor Corral M., Proaños Nachfolger in Riobamba)

Die Kirche ist nicht der Bischof. Aber die Alten sagen, wie der Hirte, so die Herde.

Der Apostel Paulus empfiehlt dem Hirten, sich zum Modell der Herde zu machen. Bischof Proaño meinte, daß er sich zuerst nach dem Bild des Volkes formen müsse, getreu dem Modell dessen, der allen alles geworden ist.

(Julio Terán O., Dekan der theologischen Fakultät der Universität Quito)

Der Freund

Wir waren vier junge Priester ... Es vereinigten uns geheimnisvolle Zuneigung, ein großer Idealismus, der Wunsch, aus unserem Priestersein ein herrliches gemeinschaftliches Abenteuer zu machen. Deshalb haben wir Charakter, Gaben und Fehler zusammengelegt ..., um uns auf den Weg zu machen ... in einer Freundschaft ohne Schatten, die zu einer innigen Lebensgemeinschaft wurde, siebzehn Jahre lang, und die auch blieb, als jeder verschiedene Wege nahm.

(Carlos Suarez Vintimilla, einer der Vierergruppe von Ibarra, in: 25 Años Obispo 1979, S. 82)

Tapferer Freund

Bischof Proaño ist ein großer Freund, er weiß die Freundschaft zu pflegen. In seinem Hymnus auf die Freundschaft in seiner Selbstbiographie hebt er die Freundschaft zu Christus hervor, Freundschaft des Auferstandenen in den Freunden und wirkliche Gegenwart des Freundes Christus in den Armen. Der Bischof von Riobamba hat gewußt, sich Freunde zu schaffen, er hat Freunde in und außerhalb Riobambas.

In Stunden der Prüfung wußte sich Bischof Proaño von seinen Freunden umgeben. Am 29. Januar 1974, als er uns in Santa Cruz die Untersuchung durch den päpstlichen Visitator ankündigte, sang er mit einer kleinen Gruppe von Freunden das Christuslied:
Gib uns ein weites Herz zu lieben,
Gib uns ein tapferes Herz zu kämpfen.

(Agustín Bravo, in: 25 Años Obispo 1979, S. 8)

Freund der Wahrheit

Die Wahrheit siegt doch schließlich und endlich. Die Wahrheit bringt den Feind durcheinander. Die Befreiung ist Wahrheit, und die Wahrheit wirkt befreiend. Wenn du die Wahrheit auf deiner Seite hast und sie verteidigst, wirst du jeden Angriff aushalten, Leonidas, auch wenn sie dich foltern und töten.

(Juan Carmelo Garcia, in: 25 Años Obispo 1979, S. 15)

Freund der Armen

Die wesentliche Botschaft, die seine Persönlichkeit aussagt, ist die Treue und Wahrhaftigkeit: seine Treue zur Armut und zur Bevorzugung der Armen, mit dem Wunsch, sich mit Christus, dem Ar-

men, zu identifizieren, Treue zum Dienst an den Armen, Treue zur
christlichen Gemeinschaft.

(Carlos Suarez Vintimilla, in: 25 Años Obispo 1979, S. 83)

Liebe zum Volk

Bischof Proaño hat in den 30 Jahren seiner Arbeit uns Indios das
Wort Gottes gebracht, er ist wie unser Vater, er hilft uns immer,
mit ihm sind wir immer voller Hoffnung. Wenn Du, Heiliger Vater, jetzt einen anderen Bischof schicken mußt, dann bitten wir
Dich, sende uns einen, der das Volk zu lieben und es zu begleiten
und ihm Hoffnung zu geben weiß, so wie es Bischof Proaño getan
hat.

*(Aus der Rede der Indios an Papst Johannes Paul II. in Latacunga, 31. Januar
1981, in: Zeitschrift Encuentro, 31. Januar 1985, S. 11)*

Konsequenter Einsatz für die Armen

Ich bin der festen Überzeugung, Bischof Proaño nahm die Konsequenzen des Konzils und von Medellín zugunsten der Armen sehr
ernst. Ich halte ihn für ehrlich, und er hat den großen Wunsch,
neue Wege in dieser Richtung zu suchen. Ich finde keinen besseren
Vergleichspunkt für alle, die das Risiko bis zur letzten Konsequenz
leben, als im Evangelium (Mt 14,22 f), wo die Jünger wie tot vor
Furcht im Boot bleiben, als sie Jesus über das Wasser herannahen
sahen. Petrus sprang ins Wasser, um sich Christus auf völlig neue
Weise zu nähern. Wen sollen wir kritisieren, Petrus, weil er jede
Sicherheit aufgab, oder die anderen Jünger, die ängstlich verharr-
ten auf dem schwankenden Grund, den ihnen ihr eigenes Schifflein
bot? Ich glaube, wenn die Kirche tief ins Herz der Menschen eindringen will, muß sie neue Wege suchen. Dies wird sie nicht anders
erreichen als über Menschen, die tief ihren Glauben leben und die
wie Bischof Leonidas Proaño sich dem Risiko aussetzen, sich zu
irren. Es ist Zeit, daß die Kirche beginnt, Risiken für die Armen
einzugehen, so wie sie früher für die Reichen vieles riskiert hat.

(O. Cipriano Camerero, Universität Quito, in: DECIR, S. 72)

Freund der Gefangenen

Im Namen aller unserer Flüchtlinge möchten wir Ihnen von Herzen danken für die Anstrengung, die Sie unternommen haben, für Ihre Liebe, die Sie uns gezeigt haben, und für den Besuch, den Sie uns abgestattet haben. So fühlen wir, daß wir nicht verlassen sind. Sie haben uns unseren Hirten und Bischof Oscar Romero genommen, den wir nie vergessen. Aber unser Gott hat uns nicht im Stich gelassen. Er hat uns viele andere Helfer geschickt, vor allem Sie, der Sie uns besucht haben ... Wir schreiben Ihnen aus dem Gefängnis als politische Gefangene. Sie wollten unsere Stimme zum Verstummen bringen. Aber wie Christus die Sünden der Mächtigen und Ungerechten brandmarkte, so ist unsere Stimme nicht erstickt. Sie haben zwar unsere Körper einsperren können, aber nicht unseren Geist.

(Brief von 700 politischen Gefangenen aus El Salvador an Proaño, abgedruckt in: »Del Martirio a la Victoria«, S. 117)

Der Prophet

Die Armen und die, die wir solidarisch den Armen dienen wollen, brauchen:
- dein Lächeln eines Kindes,
- dein Schauen des Gottesmannes,
- deine Tapferkeit eines Soldaten Cristi,
- dein einzigartiges Charisma des Propheten.

(Bischof Victor Corral, Nachfolger Proaños, 29. Mai 1984 zum 30jährigen Bischofsjubiläum Proaños)

Prophetenidentität

Dem Propheten Leonidas Proaño gewidmet:
Der Prophet ist häufig schrill. Seine Aufgabe ist: schreien, Zeuge sein, der aufweckt und aufrüttelt.

Der Prophet spricht nicht immer nur mit Worten. Seine Taten und sein Leben reden, sie überbringen uns eine Botschaft.

Der Prophet öffnet Horizonte, er entdeckt neue Formen. Er ist ein Neuerer. Das gefällt denjenigen nicht, welche die Stabilität ihrer Sachen lieben. Der Prophet, während er zugleich Neues

241

bringt und ändert, schlägt Wurzeln im Beständigen und Traditionellen. Er ist eine neue Stimme, die nicht mehr sein darf als ein Echo des Evangeliums.

Der Prophet irrt sich als Mensch. Er hat gelegentlich kein Glück mit seinen Mitarbeitern. Er kann nicht immer die Übertreibungen seiner Verfolger bremsen. Aber das ist sein Leben, seine Laufbahn, die seine Mission beglaubigt und seinem Werk Bestand und Triumph verleiht, allen Angriffen seiner Gegner zum Trotz.

(P. Marco Vinicio Rueda, Universität Quito, Prosagedicht, 18. Oktober 1974)

Prophet der Taten

Er ist ein absolut friedliebender Mensch, von allen Seiten von Konflikten bedrängt, mit Ausnahme von einer: von der Seite seines unerschütterlichen Glaubens. Er ist ein Prophet der Taten, weniger der Proteste.

(Dom Pedro Casaldáliga, in: 25 Años Obispo, 1979, S. 109)

Prophet der Indiowürde

Für mich als Brasilianer und Christ ist Bischof Proaño der Prophet der Indiowürde. Wir, Weiße und Christen, haben 480 Jahre lang Völkermord an ihnen begangen.

Für die lateinamerikanische Kirche, welche die Gesichtszüge des armen Volkes trägt, bedeutet er viel: Er ist ihr Bischof der Indios.

(Dom Antonio Fragoso, Bischof von Cratéus, Brasilien, 1979)

Angst vor dem Propheten

Bischof Proaño ist der wahre Prophet dieser unterdrückten und versklavten Indiowelt ... Ich sah den Propheten, wie er erglühte, als er mir die beklagenswerte Situation schilderte, welche die Indios erleiden müssen ... Seine Gelassenheit und heilige Ruhe bewies er, als er von den Häschern der drei Militärdiktatoren Ecuadors ein Beglaubigungsschreiben verlangte, das sie ermächtigte, diesen Überfall und Hausfriedensbruch zu verüben. Als er statt einer Antwort in den Gefängnisbus steigen mußte, schloß er sich in ein ruhiges Schweigen ein, das er nur brach, als er gezwungen wurde, den Bus zu verlassen, um in einem Polizeiauto in unbekannter Richtung entführt zu werden. Angesichts des Protestes aller im Bus richtete er Worte des Trostes und der Ermunterung an uns. In seinem Gesicht zeigte sich kein Anzeichen einer Rebellion oder Unversöhnlichkeit, welche die Gelassenheit, mit der er der Situation begegnete, unterbrochen hätte. So sind die Propheten.

Die Nacht dieses Donnerstages, des 12. August 1976, wurde für den Propheten Christi, den Bischof von Riobamba ein wahrer Gründonnerstag. Die völlig unangemessene Bedeutung, welche die Regierung der Versammlung in Riobamba gab, offenbarte den wirklichen »Mobilmachungscharakter«, den die Versammlung hatte; denn in Lateinamerika gibt es eine Gruppe von Bischöfen, Priestern, Nonnen und Laien, die sich für eine ganzheitliche Befreiung des Volkes einsetzen, ohne Waffen und Gewaltanwendung, und welche dafür von der Regierung für eine Gruppe von Marxisten, Kommunisten oder Umstürzlern gehalten werden, denn die Regierungen der Nationalen Sicherheit können nicht akzeptieren, daß es in der Kirche fortschrittliche Gruppen gibt, die eine Instrumentalisierung der Kirche zur Unterdrückung des Volkes zurückweisen. Sie haben Angst vor den Propheten ...

(Mariano José Parra León, Bischof von Cumará, Venezuela, zum Überfall auf die Bischofsversammlung vom 12. August 1976 in: 25 Años Obispo, 1979, S. 189 f)

Friedensstifter

Das Werk, das Proaño vollbrachte, ist ein Beitrag zum Frieden. Friede besteht ja nicht in der Abwesenheit von Konflikten, sondern im Suchen nach Gerechtigkeit, nach dem Recht des Volkes und in der Zurückforderung seiner legitimen Rechte. Das große Charisma Bischof Proaños ist seine Nähe zu den Ärmsten, zum Volk der Indios, welche in der Gesellschaft völlig an den Rand gedrückt worden sind. Auf diese Weise hat er durch sein Engagement großen Einfluß auf die Friedensbewegungen Lateinamerikas. Sein Zeugnis ist ein Licht, das begleitet und orientiert. Das Heim von Santa Cruz ist ein Treffpunkt, den viele Lateinamerikaner besucht haben, um Orientierung zu empfangen und dann ein Engagement zu übernehmen. Das ist ein sehr klarer und konkreter Beitrag zum Frieden. Das ist, was meiner Meinung nach Bischof Proaño ständig lehrt, und zwar in einer gewaltlosen und tiefgehenden Aktion.

(Friedensnobelpreisträger Adolfo Pérez Esquivel, 18. Februar 1986, Interview für P. Rosner, Riobamba)

Kandidat für den Friedensnobelpreis

Der Friedensnobelpreis richtet sich nicht nur an eine einzelne Person, er steht immer auch als Symbol für eine Gruppe. In Bischof Proaño trifft sich wie in einer Synthese dieser Kampfgeist, dieses Engagement für das Volk. Mehr als 30 Jahre sahen wir ihn im Kampf auf der Suche nach der Würde der Person, nach dem Recht des Volkes, nach der Neugeburt des Indiovolkes. Das alles bedeutet einen großen Beitrag zum Frieden.

Der Preis wirkt wie ein Aufwecken der Gewissen in der Welt. Die Kandidatur Bischof Proaños für den Friedensnobelpreis ist zum einen eine Anerkennung seines Lebenswerkes, dann aber auch ein Ruf an das internationale Gewissen, auf daß die Aufmerksamkeit auf das Drama gelenkt werde, das die Indiovölker in Ecuador und in vielen Teilen der Welt erleben.

(Friedensnobelpreisträger Adolfo Pérez Esquivel, 18. Februar 1986, Interview für P. Rosner, Riobamba)

Baumeister des Friedens

Es ist recht und billig, daß der Nationenkongreß und sein Präsident im Namen der Souveränität des Volkes ... und der Verteidigung der Menschenrechte, die Aufgabe der Legislative ist, hierhergekommen sind und als Zeugen die erhobenen Häupter eines dankbaren Volkes nehmen, um eine öffentliche Würdigung eines Soldaten seines Volkes zu feiern, der zu kämpfen wußte, um seinem Volk die Würde und Ehre zu erringen. Bischof Proaño ist durch seinen Glauben und seine Liebe zu den Armen zum Vorkämpfer für ihre unveräußerlichen Rechte geworden. Er ist ein Baumeister des Friedens. Ich bin hierhergekommen, um zu zeigen, daß Bischof Proaño mit Recht für den Friedensnobelpreis 1986 vorgeschlagen wurde. Und als Zeichen der Unterstützung dieser wertvollen Initiative suchen wir eine Aufwertung des Friedensnobelpreises, der das Werk dessen ehrt, dem sein Volk in seinem Herzen ein Denkmal der Anerkennung und der Bewunderung errichtet hat …

(Rede des Parlamentspräsidenten Ing. Raul Baca Carbo in Riobamba, 19. Juli 1985)

Der Ehrendoktor

Dieses Lebenswerk des Bischofs der Indios – so heißt es in der lateinisch verfaßten Promotionsurkunde – würdigt die Philosophische Fakultät der Universität des Saarlandes, sein Engagement für die Rettung des kulturellen Erbes der Indios und ihrer Sprache, sein pädagogisches Konzept einer Erziehung zur Freiheit und sein unbeirrbares Eintreten für Frieden und soziale Gerechtigkeit.

(aus der Laudatio zur Verleihung der Ehrendoktorwürde durch den Dekan der Philosophischen Fakultät der Universität des Saarlandes, Prof. Dr. Reinhard Schneider, 26. Oktober 1987)

Gute Nachricht in Person

Leonidas Proaño: Du hast ein Beispiel gegeben; du bist Beispiel geworden. Du bist in deiner Person deiner mißhandelten Rasse nicht davongelaufen. Du hast dich zu ihr bekannt, und hast ihr ihre Würde und die Fülle der Offenbahrung Gottes mit allen Fasern deines Lebens zukommen lassen. Du hast das Evangelium ernst genommen. Du hast Ungerechtigkeit ab- und Gerechtigkeit aufgebaut. Du wurdest für die Kirche von Riobamba eine Gute Nachricht. Dein Name steht für eine Bewegung, die weit über deine Diözese und dein Heimatland hinausgeht. Wegbereiter, Volkserzieher, Menschenrechtskämpfer, Friedensstifter, Prophet, Kirchenlehrer und Vater der Armen haben nicht selten andere dich genannt.

Gestatte – »und die Armen sollen es hören und sich freuen« (Psalm 34) –, gestatte also, daß eine deutsche Universität durch diese Promotion auch die ehrt, die durch dein Lebenswerk von Nichtmenschen zu Menschen und zu Bauleuten des Friedens promoviert wurden.

(Bischof Emil Stehle, Santo Domingo de Los Colorados, in seiner Festrede zur Verleihung der Ehrendoktorwürde, Saarbrücken, 26. Oktober 1987)

245

Vorsicht vor diesem Bischof

Vorsicht mit diesem Bischof, Herr Innen- und Polizeiminister! Nehmen Sie sich in acht vor diesem Bischof! Sein apostolisches Wirken wird angeklagt, nicht christlich zu sein, solange es mit Streitsucht verknüpft ist, die zurückgewiesen werden muß, die jedoch tief in einen breiten Sektor der Campesinos von Riobamba eingedrungen ist und zudem noch in weite Teile des katholischen Volkes von Ecuador. Das darf nicht einen Augenblick aus dem Auge lassen, wer die Politik regiert.

(Journalist Modesto Severo, Zeitung El Expreso, Guayaquil, 16. Oktober 1974, im Zusammenhang mit Landkonflikten)

Kommunistenbischof

Was haben der Bischof von Riobamba und seine Mitarbeiter angestellt, um den Applaus und die Freundschaft ihrer gestrigen und ewigen Feinde zu bekommen? Sie haben ihnen wahrhaft einen Dienst erwiesen, den sie selbst nicht erreichen konnten mit allen Büchern von Marx, Engels, Lenin, Stalin oder Mao Tse Tung. Die Diözese von Riobamba hat Christus als Fahne genommen, hat die Bibel dialektisch interpretiert, und unter Ausnützen des Prestiges und des Einflusses, den der Katholizismus im einfachen Volk und unter den Indios genießt, haben sie sich einer Kampagne der Agitation und Propaganda gewidmet, haben sie versucht und in vielen Fällen auch erreicht, die sozialen Beziehungen umzustürzen; sie haben Anarchie gesät; sie haben Überfall und Gewalt angestiftet. Niemals erwarteten die Kommunisten oder Linken im Bischof von Riobamba und seinen Subalternen solch wirkkräftige Verbündete zu haben. Der Dienst, den sie ihnen erwiesen haben, ist enorm, und deshalb sparen sie nicht mit Applaus für ihre neuen Kameraden des Marsches. Aber der Applaus dauert nur eine Zeitlang, solange sie für ihre Pläne von Nutzen sind, solange sie sich instrumentalisieren lassen . . .

(Zeitung Ultimas Noticias, Quito, 23. September 1974, im Zusammenhang mit Landkonflikten)

Der vieldiskutierte Bischof
Im Zentrum des Landkonfliktes, der in Toctezinín entstanden ist, steht die Figur Bischof Proaños. Ist er ein »kommunistischer Bischof«, zu dem ihn seine Feinde disqualifizieren wollen? Oder ist er ein Prälat, der jenseits von politischen Ideologien eine sozialreligiöse Bewegung anführt, die für die Würde der jahrhundertelang gedemütigten und miserabel behandelten Indios seiner Diözese kämpft, wie seine Gesinnungsgenossen hervorheben?

Eine konkrete Antwort auf diese Frage gewinnen wir nicht aus der konfusen Presse, sondern aus den Tatsachen, die es erlauben, ein Urteil zu bilden. Tatsache ist dies: Den Bischof von Riobamba umgeben und verteidigen die wirtschaftlich schwachen Kräfte, Campesino-Kooperativen, Arbeitergewerkschaften, Stadtviertelvereinigungen und mit ihnen Studenten und Erzieher, Vereinigungen verschiedener Fakultäten der Universität, kurz und gut, alle, die in die Zukunft schauen und in der Gegenwart die Ängste der armen Klasse erleiden ... Es ist eine Polemik zwischen Gegnern und Verteidigern des vieldiskutierten Bischofs entstanden, wo die Proaño-Anhänger die Landbarone beschuldigen, sie würden sich auf ihre wirtschaftlichen Privilegien stützen und gegen das Agrargesetz sein, das die Campesinoklasse begünstigte, deren Vorkämpfer der Bischof von Chimborazo ist.

(Zeitung El Comercio, Quito, 4. November 1974)

Angriff auf die konziliare Erneuerung
Gewiß haben einige Bischöfe Grund zum Klagen. Wer regiert eigentlich die Kirche? Es ist nicht mehr der Papst, der durch die Kollegialität seine Führerrolle aufgegeben hat und jetzt den Bischöfen folgt. Diese selbst sehen sich in der Praxis durch teuflische Kollegialität gezwungen, Beschlüsse von Versammlungen, Kommissionen und Sekretariaten, in denen sie nichts sagen, dann, wenn auch widerwillig, aber doch durchzuführen.

Wer hat die Ablegung der klerikalen Kleidung beschlossen? Das Umdrehen der Altäre, die Verurteilung des Latein? Die Emanzipierung der Nonnen? Die gemeinsame Schulerziehung von Buben und Mädchen? Den modernen Katechismus, die Handkommunion, praktisch die Aufhebung des Kanonischen Rechts, die neue Messe?

Die Bischöfe und vor Ihnen der Bischof der Bischöfe sind mächtigen und anonymen Neuerern gefolgt, die sie lenken. Unsere Oberhirten leben noch in der traurigen Illusion, als ob sie in dieser Revolution anschaffen würden, wenn sie sich hinter diese Neuerungssüchtigen stellen.

Wir Priester, an Vertrauen und Disziplin gewöhnt, haben lange Zeit geschwiegen, jetzt wissen wir aber, daß wir getäuscht worden sind mit diesen Reformen und dieser neuen Pastoral. Wir hätten erwartet, daß sie zu einem neuen Leben der Kirche führen, und jetzt müssen wir feststellen, daß alles in Auflösung begriffen ist. Wir müssen unseren Bischöfen die Wahrheit erklären: Uns reichts! Das Maß ist voll! Diese »Reformen« entmutigen und demütigen die Pfarrer, Kapläne und Lehrpersonen, die trotz allem noch überzeugt sind von der Schönheit ihres Priesterdienstes ... Was heute zählt, ist die Säkularisierung, die Entklerikalisierung. Welch abscheuliche Worte, welch scheußliche Sachen! Die Priester und auch die Nonnen haben von sich aus weder Zerstörung ihrer Werke, ihrer Schulen gewollt noch beschlossen! Von der Entwürdigung der Nonnen mit ihren kurzen Röcken und ihren Dauerwellen will ich schon gar nicht mehr reden! Viele Fragen stellen wir mit Angst: Wann und wo wird das aggiornamento aufhören und Halt machen?

(Protestbrief des Klerus, von Proaño zitiert, in der Radiosendung Heute und Morgen vom 10. Dezember 1971 über EL INTEGRISMO FRENTE A SU PROPIO ESPEJO [Die Integrismusbewegung im Selbstspiegel])

Verstimmung in der Bischofskonferenz

Die Meinungen über Bischof Proaño in der Bischofskonferenz gehen auseinander. Erzbischof Ernesto Alvarez von Cuenca, auch der Bischof von Babahoyo haben die klare evangelisierende Linie Proaños hervorgehoben. Aber einige Bischöfe der Synode (1974) wie Kardinal Pablo Muñoz Vega oder Erzbischof Bernardino Echeverría scheinen mit der Pastoral von Proaño nicht einverstanden zu sein. Außerdem zeigt sich wachsende Opposition gegen die Basisgemeinden, die so weit ging, daß sie als Instrumente politischer Agitation und marxistischer Propaganda hingestellt wurden, in klarem Gegensatz zum II. Vatikanischen Konzil und zu Medellín, die sie als Zellen der Bewußtseinsbildung anerkannten. Das und anderes sind Anzeichen von Verstimmung und Mißverständnissen im ecuadorianischen Episkopat mit Bischof Proaño.

(Rodrigo Arrobo, in: DECIR, S. 69 f)

PROAÑO IM URTEIL SEINER VERTEIDIGER

Gegen die Isolation Proaños

Ich glaube, seine Freunde in der Kirche erweisen Proaño einen schlechten Dienst. Sie wollen Bischof Proaño in den einzigen nachahmenswerten Prototyp verwandeln; das ist abwegig. Sich auf ihn zu berufen, um gegen den Rest der Bischöfe loszuwettern, hieße ihn verraten, das wäre eine Ungerechtigkeit.

Und was ist von der Pressekampagne zu halten?

Bischof Proaño fand Eingang als öffentlicher Vordenker in die Medien der Massenkommunikation. Möge doch das Ereignis, »Notiz zu sein« – sei es mit Schmach oder mit Applaus –, ihm niemals verbieten, die wahre Botschaft zu sein.

(Bischof Gonzales López M., Sucumbios, in: DECIR, S. 67)

Gegen die Kreuziger Proaños

Es wird gesagt, Bischof Proaño sei ein Politiker, der die Indios aufwiegle. Ich glaube das Gegenteil. Bischof Proaño wußte nicht sich wie ein Politiker zu benehmen, sonst hätte er nicht in so freier und offener Art so viele Schwierigkeiten heraufbeschworen. Wollte er wirklich Politiker sein, läge ihm in diesem Augenblick die ganze Provinz zu Füssen, denn alle Arbeit, die er geleistet hat, im Gegensatz zu den Politikern von Chimborazo, die jetzt gegen ihn Stellung bezogen haben, würde ihm die Herzen erobern.

Ich habe in der gestrigen Zeitung gelesen, daß eine selbsternannte Junta von Würdenträgern Riobambas die Entfernung des
Bischofs von Riobamba verlangt hat. Wenn nur diese Persönlichkeiten die gleiche Sorgfalt und Beweglichkeit im Dienst an Ihres-
gleichen und am Vaterland bewiesen hätten. Es ist der Augenblick
gekommen, in dem alle, die an das verdienstvolle Werk Bischof
Proaños glauben, ihm in entscheidener Weise Rückendeckung geben. Ein Erfolg seiner Verfolger wäre die schlimmste Katastrophe
für die ecuadorianische Kirche und die Sache der Gerechtigkeit
und des Fortschrittes in Ecuador. Man darf nicht erlauben, daß
jene Menschen gekreuzigt werden, die den Dienst am Armen zum
Programm ihres Lebens gemacht haben.

*(Diplomvolkswirtschaftler Mauricio Dávalos, Universität Quito, El Comercio,
Quito, 4. Oktober 1974)*

Marxistische oder bürgerliche Unterwanderung der Kirche
Auf seiten der katholischen Hierarchie scheinen der prophetische
Feuereifer von Medellín und die römische Bischofssynode von 1971
auf Eis gelegt ... Nur in Ecuador befolgt und verwirklicht der
»rote Bischof«, Leonidas Proaño, den prophetischen Feuereifer von
Medellín ... Vielmehr erscheint jetzt eine Besorgnis, die glaubt,
angebliche marxistische Infiltrationen in der Kirche untersuchen
zu müssen. Es besteht die fixe Idee, diese Infiltrationen bei denen
aufdecken zu müssen, die eine pastorale Linie zugunsten der Befreiung gewählt haben. Mit der gleichen Naivität ließe sich auch
eine Untersuchung über eine »Mögliche Infiltration (spieß-)bürger-
licher Kreise in der Kirche« erbitten ... Es stimmt schmerzlich,
feststellen zu müssen, daß in höchsten Kirchenkreisen sich glei-
chermaßen eine Wendung vollzogen hat, die aus Medellín nur noch
ein Dokument machen will.

*(Bischof Samuel Ruiz in: Conferencia Católica de Cooperación interandina, 1973,
zitiert von Proaño in: Radioprogramm Heute und Morgen, 31. Januar 1975, über
das Thema: »Wohin steuert die Kirche?«)*

Proaño-Schule – Texte der Weggefährten

Das Heilsereignis der Kirche von Riobamba brachten Proaños Mitarbeiter und Weggefährten zu Wort. Texte aus der Proaño-Schule, Zeugnisse der »Proaño-Jünger« zeigen, daß die Sache der Indios in einer befreienden Kirche und einer neuen Gesellschaft gemeinsame Sache ist.

Ausgewählte Texte bezeugen, wie Proaños Botschaft gemeinsam weitergetragen wird.

Mehr als aus seinem Amtsnachfolger spricht Proaños Charisma aus dem Volk im Poncho, aus der Indiobewegung. Proaño war der Gründer einer Prophetenschule. Heute reden die Indiopropheten. Aus ihnen spricht Proaños Geist.

PROAÑO LEBT WEITER

Bei dieser Beerdigung kommt mir eine unvergeßliche Erinnerung in den Sinn. Vor vielen Jahren beendete Bischof Leonidas Proaño eine Volksmisson in einer Campesinogemeinde der Pfarrei Quimiag. Es war 1972. Es war die Zeit, in der die Verfolgung von Bischof Proaño ihrem Höhepunkt zusteuerte. Die zivilen Provinzautoritäten drohten mit ihrem Rücktritt, falls Bischof Proaño nicht gehe. Und in Wirklichkeit traten alle zurück, mit Ausnahme des Bürgermeisters, Dr. Fernando Guerrero.

In dieser Situation fragte Bischof Proaño die Gemeinde: Was wird aus der Kirche von Riobamba werden, wenn sie mich fortjagen? Was wird geschehen? Auf diese Frage trat ein großes Schweigen ein. Bis endlich ein Campesino sagte: Gar nichts wird geschehen. Daraufhin folgte neues Schweigen und Erstaunen. Der Bischof fragte nach: Warum wird nichts geschehen? Da rief der gleiche Campesino in die Menge: Dafür bleiben wir ja da!

Wenn wir alle hier unser Taufgelübde erneuern über dem frischen Grab von Bischof Proaño und sagen: Wir bleiben!, dann wird nichts zum Schlechteren sich wenden. Wenn wir aber nur Tränen vergießen, wie viele und welche Dinge werden geschehen . . . Wenn wir wollen, daß nichts Schlechtes sich ereigne, dann müssen wir dafür sorgen, daß niemand über die Armen hinweggehe und auf die Armen trete, auf die Indios und erst recht auf Jesus Christus.

(Begräbnisansprache von A. Bravo M., Pucahuaico, 2. September 1988)

DAS PASCHA PROAÑOS

Seit zwei Jahren ist Bischof Leonidas Proaño tot. Die Indios ziehen es vor, von seinem Ostern, seinem Pascha zu sprechen. Pascha bedeutet Vorbeigehen, ein Wechsel vom Sklaven zum Freien, der Gang des toten Jesus zum auferstandenen Christus, der Weg der introvertierten Kirche zur Dienerin der Menschen, der Übergang von der Hoffnungslosigkeit zur Hoffnung, vom Individualismus zur Solidarität, vom Fatalismus zum Kampf für die gerechte Sache, Durchgang vom Tod zum Leben, Übergang in eine neue Welt. Das Eigentümliche des österlichen Pascha ist das Weggehen und Wiederkommen, das Abschiednehmen und Zurückkehren, das alleine Weggehen und in Gemeinschaft wiederkommen.

Dieses Ostergeheimnis hat sich in Bischof Proaño erfüllt. Er wurde beerdigt, aber er ist wiedergekommen. Er ist wieder erstanden im letzten Indioaufstand mit dem jeweils bewußteren und besser organisierten Volk, einem schöpferischen und tapferen Volk, das für sein Land und sein Leben kämpft. Der Prophet ging, aber er spricht erneut in seinem Schüler und Nachfolger Bischof Victor Corral, den man mit Morddrohungen einzuschüchtern versucht. Er ging und kam zurück in der großen Polemik, die jetzt geführt wird über Erde und Land, ihren Schutz und ihren Besitz, über die Bewahrung der Schöpfung, über eine neue Gesellschaft und Nation.

(Dr. Simón Espinoza, Journalist, zum 2. Jahrgedächtnis Proaños, Casa de la Cultura, Quito, 31. August 1990)

Bischof Proaño half uns, gab uns die Hand, öffnete einen Weg, begleitete uns. Seine Hilfe war ehrlich und uneigennützig. Er war ein bescheidener Mensch, der nie auf seine Ehrung bedacht war. Er war ein Prophet. Er nahm uns Indios für voll und betrachtete uns als Erwachsene, während andere uns noch für Unmündige halten. Er betrachtete uns als reife Menschen, denen nur noch die Augen verbunden sind; er half uns, die Augen zu öffnen, die Binden abzunehmen. Er hat uns niemals manipuliert; auch war er kein Patriarch oder Paternalist oder ein Herrschertyp, ganz im Gegensatz zu vielen Politikern, die uns nur helfen, um uns vor ihren Karren zu spannen. Bischof Proaños Stil und Arbeit unterschieden sich von solchem Paternalismus.

Oft sagte er uns: Niemand wird euch verteidigen, niemand wir euch befreien, wenn nicht ihr selbst.

Er gab uns auch eine Stimme und Stimmrecht in der Kirche, auf daß wir das erlittene Unrecht anklagen können, aber auch das Evangelium unseren Brüden in ihrer Sprache verkünden können. Ja, zuletzt evangelisierten wir die, die uns zuvor evangelisieren wollten. Dazu begründete Proaño die Quichua-Indio-Missionare. Proaño wurde zu einem Indio unter Indios, einer unter den Armen, er verwandelte sich in den Bischof der Indios. Das mißfiel gewissen Kirchenkreisen, und sie nannten ihn den »subversiven Bischof«. Das hat auch uns Indios beleidigt.

In einer Versammlung fragte er uns: Was wollt ihr denn hinausschreien? Und mit erhobener Stimme sagte er dann in Quichua: Jatarishunchic, Rishunchic . . .

Das haben wir im letzten Indioaufstand erfüllt. Proaño hat uns dazu begleitet, er ist nicht tot, er lebt. Wir rufen den Namen unseres Propheten an . . .

Ich bitte, daß viele seien wie Proaño, Bekehrte inmitten des Volkes, Propheten, die uns begleiten, auf daß sie nicht mehr von einem importierten Christus sprechen, sondern von einem Christus des Evangeliums, von einem Indiochristus. Geben wir uns die Hand auf diesem langen Marsch der Befreiung, auf daß wir das

Leben haben, das uns so lange und so oft entzogen wurde und noch wird. Proaño lebt! Proaño ist auferstanden im Volk!

(Anamaria Guacho, Indioführerin von ECUARUNARI, zum 2. Jahrgedächtnis Proaños, Casa de la Cultura, Quito, 31. August 1990)

INDIOBEWEGUNG

Das Wort Gottes erleuchtet uns, es weckt uns Arme auf, es öffnet uns die Augen und Ohren, es löst die Zunge, es öffnet die Wege. Früher waren wir gelähmt.

Zuerst müssen wir als Kirche Beispiel geben. Wir müssen das Reich Gottes in uns selbst zeigen, als Katholiken, als katholische Kirche. Wir müssen arbeiten, damit die Cabildos, Vereine und Kooperativen, die Campesino- und Indioorganisationen auch das Reich Gottes erscheinen lassen.

Wir arbeiten mit zwei Händen, um dieselbe Sache zu machen. Die christliche Gemeinschaft ist die eine Hand, die Volksorganisation die andere. Beide Hände sind notwendig. Man kann nicht mit der »linken Hand« arbeiten. Die christliche Basisgemeinde ernennt ihre Leiter (Animadores), die das Volk versammeln, es das Wort Gottes reflektieren lassen und sich um die Belange der Religion kümmern. Sie wählen Katechisten aus, lassen Campesino- und Indio-Missionare und Indiopriester heranwachsen. Das ist die Arbeit der einen Hand. Die andere Hand arbeitet mit der Dorfgemeinschaft (Comuna), mit dem Ältestenrat (Cabildo), mit den Vereinigungen und Kooperativen, mit den Leitern der Volksorganisationen.

So begeben wir uns auf einen langen und schwierigen Weg, wobei wir bei uns Armen selbst anfangen, um zum Reich Gottes zu gelangen.

Gewiß gibt es Indioorganisationen, aber es fehlt eine größere Organisation, um auch alle zu einer Übereinkunft zu führen, um gemeinsam einen Weg der gegenseitigen Hilfe und Zusammenarbeit zu öffnen. Wir selbst müssen uns organisieren. Andere mit einer ganz anderen Absicht möchten kommen, um die Campesinos nach ihrem Geschmack zu organisieren, z. B. Regierungsleute, politische Parteien und die Nordamerikaner. Diese ziehen und zerren die Volksorganisationen hin und her, um den Körper zu zerreißen.

Wir selbst müssen daran denken, wie wir uns aus der Armut befreien können. Es gibt Gemeinschaften, die schöne und gute Erfahrungen haben. Wir müssen uns versammeln, um diese kennenzulernen. Wir alle können mit eigenen Erfahrungen beitragen... Von unseren Vorfahren haben wir den Brauch des Händeleihens (cambiamanos), um uns gemeinsam bei der Arbeit zu helfen. Diesen Brauch haben wir nicht verloren. Wir halten Gemeinschaftsarbeit (mingas), um für das Gemeinwohl zu arbeiten. Es gibt Gemeinschaften, die hier weiter fortgeschritten sind als andere. Sie haben das Gemeinschaftsland dem Vergessen entrissen. Sie haben Land für alle gekauft. Sie haben gekämpft für Bewässerungsanlagen, für Schulen. Sie haben der Jugend geholfen, um Musik-, Sing- und Volkstanzgruppen zu organisieren. Sie haben mit allen gesprochen, bis sie Übereinstimmung erreichten, um Probleme zu lösen. So müssen wir vorausschreiten, um uns von der Armut zu befreien.

Wir müssen aber auch überlegen, wie wir unsere eigenen Gebräuche und unsere Traditionen verteidigen, unser eigenes Denken, unsere eigene Organisationsform, unsere eigenständige Kultur und unsere selbständige Politik.

(Anfangsreflexion der Indiobewegung von Chimborazo MICH, zitiert nach Selbstbiographie, S. 226 f)

CHIMBORAZO RUNA MOVIMIENTOPAJ HIMNO

Chimburazu runacuna
tucuicuna riccharishun
charicuna mana munan
huacchacuna tandarichun.

Tucuicuna yuyarishpa
quishpirinata mashcashun
tucuicuna tandarishpa
chashnallami quishpirishun.

Pajaritu casha niman
tucui llacta muyungapac
charigcuna tandarishpa
ima ruraj ricungapaj.

Chaita alli yachashpaca
mana llaquipi causaiman
chaita mana yachaimanta
llaqui manata causanchic.

(Quichua, Originalsprache der Indios, 1984)

HYMNUS DER INDIOBEWEGUNG VON CHIMBORAZO

Indios von Chimborazo
wacht auf, allesamt, ihr Kleinen,
seht, den Reichen gefällt's nicht so,
wenn die Armen sich vereinen.

Allesamt beschließen wir,
laßt uns nach Befreiung suchen.
Alle versammeln wir uns hier,
nur so werden wir Befreiung buchen.

Vögelchen möcht ich sein dort drüben,
um in alle Welt zu fliegen,
um von den Reichen bald zu ahnen,
was sie wider uns jetzt planen.

Wüßten wir das aus erster Hand,
bräuchten wir nicht leiden,
weil wir aber im Unwissen bleiben,
leben wir im Elend und am Rand.

VISION EINER INDIOKIRCHE

Prä-Evangelisation

Bevor das Evangelium zu euch kam, war bereits bei euren Völkern der Same Christi zugegen.

Respekt vor Kultur und Würde der Indios

Ihr wollt mit Recht als Personen und Bürger respektiert werden. Die Kirche macht sich euer Verlangen zu ihrem und erklärt, eure Würde ist nicht weniger wert als die jeder Person oder Rasse. Jeder Mensch hat seine Würde als Bild und Gleichnis Gottes, und Jesus hat sich so mit den Menschen identifiziert, ganz besonders mit den Armen und Ausgestoßenen, daß er erklärte: Was ihr dem geringsten meiner Brüder getan, das habt ihr mir getan ... So genießen eure Kultur, eure Traditionen und eure Bräuche Respekt, ebenso soll auch die Form und Regierung eurer Gemeinschaftsordnung anerkannt werden.

Liebe zur Erde

Ihr ... liebt die Erde und wollt in Kontakt mit ihr bleiben. Eure Kultur ist mit dem wirklichen und würdigen Besitz der Erde aufs engste verbunden. Ich weiß, seit Jahren ist eine Agrarreform in Bewegung gesetzt worden und die Kirche Ecuadors hat hier ihren beachtenswerten Beitrag geleistet.

Indio-Befreiung

Auf dem Weg zu eurer vollen Entfaltung als Menschen habt ihr den Wunsch, selbst die Gestalter und Träger eures eigenen Fortschrittes zu sein, ohne Einmischung solcher, die euch zu Gewaltreaktionen verleiten werden oder die euch in Unrechtssituationen festhalten wollen. Ich will teilnehmen an dem Marsch eurer Nation, Schulter an Schulter mit euren ecuadorianischen Brüdern und in wirklicher Gleichheit der Rechte. Das ist ein gerechtes und unwiderrufliches Verlangen, dessen Verwirklichung den Frieden bringt, der Frucht der Gerechtigkeit ist.

Indio-Kirche

Nehmt den Platz in der Kirche ein, der euch zusteht in den Laienämtern und in einheimischen Priestern. Wie glücklich wird der Tag sein, wenn eure Gemeinschaft ihre eigenen Missionare hat und ihr Priester und Bischöfe haben werdet, die aus eurem Volk stammen.

Ich weiß, ihr werdet mich bitten, daß ich die Bibel den christlichen Gemeinschaften eurer Völker übergebe ... Ich vertraue euch das Wort Gottes an, euren Gemeindeleitern, Katechisten, Laienmissionaren ..., auf daß sie es ihren Gemeinden verkünden als Kraft des Glaubens, als christliche Hoffnung auf Freiheit, Liebe, Gerechtigkeit und Friede.

(aus der von Proaño entworfenen Ansprache Papst Johannes Pauls II. bei seiner Begegnung mit 40 000 Indios in Latacunga, 31. Januar 1985)

DIE UN-VOLLENDETE MESSE ...

Wir weihen hier und heute ein Wandgemälde von Adolfo Pérez Esquivel ein; es ist das Werk eines genialen Künstlers, des Fahnenträgers der Gewaltlosigkeit, Friedensnobelpreisträger von 1980 und über allem bewährter Zeuge Christi. Er hat dieses sein Meisterwerk mit einzigartiger Liebe »der Kirche von Riobamba gewidmet für ihr Zeugnis der Verkündigung des Evangeliums für die und mit den Armen«.

Evangelienbuch

Dieses Wandgemälde ist ein heiliges Buch: Schöpfung eines Künstlers, der zu gleicher Zeit Prophet und Theologe unserer Zeit ist, Maler und Dichter, es ist ein authentisches Wort Gottes: Es wurde geboren als Antwort auf Gottes Wort in der Geschichte, und es lädt ein, die Geschichte fortzusetzen als Evangelium unseres Herrn Jesus Christus.

Passionsbuch

Mehr als Bilder, hat Don Adolfo die Geschichte einer Kirche gemalt, die wir sind und die wir weiterbauen wollen: das subversive Gedächtnis der Passion Christi in der Passion unseres Volkes, das sehnsüchtig die Befreiung sucht.

Der Christus im Poncho

Im Zentrum steht dieser herausfordernde Christus, der Auferstandene, mit dem roten Poncho bekleidet, der uns zu sagen scheint: Selig, wer an mir keinen Anstoß nimmt (Mt 11,6) ... Er ist der Gekreuzigte des Karfreitags, ist aber nicht ans Kreuz genagelt. Das Kreuz erscheint im Hintergrund wie ein Halbschatten, als Zeichen seiner Identität. Er ist der Gekreuzigte, der aus dieser Welt geschafft wurde durch die Kreuziger seiner Zeit, die aus der Sünde der Welt ihren Vorteil schlugen, aus einem System das Kreuze der Ungerechtigkeit, des Elends, des Todes produzierte. Er ist der Hingegebene für alle Zeit. Hingegebener Leib, vergossenes Blut, Sakrament unseres Glaubens. Er öffnet seine Arme der ganzen Welt, und in seinen Händen hält er die Zeichen der Eucharistie, Brot und Fisch. Er ist der Hingeopferte, nicht nur für die ans Kreuz Geschlagenen, sondern auch für die Kreuziger. Das ist das Evangelium, das Sakrament der Gewaltlosigkeit.

Kirche der Märtyrer

In diesem kirchlichen Kontext muß man die wichtigsten Propheten und Märtyrer unserer Kirche mit Namen identifizieren, Männer und Frauen einer engagierten und gemarterten Kirche, die diesen neuen Christus umgeben, der unzertrennbar mit seinem Volk verbunden ist. Der Leichnam vom Bischof Oskar Romero liegt dem Kreuz zu Füßen; die anderen Figuren sind Konzelebranten dieser Messe, die unvollendet blieb, und wir zu Ende leben müssen ...

Die Frau, die den Märtyrerbischof Romero in den Armen hält und Tränen wie Blutstränen vergießt, ist die Schmerzensmutter, die Kirche selbst. Unterm Kreuz stehen die argentinischen Mütter von der Plaza de Mayo und fragen, wo sind unsere Söhne. Mariela, die die Patene mit der Hostie der unvollendeten Messe hält, wurde ebenfalls ermordet.

Kirche der Propheten

In der Reihe der Propheten, die zum Gekreuzigten und Auferstandenen wandern, sehen wir Bischof Angelleli, der sagt: »Mit einem Ohr zum Volk, mit dem anderen zum Evangelium.« Bischof Proaño bekennt: »Für mich bedeutet Christsein und als Christ leben, die Armen erwählen.«

Unter den Prophetengestalten Lateinamerikas entdecken wir Bischof Pedro Casaldáliga und unseren Bischof Leonidas Proaño, den der große Theologe José Comblin als Kirchenvater bezeichnete. Proaño schaut zum Volk und erinnert sich an das, was das Volk, besonders die Indios, ihn gelehrt haben.

Es erscheint auch die Kirche von Riobamba unter dem Bild der Fassade der alten Kathedrale zu Füßen des Chimborazo. Auf der anderen Seite erscheint ganz bleich vor den Mordkugeln das Heim Santa Cruz als Symbol dieser vieldiskutierten Kirche, dieser verfolgten, verklagten, gemarterten und eingekerkerten Kirche.

Friedensauftrag

Dieses Wandgemälde sagt: Jenseits des Friedensnobelpreises und anderer Auszeichnungen erinnere dich an Jesus Christus, der von den Toten auferstanden ist. Er sei deine schönste Erinnerung und tiefste Hoffnung. Das Wandgemälde fragt uns: Diese große Messe Lateinamerikas blieb unvollendet. Wann können wir wohl sagen: Ite Missa est. Gehet hin in Frieden ...?!!!

(Rede zur Einweihung des Gemäldes von Adolfo Pérez Esquivel für die Kathedrale von Riobamba, von P. Augustín Bravo Muñoz, 19. Februar 1986)

KULTURKONFLIKT DER SEKTEN

Kulturentfremdung

Die Evangelisationspraxis der Sekten bringt die Aufpfropfung anderer Gewohnheiten, anderer sozialer und familiärer Praktiken mit sich. Das bedeutet aber das Verlassen der Werte einer tausendjährigen Kultur und führt zu einer Entpersönlichung, und so entleert, greift der Indio zu den »Heilmitteln«, die die »weißen Brüder« ihm anbieten. Die Beziehungen zur Gemeinschaft und zum Gemeinschaftsbesitz von Gütern und von Land verlieren ihren Wert, um den Weg zu individualistischen Vorstellungen der Arbeit, der sozialen Organisation und des Familienlebens zu öffnen ...

261

Identitätsverlust

Wenn ein Indio aufhört zu trinken im Namen seines Adventisten-seins, aber doch schließlich und endlich seine Identität verliert, seine Beziehung zur Gemeinschaft, seine ethischen Werte und nur mehr groteskerweise nachahmt, was seine »Retter« ihm vormachen und vorsagen, verliert er seine Persönlichkeit, ja sie wird ausge-löscht! Weiter, wenn er verantwortungsbewußt für die Arbeit ge-worden ist, aber zu gleicher Zeit den Sinn für den Gemeinschafts-besitz des Landes verloren hat, hat er einen Schritt vollzogen, mit dem er an der Auslöschung seiner eigenen Rasse sich mitschuldig macht. Darin sind die nordamerikanischen »Brüder« Experten! Es genügt ja schon, nur ihre Cowboy-Filme anzusehen.

Ausbeuterpolitik

Das ist aber noch nicht alles. Sobald die Spaltung in Familien und Indiogemeinschaften eindringt, verlieren diese nicht nur ihre Iden-tität, sondern dazu noch die Fähigkeit, sich zu organisieren und für die Rückforderung ihrer angestammten Rechte zu kämpfen. Hier-mit wird klipp und klar das Ziel dieser Sektenprediger entlarvt. Ein Beispiel mag genügen: Wußten Sie schon, daß es ausgerechnet diese gleichen Missionare waren, die eine der urspünglichen und bedeutendsten Kulturen des Amazonasurwaldes zerstörten? Durch Zufall nur genau in der Gegend, in der auch durch Zufall Erdöl gefunden wurde, das die Firma Texaco seit vielen Jahren fördert?

(Enrique Ayala, Kulturbeilage zur Zeitung »El Comercio«, Quito, 17. April 1983)

Epilog

LATEINAMERIKANISCHE AUFERSTEHUNGSBOTSCHAFT

Der Mensch beginnt zu sterben, seitdem er geboren wurde. Der Mensch legt jeden Tag etwas ab. Der Mensch verabschiedet sich von jemandem, jeden Tag. Viele Sachen, die er gestern besaß, hat er heute nicht mehr. Viele Menschen, die er liebte, sind gestorben. Der Tod ist der unzertrennliche Begleiter des Menschen. Das Traurige ist, daß viele Menschen in der Erde vergehen wollen und so jeden Impuls zum Licht, zur Freiheit, zum Leben töten; wer das Leben konservieren will, wird es verlieren ... Wie das Samenkorn, das in die Erde fällt und stirbt, zu gleicher Zeit wieder zu leben beginnt, so ist der Tod das wirkliche Geborenwerden des Menschen, wenn er gewußt hat, für die Wahrheit, für die Liebe, für die Freiheit, für die Gerechtigkeit, für das Leben gestorben zu sein. Wer sein Leben in Liebe für das Reich Gottes einsetzt, gewinnt das Leben. Sterben wozu? Um zu Leben! Der Tod von Bischof Romero und von so vielen Märtyrern aus El Salvador und ganz Lateinamerika bedeutet die unerschütterliche Garantie dafür, daß bald in diesem Kontinent das Leben auferstehen wird.

(Vortrag Proaños in San Salvador, in: »Del Martirio a la Victoria«, S. 121)

ABSCHIEDSGEDICHT DES SÄMANNS

TU ... TE VAS ...

Tú ... te vas ...
pero quedan
los árboles que sembraste,
como quedan
los árboles
que antes ya sembraron otros.

Los árboles
darán fruto
y darán también semillas.
Las semillas
cultivadas
convertiránse en árboles.

Tú ... te vas ...
pero quedan
los árboles que sembraste:
más árboles,
y más frutos,
y más fecundas semillas.

Riobamba, marzo 4 de 1984.

(Deutscher Text: Seite 19)

ANHANG

KURZBIOGRAPHIE VON LEONIDAS EDUARDO PROAÑO VILLALBA (1910–1988)

29.1.1910	geboren in San Antonio de Ibarra, Provinz Imbabura, Ecuador. Sohn armer Campesinos. Besuch der staatlichen Volksschule »Juan Montalvo« in seinem Heimatdorf und des kirchlichen Colegios (Gymnasium) »San Diego« in der Stadt Ibarra.
1930–1936	Studium der Philosophie und Theologie am Priesterseminar »San José« in Quito.
1936	Priesterweihe. Danach Lehrer am kleinen Seminar »San Diego«, Ibarra, Arbeit in der Kath. Arbeiterjugend JOC.
Oktober 1941	Gründung der Buchhandlung »Cardijn« im Rahmen der Bewegung der Katholischen Aktion.
14.5.1944	Gründung der Wochenzeitschrift »La Verdad« (Die Wahrheit), seit 1952 Tageszeitung, besteht bis heute.
2.8.1947	Kanoniker in Ibarra.
1950	Erste Buchveröffentlichung: »Eine Methode der Katholischen Aktion«.
26.5.1954	Bischofsweihe in Ibarra.
29.5.1954	Einzug als Diözesanbischof von Riobamba, staatliche Provinz Chimborazo.
10.10.1954	Erster Brief (an Prof. R. Morales A.) über das Indioproblem.
1957	Teilnahme am internationalen Kongreß der Katholischen Presse in Wien, dann an dem des Laienpostolats in Rom.

14. 5. 1958	Gründung des Indioheims Guadalupe, Lauritas-Schwestern.
1960–1969	Vertreter der ecuadorianischen Bischofskonferenz beim CELAM, lateinamerikanischer Bischofsrat, Abteilungsleiter der Gemeinschaftspastoral (Pastoral de Conjunto).
1. 10. 1960	Gründung des Sozialzentrums CEAS für Beratung auf dem Agrarsektor und zur Organisation der Kooperativen.
1962–1965	Teilnahme am Zweiten Vatikanischen Konzil, Mitarbeit an der Pastoralkonstitution »Gaudium et Spes«; Interventionen auf der 4. Sitzungsperiode zur Alphabetisierung, zum Recht auf Kultur und Bildung und zur Priesterausbildung.
1963	Gründung des landwirtschaftlichen Mustergutes und der Landschule »Tepeyac«.
11. 7. 1964	Erstes Agrarreformgesetz in Ecuador, Abschaffung des »Huasipungo« (praktische Hazienda-»Sklaverei«), Einführung der Lohnarbeit auf dem Agrarsektor, Aufteilung unbewirtschafteter Hazienden.
1964–1968	Erster verantwortlicher Leiter der Abteilung Gesamtpastoral des CELAM.
1964	Gründung des Diözesaninstituts für Pastoral.
1964–1972	Gesellschaftskonflikt in Riobamba um den geplanten Neubau der Kathedrale.
1966	Gründung, Organisation und Leitung des lateinamerikanischen Pastoralinstituts »IPLA« in Quito, 1966–1974, dann Fusion mit anderen Instituten, Verlegung nach Medellin.
19. 3. 1967	Gründung der Radioschule »ERPE« für Alphabetisierung und Volksbildung mit Schwerpunkt Indiokultur, seit 1977 Programme des zweiten Bildungsweges zur beruflichen Bildung (Teleedukation).

1967	Entstehung der kirchlichen Basisgemeinden.
1968	Relator für Gesamtpastoral auf der 2. Lateinamerikanischen Bischofskonferenz in Medellin.
14. 11. 1968	Kirchliche Landreform von Riobamba, Übergabe von Kirchengut an Indiofamilien.
1969	Weitere Übereignung von kirchlichem Landbesitz an Indiokooperativen.
1968–1974	Unterstützung der Indios in Landkonflikten, Schwierigkeiten mit Großgrundbesitzern.
20. 7. 1968	Einweihung des Bildungszentrums Santa Cruz bei Riobamba, zur Förderung der Gemeinschaftspastoral, der Basisgemeinden und der Indiobewegung; Treffen der Theologen der Befreiung.
1970	Gründung des Indioseminars.
Oktober 1970	Landesausweisung eines Mitarbeiters, P. Luis Hernández (Spanier).
20. 8. 1970	Anfang des wöchentlichen Radioprogramms »Heute und Morgen«, von 1970 bis 1988, ca. 2000 Sendungen.
September 1971	Teilnahme am I. Nationaltreffen der Priester »Kirche und Establishment in Ecuador«.
1971	Gründung der I. Indiobewegung in Tepeyac, Riobamba, ECUARUNARI (Erwachen des ecuadorianischen Menschen).
15. 7. 1972	Taizé, Teilnahme an der Vorbereitung zum Jugendkonzil (1974).
3. 9. 1972	Pastoraltreffen in Cumaná, Venezuela.
1972	Artikel in Concilium »Politische Position einer kirchlichen Gemeinschaft«.
3. 4. 1973	Untersuchung durch den Päpstlichen Visitator P. Jorge Casanova SDB.
10. 5. 1973	Seminar über Befreiende Erziehung, Riobamba – Santa Cruz.
1973	Buch: »Pour une Eglise liberatrice«.

267

13. 9. 1974	Messzelebration in Quito für die Opfer der Diktatur in Chile.
26. 9. 1974	Schwerer Landkonflikt im Toctezinin, 50 Verletzte, ein Todesopfer: Lázaro Condo (Lateinamerikanisches Martyrologium), 8 Priester in Haft, einschließlich des Generalvikars.
1974	Mitbegründer (mit Adolfo Pérez Esquivel) der lateinamerikanischen Menschenrechtskommission SEPAJ (Servicio Paz y Justicia).
1974	Buch: »Concientización, Evangelización y Politica«.
12. 8. 1976	Gefangennahme mit 17 anderen Bischöfen durch die Militärs, Polizeigefängnis in Quito.
1976	Autobiographie: »Creo en el hombre y en la comunidad«.
2. 11. 1978	Solidaritätsfront Chimborazo.
1. 2. 1979	Mitglied der Bischofsversammlung in Puebla, Mitautor des Dokuments, Kapitel »Sozial-kulturelle Sicht der lateinamerikanischen Realität«.
6. 5. 1979	Treffen in Santa Cruz – Riobamba über die Pueblakonferenz, Silbernes Bischofsjubiläum, »Messe der Martyrer«.
1979	Schrift über die Menschenrechte (30. Jahrestag ihrer Erklärung).
25. 3. 1980	Teilnahme am turbulenten Begräbnis von Bischof Oscar A. Romero in San Salvador.
1982	Gründung der Indiobewegung von Chimborazo MICH.
März 1982	Studie zur Erziehung der Indiopriester, in Rom eingereicht.
14. 3. 1984	Pastoraltreffen in Santa Cruz, 30jähriges Bischofsjubiläum.
27. 3. 1984	Studie zu kirchlichen (Laien)Ämtern der Indios, der ecuadorianischen Bischofskonferenz vorgelegt.

29. 1. 1985	Rücktritt wegen Erreichens der Altersgrenze von 75 Jahren, am gleichen Tag Dank- und Solidaritätsbekundungen für Proaño in der Kathedrale von Quito beim Papstbesuch.
31. 1. 1985	Latacunga, von Johannes Paul II. zum »Bischof der Indios« ernannt.
19. 4. 1985	Leiter der Abteilung Indiopastoral der ecuadorianischen Bischofskonferenz.
19. 4. 1985	Amtsübergabe an seinen Nachfolger Bischof Victor Corral Mantilla; Predigt: »Ich bin immer dem Volk und dem Evangelium treu geblieben«.
2. 5. 1985	Ehrendoktor des Politechnikums Chimborazo; Rede: »Ich habe von den Indios gelernt«.
1985	von Adolfo Pérez Esquivel als Kandidat für den Friedensnobelpreis vorgeschlagen, Unterstützung der Kandidatur durch Solidaritäts- und Menschenrechtsgruppen, Kampagne in Europa, Reisen in Ecuador.
19. 7. 1985	Ehrung durch den Parlamentspräsidenten »Baumeister des Friedens«, Rede: »Die Indios haben ihre Stimme zurückerobert«.
September 1985	Bogotá, CELAM-Treffen der Bischöfe für Indiopastoral, Dokument »DEMIS 6« über die Evangelisierung der Indios.
22. 2. 1986	Nationalplan der Indiopastoral, approbiert von der Bischofskonferenz.
1986	Rothko-Friedenspreis, Houston, USA.
26. 10. 1987	Ehrendoktor der Universität des Saarlandes, Deutschland.
29. 5. 1988	Eröffnung des Zentrums »Pucahuaico« (Grabenstätt), San Antonio de Ibarra, Zentrum für Indiokultur und Indioberufungen.
Juli 1988	Menschenrechtspreis der Stiftung »Bruno Kreisky« in Wien.

August 1988	Ehrendoktor des Politechnikums in Quito.
12. 8. 1988	auf dem Totenbett: Gründung der Stiftung »Indiovolk von Ecuador«.
31. 8. 1988	gestorben in Quito, in evangelischer Armut.
1. 9. 1988	Abschied in Riobamba, Volkswallfahrt zum toten Bischof.
2. 9. 1988	Beisetzung in Pucahuaico.
8. 12. 1988	posthum Überreichung der Medaille der Vereinten Nationen zum 40. Jahrestag der Erklärung der Menschenrechte.
31. 8. 1989	Erster »Jahrestag der Auferstehung« von Monseñor Leonidas Proaño.
31. 8. 1990	Internationales Treffen der Indiopastoral »500 Jahre Indiowiderstand und 500 Jahre Evangelisation« in Quito, Riobamba und Pucahuaico zum Gedenken an Proaño.

270

AUSWAHLBIBLIOGRAPHIE

Eine (fast) vollständige Liste der Werke Proaños und Publikationen über ihn findet sich in: (Rosner)-Gallegos, Cronologia Biografica y Bibliografia Preliminar de Mons. Leonidas Proaño, Quito 1990.

1. BÜCHER VON LEONIDAS PROAÑO

Un método de Acción católica, Ibarra 1941, Ed. El Comercio (über die Kath. Aktion)

Acuérdate de Zarumilla, Ibarra 1941, Ed. Cardijin (gesellschaftskritische Schrift nach dem peruanisch-ecuadorianischen Krieg 1940/41)

Rupito, Ibarra 1950 (Novelle über ein Jugendschicksal um 1950 in Ibarra für die Zeitung »Die Wahrheit«)

Pour une Eglise liberátrice, Paris 1973, Ed. du Cerf (über Kirche und Befreiung in Riobamba)

Evangelizzacione e promozione umana nel Chimborazo, Mailand 1976 Ed. Jaca Book (italienische Übersetzung des französischen Buches)

Concientización, Evangelización, Politica, Salamanca 1974, Ed. Sigueme, 1980, 4. Auflage (Pädagogisches Hauptwerk über Bewußtseinsbildung und Evangelisation)

Asambleas Cristianas, Bogotá 1975, Ed. Paulinas (über die Erfahrungen der Christenversammlungen in Riobamba)

Creo en el Hombre y la Comunidad, Bilbao 1977, Ed. Desclée de Brouwer, 2. Auflage 1979 (Autobiographie bis 1976)

Quedan los árboles que sembraste, Riobamba 1984, Ed. ERPE (Gedichtband, 1928 bis 1984)

2. VON PROAÑO GEGRÜNDETE ZEITSCHRIFTEN

1933 *Revista Excelsior*, Quito
(Seminarzeitung)
1942 *El Cuadrilátero*, Ibarra [Das Kleeblatt]
(Blatt der Priestergruppe)
1938–41 *Granitos de Trigo*, Ibarra [Weizenkörnchen]
(religiöse Kinderzeitschrift)
1944 *La Verdad* [Die Wahrheit]
(Wochenblatt, ab 1951 Tageszeitung, besteht bis heute)
1955 *Mensaje*, Riobamba [Botschaft]
(Bistumsblatt, später einfach Boletin)

3. WICHTIGE AUFSÄTZE ODER NIEDERSCHRIFTEN VON REDEN PROAÑOS, 1964–1988

Intervenciones en el Aula Conciliar, Riobamba 1967, hektographiert
(Drei Konzilsreden von 1964)
Coordinación Pastoral, Riobamba en la 2.da Conferencia gen. del
CELAM, Medellin 1968, hektographiert (Reden auf der Konferenz von Medellin)
La Iglesia en el Ecuador y el Orden estanblecido, Quito 1971 Ed.
ISAL (CEDEP) (Gesellschafts- und Kirchenkritik)
La hora de la acción liberadora, Bogotá 1970 hektographiert (über
die Stunde der Befreiung)
Toma de posición politica de una comunidad eclesial local, CONCI-
LIUM Nr. 71, S. 97–101, Madrid 1972 (über die politische Stellungnahme einer Ortskirche)
Tres imágenes de Iglesia, Ponencia en la semana nac. de Evangelización, Quito 1971 (versch. Kirchenbilder)
Nuevas Formas de Ministerios en las comunidades cristianas, Riobamba 1973, hektographiert (über kirchliche Laienämter in den
Basisgemeinden)
El Cristiano y la Politica, Rev. Mensajero, Quito 1974 (über Christ
und Politik)
El papel del cristianismo en el proceso de desarollo, Ponencia en el 2.do

Congreso Lat. Am. para el Desarollo Integral del Hombre, Quito
1974 (über die Rolle des Christen in der Entwicklung)

Orthodoxie et Orthopraxie, Paris 1976, in: Le Supplément, Ed. DU
CERF (über das Verhältnis von Glaube und Leben)

Drei Vorbereitungsdokumente für das Bischofstreffen in Riobamba
1976: *Elementos Históricos; Repercuciones de esta realidad en el
pueblo; Situación y experiencias pastorales en la Diócesis de Riobamba*, in: El Evangelio Subversivo, Salamanca, 1977, S. 31–70

Hacia la Tercera Conferencia del Episcopado Latinoamericano, Lima
1978 in: Boletin América Latina Nr. 15, MIEC – JEI (Gedanken
zur Vorbereitung der Konferenz von Puebla)

La teologia del Pueblo, Bogotá 1978, in: Revista Pastoral Popular
Nr. 154 (über Volkstheologie)

Evangelizar la cultura y las culturas, Riobamba 1979, hektographiert
(über die Evangelisierung der Kulturen)

Los Derechos Humanos y su definición en las zonas marginales, Guayaquil
1979 in: Universidad Católica, Colección Temas de Hoy, Nr. 1
(über die Menschenrechte, zum 30. Jahrestag ihrer Erklärung)

La Iglesia de los Pobres en América Latina hoy, CONCILIUM
Nr. 150, Madrid 1979, S. 507–516 (über die Kirche der Armen)

La Evangelización en la Iglesia de Riobamba, in: INEDES, Iglesia y
Fe en América Latina, Quito 1979 (über Evangelisation)

Actitud de Christo frente a los poderes, Ponencia en el Encuentro nac.
de las CEB, Riobamba 1980 (über Christus und die Machthaber,
für Basisgemeinden)

Monseñor Romero, Proféta y Mártir, Riobamba 1980, Manuskript
(Bischof Romero, Prophet und Märtyrer)

La Iglesia y los sectores populares, Quito 1980 in: Sociedad y Politica
en el Ecuador 1830–1980 S. 201-216 (über den Einfluß der Kirche im Volkssektor)

Reflexión teológica sobre el laico, Ponencia en el Encuentro nac. de
Laicos, Quito 1980 (über die Stellung der Laien in der Kirche)

Concientización, Evangelización, Pautas sobre la planificación, Diócesis de David, Venezuela 1981, hektographiert (Vorträge über
Bewußtseinsbildung und Evangelisation, Erfahrungen von Riobamba, Vortragsreihe in David, Venezuela)

Fuentes y exigencias de la solidaridad cristiana, Ponencia en el 2. do Encuentro int. Mons. Oscar A. Romero, Riobamba 1981 (über christl. Solidarität)

Latinoamerica en la situación de inhumana pobreza, Boletin Informativo – ALDHU Nr. 1, Quito 1981 (über das Problem der Verarmung und Verelendung; Veröffentlichung für lat. am. Menschenrechtsorganisation)

El Intervencionismo norteamericano en América Latina, Riobamba 1982, Frente de Solidaridad de Chimborazo, hektographiert (gegen die nordamerikanische Interventionspolitik)

Relaciones Iglesia – Estado en el Ecuador, Informe para la Reunion regional de los Paises Bolivarianos del CELAM, Riobamba 1982, hektographiert (Information über Staat und Kirche in Ecuador)

Muerte y Resurrección del Pueblo salvadoreño, Riobamba 1983, hektographiert (über Tod und Auferstehung des Volkes von Salvador)

La Crisis del capitalismo, Riobamba 1983, hektographiert (südamerikanische Kapitalismuskritik)

Las Sectas religiosas en el medio rural, Riobamba 1983, hektographiert (Kritik an den Sekten)

Fe y Politica, Riobamba 1983, hektographiert (über Politik und Glaube)

Practica de la solidaridad con Nicaragua, Centroamerica y Latinoamerica, Riobamba 1983, hektographiert (über konkrete Solidarität mit Zentralamerika)

Marco teórico de la Pastoral de la Iglesia de Riobamba, Riobamba 1983, hektographiert (letzter Pastoralplan, »Reich-Gottes-Plan«)

Los indigenas, la Iglesia viva y la nueva sociedad, Riobamba 1983 hektographiert (über die Bedeutung der Indios für Gesellschaft und Kirche)

Bajo el soplo del Espiritu, Ministerios en la Iglesia, Riobamba 1984, Manuskript, Aufsatz für das Buch: E. Rosner, Kirche und Evangelisation in Ecuador, Holzkirchen 1984 S. 145–149 »Neue Ämter im Dienst der Evangelisierung«

Teologia de la Solidaridad, Ponencia en el Encuentro nac. de C.C.S., Riobamba 1984, hektographiert (über Theologie und Solidarität)

La Identidad de la mujer, Ponencia en el 1er Encuentro de Mujeres Cristianas de Riobamba 1984, hektographiert (über die Identität der Frau)

Homilia del 19 de April de 1985, Riobamba, Boletin (de la Diócesis Nr. 5, Junio 1985) (Abschiedspredigt: »Treu den Armen und treu dem Evangelium«)

Intervención 19 de Julio de 1985, Riobamba, hektographiert (Rede zur Kandidatur für den Friedensnobelpreis: »Die Indios haben ihre Stimme zurückerobert«)

Estudios y compromiso para descubrir nuestra identidad, Riobamba 1985, hektographiert (zur Identitätskrise)

Espiritualidad de un pueblo, Riobamba 1986, hektographiert (über die Spiritualität des Volkes)

Plan nacional de Pastoral Indigena, Riobamba 1986, veröffentlicht 1989 durch Fund. Pueblo Indio del Ecuador (Indiopastoralplan)

Identidad indigena, Ponencia en la Universidad de Loja 1987, hektographiert, veröffentlicht Quito 1989, Palabra Viva Nr. 1 Ed. CECCA – CEDECO – FEPP

Violación de los Derechos Humanos y de los Derechos de los Pueblos Indios, Riobamba 1987, Manuskript Vortrag vor der dt. Kommission Justitia et Pax in Bonn, am 28. 10. 1987, deutsche Übersetzung hektographiert von E. Rosner (über Völkerrechte der Indios)

Discurso sobre aspectos de la Filosofia Indigena, Riobamba 1987, Manuskript Vorlesung zur Ehrendoktorverleihung durch die Universität des Saarlandes, 26. 10. 1987 in deutscher Übersetzung von E. Rosner in: Saarbrücker Universitätsreden 28, Saarbrücken 1988, S. 24–50; »Gott, Gemeinschaft, Erde. Aspekte der Indiophilosophie«

La primera teja, 12. 12. 1987, Manuskript, Erstdruck in: Signos de Nueva Evangelización, Lima 1988, Ed. CEP (Literarisches Kunstwerk über den Bau von Pucahuaico, Zentrum für India-Missionarinnen)

La Iglesia de Riobamba y los Derechos Humanos, Riobamba 1988, Manuskript; Vortrag in Wien, Juli 1988, zur Verleihung des Menschenrechtspreises der Stiftung Bruno Kreisky (letzter Vor-

trag Proaños, 7 Wochen vor seinem Tod) »Die Kirche von Rio-
bamba und die Menschenrechte«
Solidaridad con los Indigenas, Quito 1988, in: Derechos del Pueblo
Nr. 48, ed. CEDHU (über Solidarität mit den Indios)
Hacia un mundo nuevo. A propósito de los 500 Años, Riobamba 1988
Manuskript (Rückblick und Ausblick zur 500jährigen Wieder-
kehr der Entdeckung Amerikas)
Quinientos Años de Marginacón Indigena, Pucahuaico, Mai 1988
(letzter Aufsatz Proaños), Manuskript »500 Jahre Margination
der Indios«

4. PUBLIKATIONSWERKE

In Ecuador bemühen sich seit 1989 zwei Reihen mit volkstümli-
chen Heften, wichtige – bislang nicht veröffentlichte – Texte von
Mons. Leonidas Proaño zu publizieren.
Bisher sind erschienen:
»Mons. Leonidas Proaño, Obispo de los Indios« Temas de Educa-
tión popular y Cristiana, Ed. CEDEP, Quito 1989 – 1990
Nr. 1: *La Iglesia, los Pobres y la Opción de una comunidad*
(enthält Proaños Artikel für Concilium 1972 u. 1979 über die Op-
tion für die Armen)
Nr. 2: *Tres Imágenes de Iglesia*
(enthält Proaños Vortrag 1971 über Kirche und Evangelisation)
Nr. 3: *La educación liberadora*
(enthält die Radiosendung vom 11. 5. 1973 über die Tagung der
Befreienden Erziehung 1973)
Nr. 4: *La Iglesia en el Ecuador y el Orden establecido* (enthält Pro-
años Vortrag vom April 1971 auf dem Nationaltreffen der Prie-
stergruppen über die Kirchen- und Gesellschaftskritik)
Eine weitere Reihe trägt den Titel: »Palabra viva« wird von
CECCA, CEDECO, FEPP und der FUNDACION PUEBLO IN-
DIO DEL ECUADOR 1989 – 1990 publiziert.

Die vier Hefte heißen:

Nr. 1: *La Cultura indigena*
(enthält seine Vorlesung in Saarbrücken 1987 und seinen Vortrag über die Indioidentität in der Universität von Loja 1987)

Nr. 2: *500 Años de Marginación indigena*
(enthält seinen Vortrag vor der Stiftung Bruno Kreisky in Wien 1988 und vor der Kommission Justitia et Pax 1987 in Bonn zur Menschenrechtsfrage der Indios)

Nr. 3: *La Opción por los pobres*
(enthält »Fundamentos de la Opción por los Pobres«, Huaca, Carchi 1. de Julio de 1985, über die Fundamente einer Option für die Armen und: »Solidaridad con los Pobres«, Tulcan, 15. November 1986, über die Solidarität mit den Armen)

Nr. 4: *La Tierra es vida* (enthält: »Situación actual de los Indigenas«, Vortrag in La Esperanza, Cotopaxi, vom 12. Januar 1986, über die Indioorganisation und Indiokultur und: Los Pueblos Indigenas y su Derecho al Territorio y la Vida«, Vortrag vor der Parlamentskommission Indiorechte, Mai 1987, über das Gesetzesprojekt der Indioterritorialität)

Das Heft: »Mons. Proaño vive las Bienaventuranzas«, FEPP; Quito 1989, enthält Texte der Spiritualität Proaños zu den Seligpreisungen.

5. AUSGEWÄHLTE BÜCHER ÜBER PROAÑO IN SPANISCHER SPRACHE

DECIR, *Hacia una Iglesia Liberadora*, PUCE, Col. Decir, Quito 1975 (Publikation der Kath. Universität über den Befreiungsprozeß in der Kirche Riobambas)

INEDES, *Iglesia y Fe en América Latina, Inedes,* Quito 1975 (über Evangelisation, Marxismus, Christentum und Gesellschaft)

Equipo Tierra Dos Tercios, *El Evangelio Subersivo,* Salamanca 1977 Ed. Sigueme (über die Vorgänge der Bischofsverhaftung von 1976)

R. Rocagliolo y F. Reyes Matta, *Iglesia, Prensa y Militares,* Mexico 1978 (über Kirche und Militärdiktatur, Zusammenstoß 1976)

Instituto Diocesano de Pastoral, *Leonidas Proaño, 25 Años Obispo de Riobamba,* Lima 1979, Ed. CEP (Festschrift zum 25jährigen Bischofsjubiläum, Würdigung von Freunden)

Instituto Diocesano de Pastoral, *Encuentro de Riobamba, Estudio sobre Puebla,* Lima 1979, Ed. CEP (Analyse von Puebla, Theologenkongress von Riobamba, Messe der Märtyrer)

Luis Gavilanes del Castillo, *Fe cristiana y cambio social en la Diócesis de Riobamba. Una aproximación al pensamiento social de Mons. L. Proaño, Obispo de los Indios.* Tésis Doctoral, Universidad Complutense, Madrid 1986 (Doktorarbeit über Proaños Soziallehre)

Francisco Enriquez (comp.), L. Proaño, *Obispo de los Pobres,* Quito 1989, Ed. El Conejo (Aufsätze über Proaños Bedeutung)

Fundación PIE, FEPP y otros, *El Profeta del Pueblo,* Selección de textos, Quito, 1990 (Auswahltexte)

6. ZWEI BÜCHER IN DEUTSCHER SPRACHE ÜBER PROAÑO

Enrique Rosner, *Kirche und Evangelisation in Ecuador,* Holzkirchen 1984

S. 133–144 *Interview mit Bischof Proaño*

S. 145–150 *L. Proaño, Neue Ämter im Dienst der Evangelisierung*

S. 207–214 *»Subversives« Evangelium*

Enrique Rosner, *Leonidas Proaño, Freund der Indianer,* Freiburg/Schweiz 1986, Ed. Exodus

7. AUSGEWÄHLTE ARTIKEL ÜBER PROAÑO

Marvin Howe, *Bishop who aids indians irks ecuadorians,* The New York Times, New York 17. 5. 1973

The situation of the Riobamba Diocese, LADOC III, 39c, Juni 1973

André Chottin, *En Equateur: Un Eveque discuté Mgr. Proaño,* Rev. Peuples du Monde, Nr. 62, Paris, Juni 1973, S. 40 f

Leonidas Proaño, El Obispo de los Indios, Rev. Nueva, Nr. 13, Quito November 1974, S. 20–25

Alberto Borges, *Obispo hereje o Soldado de Christi?,* Rev. Vistazo November 1974, S. 32–39

Los sucesos de Riobamba, Dossier, Boletin MIEC-JEIC Nr. 11, Lima, August 1976

Polémica al rojo vivo: politica y religión. Chocan Iglesia y Estado, Rev. Vistazo, September 1976

Franco Ferrari, *Liberazione e solidarrietá nascono dal populo*, Rev. Rocca Nr. 6, Asissi, 15. 3. 1984, S. 47–49, 60

Hernán Freire, *Mgr. Proaño Hommage . . .*,Plein Soleil, Brüssel, Juli 1984

Equipe Tiers Monde, *A mon Pasteur et Prophete: Mgr. Leonidas Proaño*, Brüssel 1988, (8 Seiten)

Andrea Girón, *Mons. Proaño y la Iglesia de Riobamba*, Rev. Iglesias Nr. 6, CENCOS, México, Juni 1984, S. 4–7

José Gómez I., *Pastor y Profeta*, Diario El Telégrafo, Guayaquil, 27. 5. 1984, S. 7

Proaño: pastor, profeta y servidor del pueblo, Comité de Apoyo a la Candidatura para el Premio Nobel de la Paz, Riobamba, 26. 5. 1985, hektographiertes Heft

Un Pastor para el Premio Nobel, Suplemento La Liebre Ilustrada Nr. 033, Quito, 1.1985, S. 1–9

Delen in het leven van de armen, Zeitung Heb Volk, Brüssel, 29. 8. 1985

Francese Valls, *Declaraciones del Obispo de los Indios, cadidato a Premio Nobel de la Paz*, Diario El Pais, Madrid, 9. 9. 1985, S. 23

L. Proaño, *morir con los ojos abiertos*, Suplemento La Liebre Ilustrada Nr. 196, Quito, 4. 9. 1988, S. 1–5

Mons. Luis A. Luna Tobar, *El pensamiento de Mons. L. Proaño*, Quito 30. 3. 1989, hektographiert, (9 Seiten)

Mons. Agustin Bravo M.

  Mons. Proaño, educador en la Fe, Riobamba 1987, hekt.

  Mons. Proaño, Su Opción por los Indios, Cuadernos FIDOP Nr. 5, Riobamba 1989, S. 5–16

  La Revolución del Poncho, Riobamba 1984, hektographiert

  La Imagen real de Mons. Proaño, Riobamba 1980, hekt.

  Mons. Proaño, Teólogo, Riobamba 1989, hektographiert

  La visión teológica-profética de Mons. L. Proaño, in:

  A. Bravo, 500 Años de Cruz, Rosner-FEPP, Quito 1989, S. 5–38

279

Mons. Proaño resucitó, Riobamba 1989, hektographiert

Mons. Proaño, Su mensaje en anécdotas, Documento de Trabajo Nr. 7, Campaña Nac. de Alfabetización

Los Indios y la Teologia de la liberación, Riobamba 1990, hektographiert

8. AUSGEWÄHLTE DEUTSCHSPRACHIGE ARTIKEL ÜBER PROAÑO

Josef Sewald, *Bruder und Berater der Indios*, Konradsblatt Nr. 35 Freiburg, August 1976, S. 16 f

Goss-Mayr H., *Geschenk der Armen an die Reichen*, Wien–München–Zürich 1979, S. 64–66, 83–87, 139–141

Lang M. und Iblacker R., *Christenverfolgung in Südamerika*, Freiburg 1980, S. 133–143, 145–149, 207–214

Instituto Histórico Centro Americano, *Sie leben im Herzen des Volkes, Lateinamerikanisches Martyrologium*, Düsseldorf 1984, S. 161 ff

Kaufmann L., *Bischof Leonidas Proaño*, in: Orientierung 48, 1984, S. 109 ff

Allebrand R., *Bischof im Poncho ermutigt Indios*, Münchner Kath. Kirchenzeitung, 23. 6. 1985, S. 3

Lange M., *Liebling der Indianer*, Publik Forum, 23. 8. 1985, S. 30

Rosner E., *Für den Friedensnobelpreis vorgeschlagen*, Die Glocke, Januar 1986

Wagner K., *Friedensnobelpreis für den Indiobischof*, Münchner Kath. Kirchenzeitung, 23. 3. 1986, S. 4

Peitz M., *Ich konnte nur Wegbereiter sein*, Publik Forum 18, 1986 S. 18–20

Hasenhüttel G., *Mitdienen – nicht Mitherrschen. Indiobischof L. Proaño*, in: Imprimatur 19, 1986, S. 329–331

Pauly W., *Leonidas Proaño – Bischof der Indios*, in: Orientierung 51, 1987, S. 222–224

Seiterich T., *De bekering van de Indianen*, Bisschop Proaño . . ., de Bazuin, 20. 5. 1988, S. 3–5

Rosner E., *Ein Leben für die Indios*, Kirchenzeitung der Diözese Linz, 8. 9. 1988, S. 17

Rosner E., *Du wirst gehn, aber ...*, Alle Welt, Wien, Jänner/Februar 1989, S. 32–33

9. FILME ÜBER PROAÑO

Tiger und Katzen, 1979 (M. Peizt, H. Rumpold), 16 mm

Der Mann mit dem Poncho, 1986 (M. Peitz), 16 mm, VHS-PAL

Revolution des Poncho, 1990 (E. Rosner) VHS-PAL

Un dia en la vida de Mons. Proaño, 1985 Quito BETA-NTSC

Un hombre para la comunidad, 1987 Radio TV Italiana, Rom, 16 mm

Dios es un fuego, 1987 (Geraldo Sarno), 16 mm

Tiag, 1987 (Gustavo e Igor Guayasamin, Quito), 16 mm

Mons. Proaño, Obispo de los Pobres, 1988 (CEDEP, Quito) VHS-NTSC

Creo en el Hombre y en la comunidad, 1989 (CEDEP, Quito) VHS-NTSC

Mons Proaño: Palabra y Testimonio, 1989 Campaña nac. de Alfabetización, (CEDEP, Quito) VHS-NTSC

Soldados de Christo: Firmes y adelante, 1989 (N. Barrios, Gonzalo Rivas, Quito) VHS-NTSC

Los Arboles que sembraste, 1989 (Oreste Aspezi, Audiovisuales Don Bosco, Quito) VHS-NTSC

La Revolución del Poncho, 1990 (E. Rosner, Quito) VHS-NTSC

10. ZWEI LANGE INTERVIEWS

gab Proaño E. Rosner am 24. März 1984 und vom 28.–31. Dezember 1985.

6000 v. Chr.	älteste prähistorische Funde bei Quito
3200 v. Chr.	Valdiviakultur
2000 v. Chr.	Machalillakultur
1500 v. Chr.	Chorrerakultur
500 v. Chr. bis	
500 n. Chr.	kleine regionale Kulturen
900	Königreich der Shyris in Quito
1492	Entdeckung Amerikas durch Kolumbus
1493	Huayna Capac, Inkaherrscher, unterwirft die Shyris
1526	Atahualpa, letzter Inkaherrscher, übernimmt das Südreich und residiert in Tomemabma (heute Cuenca)
1532	Ankunft von Pizarro in Tumbez (Peru-Ecuador)
1533	Ermordung Atahualpas durch die Spanier in Cajamarca (Peru)
1535	Gründung der Stadt Quito, Errichtung des Bistums Quito
1535	Francisco Orellana entdeckt den Amazonas von Quito aus
1536	Quito wird durch Dekret Philipps II. Real Audiencia, damit wird der spätere Staat Ecuador (1830) grundgelegt
1537	Menschenrechtsbulle »Sublimis Deus« Papst Pauls III.
1542	Neue Gesetze, Abschaffung der direkten Indiosklaverei
1681	Schutzgesetze für die Indios durch Karl II.
1809	erste Revolutionsjunta, erster »Schrei der Unabhängigkeit«

1822	Entscheidungschlacht am Pichincha bei Quito, Marschall Sucre erkämpft die Unabhängigkeit vom Mutterland Spanien
1822–27	Sedisvakanz in Quito
1829	Grancolombia zerfällt ib die Staaten Venezuela, Kolumbien und Ecuador, General Simon Bolivar war ihr Präsident
1830	Die Republik Ecuador entsteht (Land am Äquator)
1860–75	Regierungszeit des Konservativen Gabriel García Moreno: Konkordat, Bistumsgründungen, Weihe des Landes ans Hl. Herz Jesu
1895–1911	Regierung des Liberalen Eloy Alfaro: Trennung von Kirche und Staat, Enteignung der Kirche, Verstaatlichung der Schulen (1906)
1925–47	innenpolitische Krise, 25 Regierungen wechseln ab
1934	Dr. José Maria Velazco zum erstenmal Präsident, war fünfmal Präsident, wurde 1972 endgültig gestürzt
1948–60	Bananenboom, »Bananenrepublik«
1950	Heiligsprechung von Santa Mariana de Jesús durch Pius XII.
1954	Mons. Leonidas Proaño wird Bischof von Riobamba
1959	Kubanische Revolution
1962–65	II. Vatikanisches Konzil
1966–74	IPLA, lateinamerikanisches Pastoralinstitut in Quito
1967	Eucharistischer Kongreß in Cuenca, päpstlicher Legat Kardinal Döpfner
1968	Konferenz von Medellín, »Geburt« der Befreiungstheologie
1972–79	Militärdiktatur, Ölboom

1973	apostolischer Visitator in Riobamba
1975	Einweihung des Monuments der Virgen del Panecillo, Quito
1976	Gefangennahme von 17 Bischöfen in Riobamba
1978	Marianischer Kongreß in Guayaquil, päpstlicher Delegat Kardinal Ratzinger
1979	Konferenz von Puebla, befreiende Evangelisierung, Option für die Armen
1979	Rückkehr zur Demokratie
1981	tödlicher Flugzeugabsturz von Präsident Roldos
1981	Ausweisung des ILV (Linguisteninstitut), Enteignung
1981–84	Regierung von Oswaldo Hurtado (Volksdemokrat)
1984–88	Regierung von León Febres Cordero (sozialchristlicher Konservativer)
1985	Papstbesuch in Ecuador
1988–92	Regierung von Rodrigo Borja (liberaler Sozialdemokrat)
1988	Tod Leonidas Proaños
1990	Indioaufstand
1991	Choleraepidemie erreicht Ecuador
1991	Terroristengruppe AVC übergibt ihre Waffen

ECUADOR IN ZAHLEN (1991)

Oberfläche:	281 341 qkm Costa (Küstenregion) 22%, Sierra (Anden-hochland) 24%, Oriente (Amozonasgebiet) 51%, Galapagosinseln 3%

Bevölkerung:

Einwohnerzahl	10 Millionen
Indios	36%
Mestizen	41%
Weiße	15%
Neger, Mulatten	8%
Bevölkerungsanteil	Sierra 46%, Küste 51%, Amazonasgebiet 3%
Hauptstadt Quito	1 Mio. Einwohner
Hafenstadt Guayaquil	1,3 Mio. Einwohner
Analphabeten	ca. 15–20%
Cholerainfizierte	ca. 10 000, 8 Tote (Mai 1991)
Jugendliche unter 18 Jahren	46%
Wachstumsrate	3,6%, d. h., alle 25 Jahre verdoppelt sich die Bevölkerung

Wirtschaft:

Währung:	Sucre
Wert:	1 DM = 625 sucre (Mai 1991), 1 US$ = 1110 sucre (Mai 1991)
Erwerbstätige	3,5 Millionen
Arbeitslosenquote	ca. 20%
Unterbeschäftigung	ca. 40%

Beschäftigte in
verschiedenen
Erwerbszweigen:
Landwirtschaft   50%
Dienstleistungen   28%
Industrie und
  Handwerk   12%
Erdölförderung   1%
Exportprodukt
Erdöl   60% der Ausfuhreinnahmen
Gesetzlicher
  Mindestlohn   64 000 sucre (ca. 100 DM) pro Monat
Auslandsverschul-
  dung pro Kopf   1050 US$

Kirchenstatistik:

getaufte Katholiken   92% der Gesamtbevölkerung
                      22 Diözesen, die an der Küste und im Ama-
                      zonasland oft nur apostolische Vikariate sind
Priester   ca. 1450 (630 Welt-, 820 Ordenspriester)
                      Anteil der ausländischen Priester ca. 36%

Priesteramts-
  kandidaten: auf 80 000 Katholiken 1 Seminarist
Anteil der katholi-
  schen Schulen an
  der Gesamtschüler-
  zahl: Volksschule 14%
                      Gymnasium 29%
                      Universität 18%

KARTE VON ECUADOR

ZUM HERAUSGEBER:

Enrique Rosner, 1937 in Miesbach geboren, Diözesanpriester von München und Freising, ist Sprecher der deutschen Weltpriestermissionare in Hispanoamerika (Fidei Donum), 20 Jahre in Südamerika tätig (Buenos Aires, Santiago de Chile, Lima/Peru, Campesinopfarrer in Ecuador), hat Proaño die letzten 10 Jahre seines Lebens aus der Nähe erlebt, ihn 1987 nach Deutschland begleitet (Verleihung der Ehrendoktorwürde durch die Universität des Saarlandes), organisierte die Kampagne für den Friedensnobelpreis in Deutschland, Österreich und Norwegen (1985/86) und schrieb bislang zwei deutsche Bücher über Proaño: »Kirche und Evangelisation in Ecuador«, 1984, und »Leonidas Proaño, Freund der Indianer«, 1986.

Er hat mehrere spanische Publikationen veröffentlicht: »Magnificat, canción de nuestra liberatión«, 1987; »Guia popular de la Biblia, Antiguo Testamento«, 1988; »Tierra que arde, El Evangelio de la tierra«, 1989; »Tierra que arde«, 1989 (Encuentros de la Pastoral de la Tierra); »500 Años de Resistencia indígena y de Evangelización«, 1990 (Encuentro de la Pastoral Indígena), sowie verstreute Zeitungsartikel, Filme und Gutachten zu den Themen Proaño und Indiokirche.

Er ist Mitglied der von Proaño gegründeten Stiftung »Indiovolk von Ecuador«.